马 新 著

# 中国历代政治韬略

泰山出版社 · 济南 ·

# 序 说

　　所谓政治韬略是指在政治舞台上历代政治家们的文韬武略。就中国的政治舞台而言，自华夏文明产生以来，历五千年而未中断，政治剧目内容之丰富、情节之跌宕、人物之复杂，都未有与之相匹者，因而，其中所蕴含的文韬武略便颇可述焉。在五千年历史演进中所形成的如此丰富的政治韬略，是中国传统政治智慧的结晶，其中的精华更是中华优秀传统文化的有机组成部分，它丰富了中国古代政治和国家治理的思想，有着重要的现实意义。

　　清朝终结前的中国政治史可以分为两大阶段：第一阶段包括夏、商、西周、春秋时代，是以天子为核心的贵族政治，宗法制与世袭制是根本标志。在这一体制下，政治框架与政治身份相对稳定，政治也只是社会中占比很少的贵族的特权，他人无法染指，因而，政治舞台十分狭小。第二阶段自战国至清朝终结，是以君主为核心的官僚贵族政治，官员的任用制和君主的有条件世袭制是根本标志。在这一体制下，每一位平民百姓都可能步入仕途，也都可能朝为布衣，暮致卿相；甚至连君主之位也不是法定世袭，有时择有德者立之，有时顺应天意，取而代之。这样，中国古代政治就形成了一个十分宏大的舞台，可以上演无数大大小小的剧目。

在这样一个政治舞台上，上演的剧目绝不像贵族制下那样陈陈相因，一成不变，而是处在不断变动之中。从战国群雄争霸到秦汉王朝的兴起，从魏晋南北朝的动荡到隋唐王朝的强盛，从宋辽金的相峙到元明清的迭代，每一时代的更替都上演着轰轰烈烈的历史大剧。即使在同一王朝之中，帝位的交替、政治的变革，各式各样的竞争，也都有声有色，精彩纷呈。正是由于"变"是中国古代政治史的主旋律，所以在这一旋律之中的一幕幕历史往往会展示出最为复杂的场景与剧情。

在这样一个政治舞台上，参与的演员可能是官员、商人，抑或是普通农民甚至奴仆，阵容之广泛与庞杂是其他国家所没有的。他们或是以个人为单位，出演一个又一个的角色，如西汉之萧何、唐代之房玄龄、北宋之包拯等；或是从属于某一集团，代表着本集团登台演出，如东汉的党人与宦官集团之争、唐代的牛李党争、明代的东林党与宦官集团之争，都有其代表人物出演主角；或是从属于某一政治实体，代表着不同的政权登台演出，如战国时代之列国相争、三国时代之三国相争、五代十国与辽金时代之诸国相争，也都有其代表人物在敌国权谋、外交韬略上扮演着重要角色。

更值得注意的是，这个舞台上既没有编剧和导演，也没有剧情的设计。大政治家可以根据自己的实力自编、自导、自演，一般的从政者也可以根据自己的能力选择合适的角色，再根据剧情的发展不断转换角色。比如，刘邦原本是一介亭长，后来却率领一群小吏、农民和闲散人员冲上了政治舞台，导演了楚汉相争这样一幕大剧，其中的演员们也经历了从农民到将军，再到列侯大臣的角色转变。演得是否成功，角色能否转换，关键要看你的努力、你的造化。舞台上能够提供的空间够大，机会也够多。

在这样一个如此宽阔、机会众多、变化多端的舞台上，在历时弥久的舞台实践中，一个又一个新的韬略应运而生，不断丰富着中国政治舞台上的演出内容。基于此，我们编纂了《中国历代政治韬略》，重点对战国以来政治舞台上的精彩韬略进行归纳、整理，以飨后人。编撰中立足于传统优秀政治文化的总结与弘扬，对于积极意义不足或涉嫌糟粕者，仅作为镜鉴。最后，需要说明的是，本书绝非"戏说"，所有内容都是历史的真实记载。

# 目 录

# 一　谋国要略

刘邦初定天下，群臣与萧何争功，刘邦问："诸君知猎乎？"群臣答道："知之。"刘邦又问："知猎狗乎？"群臣回答："知之。"于是，刘邦神态严肃地说："夫猎，追杀兽兔者狗也，而发踪指示兽处者人也。今诸君徒能得走兽耳，功狗也。至如萧何，发踪指示，功人也。"[①] 这里，刘邦讲出了萧何运筹帷幄、经国谋划之功，实际上这也应当是政治家与一般臣子的重要区别。作为一代政治家，既要有建国大谋、安邦方略，又要有对敌策略与计谋；还要在风云变幻的政治舞台上，善于权谋，或为君主，或为自保，或为扫除政敌。尽管这些难于让世人评判，但仍是政治家们谋国韬略的重要组成部分。

---

① 《史记》卷五三《萧相国世家》，中华书局1982年版，第2015页。

## 1　开国韬略

　　翻开中国的历史画卷，每一个王朝开创的背后，都有一位或数位运筹帷幄、规划奠基大计的政治家，像秦之李斯，汉之萧何，蜀汉之诸葛亮，唐之长孙无忌、房玄龄，宋之赵普，元之耶律楚材，清之范文程等，他们都曾为君主规划建国大计、图谋一统大业，可以说是谋略家之上上者。在此，我们选取李斯、诸葛亮、赵普三位政治家在开国立业方面的大谋远略，以见其全貌。

### — 李斯之文韬与扫平六国 —

　　李斯（？ ～前208），楚上蔡（今河南上蔡西南）人。年少时，李斯曾为郡中小吏。他不事虚伪，锐意进取，追求功利，抱负远大。他见茅厕中的老鼠觅食污秽之物，又时时受人犬惊扰，终日惶惶然；再看仓中硕鼠，居廊庑之下，仰食积粟，安然无忧。由此感慨万千："人之贤不肖譬如鼠矣，在所自处耳！"①即人的尊卑贵贱，就像"厕鼠"和"仓鼠"一样，是由他所处的生活环境和社会地位所决定的。所以，他认为耻莫大于卑贱，悲莫甚于穷困；久处卑贱、贫困之地而不求进取，则无异于鼠辈。于是，他决心择地而处，摆脱卑贱贫困，遂辞去小吏之职，赴齐国临淄的稷下学宫求学，投师于儒学名家荀况（又称荀子、荀卿），学习"帝王之术"。学成之后，他审时度势，认为楚王不足为事，六国又都衰弱，无从建功立业，便西去秦国，以

---

　　① 《史记》卷八七《李斯列传》，第2539页。

图施展抱负。

公元前 247 年，李斯到达秦都咸阳，时逢秦庄襄王病死，其子
嬴政继立。李斯首先投到相国吕不韦门下为舍人，深得其赏识，被任
命为郎官。接着他又利用职务之便，接近秦王，给秦王出谋划策。从
此，他开始了辅佐秦王步步实现统一大业的历程。

李斯为郎官期间，天下形势正急剧变化，秦对六国已占压倒性优
势：韩王入朝称臣，魏也举国听命于秦，其他各国也是气息奄奄，不
堪一击。因此，李斯认为秦国应不失时机地出兵，剪灭诸侯，统一天
下，建成帝业。于是，他乘机上书秦王。在文书中，李斯回顾了秦国
由小到大、由弱变强的历史，分析了秦国的政治形势：秦穆公（前
659 ~ 前 621）曾称霸诸侯，但因"诸侯尚众，周德未衰"，故始终
未能统一天下；自秦孝公（前 361 ~ 前 338）以来，"周室卑微，诸
侯相兼"，东方只剩下六国，而且秦国乘胜驾驭诸侯也已经六代；如
今各诸侯国服从秦国，就像本国的郡县服从中央一样。李斯奉劝秦王
决不可"怠而不急就"，应抓住这"万世之一时"的千载难逢之机，
"灭诸侯，成帝业，为天下一统"。[①]秦王政闻言十分赞赏，立即擢升
李斯为长史，不久又拜之为客卿，经常与李斯研究制定吞并六国、统
一天下的策略和计谋，如暗遣谋士游说诸侯；对各国大臣、名士，或
以重金收买，或以武力相胁；对各国开始实施有计划的军事进攻，等
等。据史书记载，从秦王政元年（前 246）至九年（前 238），秦国
仅对魏国就进行了六次大规模的军事行动。正是李斯的上论统一书，
为秦王政打下了统一天下的思想基础，才使得秦王政能够"续六世之

---

① 《史记》卷八七《李斯列传》，第2540页。

余烈，振长策而御宇内"①。

公元前237年，秦王政开始亲政。此年前后，秦国内部发生了一系列始料未及的事件。一是韩国为了消耗秦国力量，延缓秦人东向攻韩，特派水工郑国充当间谍，入秦诱使秦王开凿河渠，引水溉田。约300里长的"郑国渠"西引泾水入瓠口，东注于洛河，耗费秦国10年功力，但它却可溉田4万余顷，使关中地区成为沃野，"为韩延数岁之命，为秦建万世之功"②。就在渠将竣工之时，郑国的间谍身份暴露，一时间，朝野上下，舆论哗然。二是秦王政九年（前238），内廷宠臣嫪毐叛乱。此年，秦王赴雍祭祖，嫪毐乘机在咸阳"矫王御玺及太后玺以发县卒及卫卒、官骑、戎翟君公、舍人，将欲攻蕲年宫"③。秦王侦得其阴谋，发兵与之大战于咸阳。嫪毐败亡，被车裂而死，同案被刑和流放者达数千家。三是秦王政十年（前237），秦王又查明相国吕不韦与嫪毐叛乱有牵连，遂罢免其相职，令其前往封地。

郑国、吕不韦均为他国人，一些守旧的宗室大臣乘机煽动秦王政说：各国来秦求仕者，大抵是为其主充做说客、间谍，请一律逐出！秦王政一时深信不疑，遂下诏逐客。李斯当然也在被逐之列。

在秦国施展才华、建功立业，是李斯多年的理想和抱负，一旦离开，多年的苦心经营便会付诸东流。他行至途中，便奋笔疾书，写就一篇《谏逐客书》，转呈秦王。李斯在此上书中，列举大量事实，总结历史上秦国重用百里奚、商鞅、张仪、范雎等客卿得以变法图强的

① 《史记》卷六《秦始皇本纪》，第280页。
② 《汉书》卷二九《沟洫志》，中华书局1962年版，第1677页。
③ 《史记》卷六《秦始皇本纪》，第227页。

经验，直截了当地指出："一切逐客"的做法，是"弃黔首以资敌国，却宾客以业诸侯，使天下之士退而不敢西向，裹足不入秦，此所谓'藉寇兵而赍盗粮'者也"①。结果是壮大了敌人，削弱了自己，后果不堪设想。他认为，广招人才是"跨海内制诸侯之术"的关键。秦王读罢谏书，幡然省悟，急忙收回成命，派人去追李斯。李斯至骊邑（今陕西临潼）而返，官复原职，并得到进一步重用，不久被提升为廷尉。《谏逐客书》为秦国继续罗致天下人才起了不可忽视的作用。

李斯在重新得到秦王信任后，继续竭诚辅佐秦王，积极进行吞并六国的部署。李斯根据当时形势，一方面实行秦国传统的"远交近攻"战略，在具体作战部署上，主张"先取韩以恐他国"②，即先灭韩国，借以震慑其他国家，逐步完成统一大业。另一方面，又采用新的政治攻势，主要手段是间谍活动。这个策略是由当时的国尉尉缭一手制定、由李斯付诸行动的。李斯根据尉缭的意图定出具体措施：首先暗派间谍携带金玉财宝潜入各国内部，游说诸侯，收买权臣，离间各国之间或国内君与臣、臣与臣之间的关系；对收买不成者进行暗杀，以制造各国的混乱和摩擦，达到分化和瓦解诸侯国、粉碎六国联合抗秦的阴谋；接着再"使良将随其后"，率领大军乘机发动进攻，各个击破。这一套措施，在秦的统一过程中起到了重要作用。

秦王政采纳了李斯建议。首先把灭六国、统一天下的利剑挥向了韩国。公元前233年，秦王政一方面派李斯出使韩国，进行劝降，韩

---

① 《史记》卷八七《李斯列传》，第2545页。
② 《史记》卷六《秦始皇本纪》，第230页。

王请求为臣；秦王十七年（前230），秦军大举攻韩，俘韩王，尽取韩地。次年，秦军又兵分两路，大举攻赵，赵将李牧、司马尚指挥赵兵浴血抵抗。战前，李斯曾派人携重金收买了赵王的宠臣郭开。此时，郭开放出李牧、司马尚谋反的谣言，赵王中计，杀死李牧，罢免司马尚，改用无能之辈赵葱、颜聚为将，结果被秦打得大败，赵王迁被俘。接着，秦国又一鼓作气，在公元前226年，攻破燕国；公元前225年，秦国灭掉了魏国；楚国在公元前222年也被秦灭亡。公元前221年，秦又遣兵攻齐。由于秦国早就对齐国开展了强大的政治攻势，并派人收买了齐相后胜等人，所以齐国既不援助别国抗秦，又不修整本国战备，结果秦军势如破竹，一举灭掉齐国。

自灭韩始，秦王政前后仅用九年时间就消灭了六国，完成了"六王毕，四海一"的统一大业，其中原因是多方面的，但李斯在统一过程中的文韬谋略起到了重要作用。

## — "隆中对策"与"三分天下" —

秦汉之后，诸葛亮的"隆中对策"又是一个成就帝王之业的宏图大略，而诸葛亮本人同时又是这一大略的实践者。

东汉末年，天下大乱，群雄逐鹿。经过一段混战、兼并，到献帝建安十二年（207），全国形成了几股大的割据势力：孙权据有江东，刘表据荆州，刘璋据益州，韩遂、马腾据凉州，公孙度据辽东，还有势力最大的曹操。此时曹操刚刚在官渡（今河南中牟东北）战败了占据北方幽、并、冀、青四州的袁绍，并乘胜消灭了袁绍之子袁谭、袁尚及其外甥高干，统一了北方。他想进而统一全国，于是，其兵锋便指向了荆州的刘表及依附于刘表的刘备。

刘表为汉末名士，当时很有声望，自灵帝后期为荆州刺史，到建安十三年（208）去世，统治荆州达二十年之久。荆州地方千里，带甲十万，在汉末乱世、生民涂炭的情况下，此地区相对平静，使得关中 10 余万人逃至荆州避难，关西、兖、豫学士归者数千。然而刘表虚有名誉，胸无雄才大略，可以守成，不能进取，面对北方的混战，只取观望态度，以求自保。

官渡之战后投奔刘表的刘备，虽然踌躇满志，但在多年的军阀混战中，一直未能打下固定的地盘。他在北方曾代陶谦领有徐州，但不久即为吕布所袭，不得已投奔曹操。第二次占有徐州后，又为曹操所败，转而投奔袁绍。袁绍失败后，他又改投荆州刘表。刘表对刘备礼遇甚高，然心存疑忌。他指定刘备的军队屯扎在新野一带，后又移驻樊城（今湖北襄阳北）。刘备客居荆州，没有自己的地盘，兵源补充也就没有保障；更严重的是，他左右人才寥落，虽有关羽、张飞、赵云等勇猛武将，但缺乏谋臣，身边的孙乾、简雍等辈，只是中流人才。刘备若靠这样一班人与曹操、孙权逐鹿中原，是难以成功的。所以，他极力寻觅、招揽人才。据《襄阳记》记载，刘备去访问襄阳名士司马徽，司马徽向他介绍，这一带"识时务"的"俊杰"之士，有"卧龙""凤雏"。"卧龙"为诸葛孔明，"凤雏"为庞士元（统）。曾为刘备谋士的颍川徐庶，也极力推荐诸葛亮，并要刘备亲自去拜访他。于是，刘备不辞辛劳，亲自三次前往隆中（今湖北襄阳城西）拜访，到第三次才得以相见。刘备结识诸葛亮，是他蜗居荆州八年的最大收获。

诸葛亮，字孔明，琅琊阳都（今山东沂南县）人。家世二千石大官。其父母早丧，自幼随叔父诸葛玄生活。东汉末年，诸葛亮随叔父往依刘表，避难于荆州，不久，诸葛玄去世。17 岁的诸葛亮结庐于襄阳城西号曰"隆中"的地方，躬耕垄亩，隐居读书。然而他并没有就此虚度光阴，高卧养颐，而是胸怀天下，忧国忧民，细心观察风云变幻的天下大势，苦苦求索"治国，平天下"的宏图大计。他在隐居期间，大量阅读兵法和先秦各家著作，经常和徐庶、石广元、崔州平等有志名士切磋学问，纵论天下大势。这样，他不仅通晓历代兴亡之道，而且对天下大势也了如指掌，形成了自己的政治见解和经营天下的韬略。多年的隐居生活，并没有磨平他的宏伟抱负和雄心壮志，他常自比于春秋战国时期的名相管仲、名将乐毅，被时人誉为"卧龙"。实际上，诸葛亮是在蓄志待时，期待着可辅明主的出现。

刘备为求得诸葛亮出山相助，三顾茅庐，问计于诸葛亮。诸葛亮被其诚意感动，便把自己多年来对天下形势的观察和分析全盘托出，向他提出了一套完整的行动路线和策略，这就是为后世所广为传颂的"隆中对策"。诸葛亮对刘备说：曹操地广人众，拥兵百万，又"挟天子以令诸侯"，一时难以与其争锋；孙权占据江东，已历三世，"国险而民附，贤能为之用"，也难与之抗衡，而只能"为援而不可图"；荆州的刘表懦弱无能；益州的刘璋也是昏庸不堪。在这种形势下，应首先攻取荆、益二州为根据地；同时，利用天府之地，发展生产，修明政治，增强政治、经济实力；然后"西和诸戎，南抚夷越"，安抚西南地区的少数民族，解除后顾之忧。对外则要"结好孙权"，孤立曹操，先造成天下三分的局面，等时机成熟，兵分两路，北伐曹操：一路由荆州出宛、洛，一路由益州出秦川，完成统一大业。① 诸葛亮的上述分析，指出了天下三分的形势，为刘备图霸一方制定了正确的方针和策略。

此后的历史进程表明，诸葛亮的"隆中对策"，是蜀汉建国立业的总方针。

诸葛亮为刘备制定了安邦立业的大计后，便出山辅佐刘备。刘备倚诸葛亮为股肱，两人间的合作，诚如刘备所说："孤之有孔明，犹鱼之有水也。"② 此时为建安十二年（207）冬，诸葛亮 27 岁，刘备 47 岁。

诸葛亮初到军中，刘备只有军队数千人，实力单薄。诸葛亮建议刘备，劝说刘表下令，清查荆州管内户口，要求那种没入户籍的"游户"自报户籍。刘备就借清查户口的机会，发动游户中的丁壮入其军中。这样，刘备的兵力迅速壮大起来。

建安十三年（208），曹操举兵南下，直袭荆州。适逢刘表病死，少子刘琮自立为荆州牧，由于对曹操的南侵束手无策，遂遣使投降。移驻樊城的刘备得知消息，大惊，仓促率军过襄阳、奔江陵。到达当阳县的长坂（今湖北当阳东北）时，被日夜兼程急速追赶来的曹操骑兵冲散，只得改道汉津，与关羽的水军会合。刘表长子江夏太守刘琦也带一万多人马前来接应。他们先退到夏口（今湖北武汉），又从夏口退到樊口（今湖北鄂州西）。此时曹军已乘胜占领江陵，顺江而下，陈兵赤壁（今湖北嘉鱼东北），以图江东。

---

① 以上所引均见《三国志》卷三五《蜀书·诸葛亮传》，中华书局1982年版，第912～913页。

② 《三国志》卷三五《蜀书·诸葛亮传》，第913页。

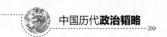

　　在这万分紧急的情况下，诸葛亮请命出使东吴，劝说孙权，联合抵抗曹操。他和东吴大臣鲁肃一起东下，见孙权于柴桑（今江西九江西南）。此时孙权正按兵不动，观望成败。诸葛亮对孙权说：曹操力战群雄，平定了北方，接着攻破荆州，威震四海。刘将军被迫退到夏口。请将军您量力而行。若能以吴国兵众与曹操抗衡，就应早与之绝交；如若不能抵挡，不如按兵束甲，北面称臣。如今将军表面服从，内心却犹豫不决，情况紧急而不决断，大祸即将临头了。孙权反唇相讥，说：诚如君言，刘将军为何不降曹操？诸葛亮以激将法回答道：刘将军是皇室后代，盖世英才，众士仰慕，若水之归海。若不能战胜曹操，乃是天意，怎能屈从投降曹操呢？孙权的斗志果然被诸葛亮的话激发出来，他断然说道：我岂能以整个吴国和 10 万将士受制于曹操？我决心抗曹！

　　诸葛亮见孙权决心已下，遂精辟地为孙权分析了敌我双方的实力，以打消孙权的顾虑。他说：刘将军虽败于长坂，但失散归来的战士及关羽水军尚有万人，刘琦的将士也不下万人。曹操军队远来疲敝，其势已如强弩之末；况且北方兵士不习水战；再说降附曹操的荆州兵士，是迫于其威势而降，并非心服。孙将军如能派遣猛将，统兵数万，与刘将军同心协力，就一定会战胜曹军。曹军兵败北还，则荆、吴之势增强，天下鼎足的局面即可形成。诸葛亮的话令孙权口服心服，再加上吴将鲁肃、周瑜等也极力主战，使得孙权更坚定了战胜曹操的信心。面对老臣张昭等主降派的鼓噪，孙权抽刀斫断面前的奏案，说：诸位将吏谁敢再提迎操投降的，与此案同。于是派周瑜、程普、鲁肃诸将率水军 3 万随诸葛亮前往樊口，与刘备军会师。十一月，孙刘联军与曹操遇于赤壁，赤壁大战爆发。

　　这时，曹操军队有 20 余万人，号称 80 万，孙刘联军只有 5 万人，曹操在数量上占绝对优势。但曹军长途行军，人马疲惫不堪；且北方将士不服水土，军中疫疾流行；大军南征，补给困难；荆州人心不服，韩遂、马腾盘踞西北，曹操有后顾之忧。孙刘联军数量虽少，但因利益攸关，双方将领能团结一致，以逸待劳，以长击短，补给容易。这种情况下，双方于赤壁相遇，曹军略一交战即败，遂撤往江北，与孙刘联军隔江对峙。曹军连锁舰船，拟以优势兵力同孙刘联军决战。东吴乘机用计，派将领黄盖率 10 艘艨冲斗舰，满载油草，顺风驶向曹营，待舰靠近之时各船同时放火，火借风威，延绕曹军船舰及岸上营垒。孙刘联军水陆并进，曹操兵败经华容道退回北方。此战使曹操统一全国的行动受到重挫，基本上奠定了三国鼎立的局面。

　　赤壁之战胜利的前提条件是孙刘联盟。诸葛亮"隆中对策"中提出的以孙权为援的策略，在这次战争中得以实践和验证，并且结出了丰硕成果。诸葛亮是孙刘联盟的设计者，又是实施者。在他看来，孙刘联盟是一项基本策略，不是权宜之计，所以，在以后的历史发展进程中，每当孙刘联盟受到各种干扰破坏或削弱时，他总是极力维护；当联盟一度破裂时，他会尽最大努力重建联盟。

　　赤壁之战后，刘备占领了荆州南四郡：长沙、零陵、武陵、桂阳。随后他又向孙权借得南郡，占有荆州大部。公元 212～214 年，刘备又率兵西进，迫使刘璋投降，占领益州。公元 219 年，刘备又从曹操手中夺得汉中。同时，镇守荆州的刘备部将关羽，进攻襄樊，掳于禁、斩庞德，威震天下。至此，刘备的势力达到顶峰，实现了"隆中对策"提出的"跨有荆、益"的战略目标，使刘备得以与曹操、孙权鼎足而立，"三分天下而居其一"。公元 221 年，刘备自称汉皇

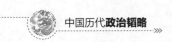
帝，建立蜀国，诸葛亮为丞相兼录尚书事。

但是，不久，"隆中对策"所制定的计划就遭到了破坏。

由于刘备势力的扩张，尤其是关羽在荆州的发展，引起东吴的不安，于是，孙权派大将吕蒙袭取荆州，斩杀关羽。孙刘联盟因此宣告破裂，盟友变成敌人；尤其是蜀汉丧失了荆州基地、被从此封闭于三峡之内。刘备蒙受了空前的打击和挫折。

蜀汉章武二年（222），刘备以替关羽报仇为名，倾全部兵力东攻孙吴。事前，诸葛亮虽劝阻刘备，主张维持吴蜀联盟，但由于刘备坚决主战，并且有不少将领为了立功，迎合刘备急于为关羽报仇的心理，也坚决主张和东吴开战，在这种情况下，诸葛亮也就无法对刘备施加影响、阻止他东伐孙吴了。是年二月，蜀军沿长江南岸，缘山截岭，推进到夷陵猇亭（今湖北宜昌东，长江北岸之古老背），全军从巫峡（今重庆巫山东）一直到夷陵，连营数百里。刘备派将领向吴军挑战，东吴大都督陆逊集中 5 万优势兵力，坚守不出。直到六月，陆逊才趁盛夏采用火攻的战术，向蜀军四面围攻。蜀军土崩瓦解，几乎全军覆没，刘备狼狈逃回白帝城（今重庆奉节东）。第二年，刘备惊忧病死。其子刘禅即位。诸葛亮受遗诏辅政，担起了辅佐后主治理蜀国的重任。

这时，蜀汉政权面临着十分严峻的局面：北面受到曹魏的威胁；东面和孙吴的关系破裂；西南少数民族乘机叛乱；国内由于夷陵惨败，军事力量大为削弱；全国上下人心浮动。但蜀汉在诸葛亮的治理下，度过了危机，国力也逐渐恢复，局势又稳定下来。

诸葛亮辅政后，首先着手重建蜀吴联盟。他意识到，蜀汉国小力单，再两面树敌，将难以生存，所以主张尽快修复与吴国的关系。

　　建兴元年（223），诸葛亮即选派尚书郎邓芝出使东吴，恢复了蜀吴联盟，后东吴亦派张温回访蜀汉。于是，两国"因结和亲，遂为与国"①。自此，双方聘使常相往来，并互致方物。如蜀曾送吴"马二百匹，锦千端，及方物"，而"吴亦致方土所出，以答其厚意焉"②。

　　公元229年，蜀吴联盟又面临一次危机。此年，孙权称帝，派使臣到蜀汉成都，要求互尊帝位。蜀汉许多大臣认为，承认孙权帝位，就意味着放弃蜀汉正统，故坚决反对，主张绝交。诸葛亮从大局出发，认为蜀汉的对手首先是曹魏，保护蜀吴联盟，共同对敌，这样既消除了攻魏的后顾之忧，同时也牵制了魏军，于是遣使向孙权道贺。由于诸葛亮的深谋远虑，蜀吴重归于好。蜀国得以全力对魏。此后，吴蜀之间非但没有再发生大的战争，而且有时甚至出现两国协作、共同对付曹魏的情况。如建兴十二年（234），诸葛亮北伐曹魏时，"遣使约吴同时大举"③，蜀吴双方同时出兵，相互策应夹击曹魏。孙权即在此年五月，遣将伐魏。他兵分三路，向北挺进：孙权亲率主力10万，入居巢湖口，向合肥新城进军；陆逊、诸葛瑾带兵万余人入江夏、沔口（今湖北汉口），直指襄阳；孙韶、张承率兵进攻广陵（今江苏扬州）、淮阳，配合了诸葛亮的军事行动，迫使曹魏分兵作战。魏主曹叡闻讯后，亲率水师，东征孙权，东吴大军撤退。

　　其次，诸葛亮实行"隆中对策"所确立的"西和诸戎，南抚夷越"的方针，征服了南中。南中即今四川南部和云南、贵州一带，这

---

　　① 《三国志》卷三五《蜀书·诸葛亮传》，第918页。

　　② 《三国志》卷四七《吴书·孙权传》，第1131页。

　　③ （宋）司马光：《资治通鉴》卷七二《魏纪四》明帝青龙二年，中华书局1956年版，第2291页。

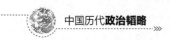

里居住着许多少数民族，时人统称为"西南夷"。刘备据蜀中后，用邓方为庲降都督，统治南中。蜀章武元年（221）邓方死，李恢继为庲降都督。蜀建兴元年（223），刘备病死，刘禅新立，又当夷陵大败之后，南中的牂牁郡（今贵州凯里西北）太守朱褒、益州郡（今云南晋宁东）的大姓雍闿、越巂郡（今四川西昌）叟族首领高定元同时俱反，雍闿杀死太守正昂，求附于吴，继而又缚送继任的太守张裔于孙吴。同时又煽动本郡夷帅孟获等人武装叛乱，反对蜀汉。叛乱扩展到整个南中地区。为了稳定后方，诸葛亮于建兴三年（225）亲自率军南征，平定叛乱。

诸葛亮深知南中途远路艰，对少数民族的黩武压服，往往平而复叛。于是他采取了"隆中对策"所制定的对少数民族的"和""抚"政策。诸葛亮临行前，参军马谡也曾向他建议："用兵之道，攻心为上，攻城为下；心战为上，兵战为下，愿公服其心而已。"[1]这与诸葛亮不谋而合，并被他运用到战争实践中去。在南征中，诸葛亮集中力量孤立、打击少数叛乱主谋，尽力争取少数民族上层人物归顺。他率领大军"五月渡泸，深入不毛"[2]。军队士气高昂，节节取胜。雍闿、高定元先后被斩，孟获代雍闿为主，继续对抗蜀军。但诸葛亮随即会军于益州郡，活捉了孟获。诸葛亮以为蜀汉主要攻打的对象是曹魏，对南中必须取得心服，以安定蜀汉后方，因而"赦获使还，合军更战，凡七虏七赦，获等心服"[3]。诸葛亮"攻心为上"的策略与和好政

---

① （宋）司马光：《资治通鉴》卷七〇《魏纪二》，文帝黄初六年，第2222页。

② 《三国志》卷三五《蜀书·诸葛亮传》，第920页。

③ （晋）常璩撰，刘琳校注：《华阳国志校注》卷四《南中志》，巴蜀书社1984年版，第353页。

策，使孟获心悦诚服，也取得了南中广大少数民族的拥戴。诸葛亮降
服孟获后，又进军滇池，越嶲、牂牁、益州三郡的叛乱也被平息。

平定南中后，诸葛亮将外地人撤出，用当地人或少数民族首领
为官吏治理。有些人对此政策不理解，予以反对，诸葛亮阐明其中道
理：如果派大量内地人去当官吏，同时必须派遣军队驻扎在那里，这
样不但使所需军粮难以解决，增加少数民族地区的经济负担，而且还
会导致民族间的隔阂。只有尽量利用当地民族上层分子，才可以形成
"不留兵，不运粮，夷汉粗安"[1] 这样一个局面。诸葛亮的这个做法，
其实是"攻心"战术的继续。当然，诸葛亮所择的南中少数民族上
层分子，大都是拥护蜀汉政权的，如任原庲降都督李恢为建宁（郡治
味县，今云南曲靖南）太守，曾抵制雍闿叛乱的吕凯、王伉分别为
云南、永昌太守。同时，诸葛亮还吸收一些少数民族中原先和蜀汉政
权有距离的人到蜀汉中央政府里去任职，给予他们较高的政治待遇，
如建宁爨习官至领军将军，孟获官至御史中丞，朱提（今云南昭通）
孟琰官至虎步监。这样，不仅加强了与南中少数民族的友好关系，使
蜀汉政权得以巩固，而且还从这里调取了大量的人力、物力，充实了
蜀汉的财政力量，从而可以专心于北方。

诸葛亮还十分重视发展南中经济。他派人推广牛耕，传播农业技
术，发展手工业，并且把蜀地的先进生产关系也带到西南少数民族地
区。这些做法促进了这一地区的社会发展进程，同时也促进了南中各
族人民的融合，使南中地区获得了长期安定的大好局面。

诸葛亮的少数民族政策，尤其是卓越的"攻心"战术，为后人

---

① 《三国志》卷三五《蜀书·诸葛亮传》注引《汉晋春秋》，第921页。

所称道。如清人赵藩题成都诸葛武侯祠的对联曰："能攻心则反侧自消，从古知兵非好战；不审势即宽严皆误，后来治蜀要深思。"对诸葛亮的"攻心"战术、执法严明以及纠正刘璋的暗弱，给予了肯定。

与此同时，诸葛亮还贯彻了"隆中对策"中"内修政理"的方针，大力进行了蜀国内部的整顿工作。在政治上，诸葛亮革除了刘璋统治时期法令不行、政治腐败的弊政，严明法令，赏罚公允。诸葛亮很注重法令修明，他和法正、刘巴等曾共同制定《蜀科》，他本人也著有《法检》和《科令》，作为执法的依据。陈寿在《三国志·诸葛亮传》中说他"科教严明，赏罚必信，无恶不惩，无善不显，至于吏不容奸，人怀自励"，肯定他的执法公允。其僚属张裔也称赞诸葛亮"赏不遗远，罚不阿近，爵不可以无功取，刑不可以贵势免"①。诸葛亮自己这样做，也多次劝告后主刘禅这样做，要他对宫中的侍臣及朝中的僚臣，一视同仁，赏罚褒贬，应公正严明，不应有所偏私，尺度不一。诸葛亮执法，既比较公允，又比较严格。如：蒋琬为亮长史，因能足食足兵，保障供给，被诸葛亮选为自己的继承人；邓芝能很好地完成联吴使命，故加以提拔。又如：李严为蜀汉重臣，与诸葛亮同时受诏辅佐后主，在诸葛亮率军北伐时，李严主持粮运。时逢天雨路险，李严粮运不继，迫使诸葛亮退军；军队还后，李严为推卸责任，又故作惊讶，说是粮食充足。诸葛亮因此上表请求处分李严，贬逐不用。对随刘备入蜀、深受诸葛亮器重的马谡，因违节致败，也按军法处死；其副将王平因能劝阻马谡于前，失利又能从容撤军，故而超迁为讨寇将军。由于罚赏公允，虽严而人心服。使得蜀汉政治比较

---

① 《三国志》卷一四《蜀书·张裔传》，第1012页。

清明。

经济上，诸葛亮非常注意务农殖谷，让农民安心从事农业生产。他还很关心水利事业，在都江堰设置堰官，并经常派出 1000 多名士兵保护、维修都江堰的水利工程。并且对煮盐、织锦等蜀地手工业也很重视。正因为经济理顺得好，措置得宜，所以蜀地虽地仄力弱，但蜀汉政权还是支撑了半个世纪。

经过诸葛亮"内修政理"，外修好孙吴、安定南中等措施的实施，蜀国国力大增。自蜀汉建兴五年（227）至十二年（234），诸葛亮六出祁山（今甘肃礼县祁山堡），率兵攻魏，以求实现"隆中对策"中提出的统一全国的最终目标。第一次北伐，他采取声东击西的计策，扬言从斜谷（今陕西眉县西南）攻取郿县（今陕西眉县东北），派赵云率部队作疑兵，进据箕谷（今陕西褒城北），诱使魏将曹真驰援，同时亲率主力，进攻祁山，迅速攻克了陇右的天水（郡治冀县，今甘肃甘谷东）、南安（郡治豲道，今甘肃陇西东南）、安定（郡治临泾，今甘肃镇原东南），收服魏将姜维，这一带的吏民也纷纷起兵，反魏附蜀。本来可望取得更大的胜利，但由于前锋马谡违背节度，败于街亭（今甘肃庄浪），打乱了全局部署，诸葛亮为保全兵力，不得已率军退还汉中。随后于建兴六年（228）冬，第二次出师，引兵出散关（今陕西宝鸡西南），围攻陈仓（今陕西宝鸡市东），因蜀军粮食已尽，又闻魏援兵将至，只得撤围退兵。

建兴七年（229），诸葛亮第三次北伐。派陈式攻武都（郡治下辨，今甘肃成县北）、阴平（郡治阴平，今甘肃文县西）二郡，魏雍州刺史郭淮率兵来救，亮自出至建威（今甘肃西和），截击郭淮，郭淮退，故取得二郡。于是亮筑汉城于沔阳（今陕西勉县），筑乐城于

城固，以此为汉中的左右翼，需要时分兵驻守，以成犄角之势。

建兴八年（230），魏将司马懿由西城（今陕西安康西北）、张郃由子午谷（今陕西西安南）、曹真由斜谷（今陕西眉县西南），分三路欲攻汉中，诸葛亮屯军防御，驻军成固赤坂（今陕西洋县东）以待之。会天霖雨，栈道断绝，魏军因而班师。这是第四次北伐，属于防御性的。

建兴九年（231）二月，诸葛亮率兵出围祁山，魏主调司马懿都督关中诸军，西援祁山。司马懿驻精兵于上邽（今甘肃天水），亮亲来挑战，并刈割上邽附近的麦子，司马懿只是"敛军依险"，不与蜀军应战。亮又把主力引向卤城（今甘肃天水及甘谷之间），司马懿也追至卤城，仍是坚壁不出，其部下都说他："畏蜀如虎，奈天下笑何！"①无奈，司马懿乃使张郃分道出战。诸葛亮派魏延等迎战，大破魏军，斩获3000多人。六月，诸葛亮因粮草殆尽而退兵，张郃追击，被亮军射杀。

以上蜀军的几次北伐，虽然都曾过关斩将，取得一些成效，但终因失荆州要地，不能实现"隆中对策"中所说的"向宛、洛"、出秦川，对魏军实施战略夹击；且蜀道崎岖艰险，每每致使粮运不继，故每次都被迫退军。建兴十二年（234）二月，诸葛亮经过三年的准备，动员10万大军由褒斜道北抵郿县，在渭水南岸的五丈原扎军。并遣使约东吴同时大举。司马懿指挥魏军20万与蜀军对峙。此次魏军仍固守不战，诸葛亮便作长久之计，分兵屯田，士兵与农民交错于渭水之畔。两军对峙百余日，诸葛亮不幸积劳成疾，夙愿未偿，病死

---

① 《三国志》卷三五《蜀书·诸葛亮传》裴松之注引《汉晋春秋》，第925页。

军中，蜀军只好退兵。对此，唐代诗人杜甫赋诗道："出师未捷身先死，长使英雄泪满襟。"令人遗憾之至。蜀军退后，司马懿案行诸葛亮的营垒处所，赞誉道："天下奇才也。"①

综观诸葛亮的六次北伐，虽未达到预定的战略目标，但能以弱攻强，令敌方举国震动，惶惶不安，进则使敌不敢战，退则使敌不敢追，其胆略令人敬佩，其谋划令人叹服。我们衡量一下蜀、魏两方的力量，不难发现，蜀汉的力量远不及曹魏。吴国的大鸿胪张俨说："孔明起巴蜀之地，蹈一州之土，方之大国，其战士人民，盖有九分之一也。"②而此时曹魏统治下的中原，日趋稳定，经济、军事力量日益增强。这种形势下，蜀即便不攻魏，魏也要出兵攻蜀。对于蜀汉来讲，与其被人进攻，坐待灭亡，不如先发制人，力战求存，以攻为守。这就是诸葛亮连年出师北伐的道理，即他的出兵伐魏，实际上是一种以攻为守的策略。然蜀汉国小力弱，毕竟难以成功，只是做到"鞠躬尽瘁，死而后已"而已。

## —— "先南后北"之策与北宋的一统天下 ——

北宋第一任宰相赵普在辅助开国皇帝赵匡胤立国兴天下之初，所面临的社会形势也与李斯、诸葛亮一样，是一个空前混乱的分裂割据时期。这时，在中原地区先后建立了梁、唐、晋、汉、周五个短命王朝，历时 53 载，史称"五代"；在南方则分别有前蜀、吴、闽、吴

---

① 《三国志》卷三五《蜀书·诸葛亮传》，第925页。
② 《三国志》卷三五《蜀书·诸葛亮传》裴松之注引张俨《默记》，第935页。

越、楚、南汉、南平、后蜀、南唐九个割据王朝，加上定都太原的北汉政权，史称"十国"。公元960年春，时任后周禁军统帅殿前都点检的赵匡胤在赵普等人的策划下，在陈桥驿发动兵变，"黄袍加身"，夺取后周政权，定国号"宋"。

宋朝建立时，北方有强大的辽朝，太原有北汉，南方还分布着南唐、吴越、后蜀、南汉、南平（荆南）等国和周行逢在湖南，留从效在泉州、漳州的割据政权。采取哪些步骤、利用什么策略来实现中国的统一？这是宋初君臣们焦神极虑的头等大事。身为宰相的赵普更是"以天下事为己任"，竭诚竭力，呕心沥血。

赵普认真分析了各国形势，权衡利弊，认为当时契丹辽朝政权实力强大，不宜一时进取，而南方割据政权实力薄弱，且经济发达，便于击破，于是制定了"先南后北"的统一方针。乾德二年（964）冬的一日夜晚，宋太祖赵匡胤与其弟赵光义雪夜访赵普，向赵普问计于继续用兵太原北汉的问题。于是，赵普便向太祖和盘托出自己深思熟虑过的"先南后北"的统一策略。他向太祖解释说："太原当西、北二面，太原既下，则我独当之（指契丹），不如姑俟削平（南方）诸国，则弹丸黑子之地（指北汉），将安逃之？"太祖听罢，十分赞赏。但碍于君王高贵的面子，又煞有介事地附和道："吾意正如此，特试卿尔。"[1]

依据赵普"先南后北"的战略方针，太祖一方面派遣一部分将士驻守北边和西北各州，以防御辽朝和北汉，解除后顾之忧；同时又遣主力向南方进取，逐个消灭各割据势力。北宋首先遣慕容延钊率十

---

① 《宋史》卷二五六《赵普传》，中华书局1985年版，第8932页。

州兵马出兵国势衰弱的荆南,荆南主高继冲不战而降;接着,宋军又挥师向湖南进发,一路连战连捷,平定湖南,生俘周保权。赵匡胤又派王全斌、刘光义兵分二路攻取后蜀,公元965年,宋兵攻入成都,后蜀主孟昶投降。开宝三年(970),宋又遣潘美等发十州兵马攻取南汉,南汉久无战事,"兵不识旗鼓,人主不知存亡",宋军一路攻无不破,至次年十二月,即攻占英、雄二州,克广州,生俘南汉主刘铱,广南平定。开宝七年(974),潘美等又出荆南攻打南唐,次年十一月即挥师金陵(今江苏南京),后唐主李煜奉表降宋,南唐又平。在强大的军事、政治压力下,太平兴国三年(978),漳、泉二州的陈洪进和吴越的钱俶相继归附,南方的割据政权全被消灭。宋朝完全统一了南方后,又按既定方针,把主力转向了北方的北汉和辽朝。太平兴国四年(979),宋太宗赵光义亲率大军,出征北汉,北汉主刘继元出城降,这样,"十国"中的最后一国被灭掉,从此结束了五代十国分立割据的局面。

## 2　安邦韬略

一个政权建立后,首先面临的问题便是如何迅速地稳定政权、安定民众,也就是如何安邦定国,确保其统治地位。一些著名的政治家往往能施展其深谋远略,为君主出谋划策,实现政权的巩固与稳定。在这一方面,王导为东晋南渡之初设计的一系列谋略与权术,赵普为北宋初年设计的"杯酒释兵权"与崇用文臣都很有特色;另外,明前期之阁臣杨荣、清初之范文程在如何稳定政权方面也都有效地为君主出谋划策,可资一书。

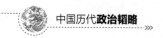 
当然，历朝历代都有类似的谋略事例，我们不能一一备举，只能择要叙述。

## ─ 政治造势与王导的导演天才 ─

西晋灭亡后，北方一些少数民族贵族和汉族地主，纷纷建立割据政权，彼此混战，史称"十六国时期"。在南方则以建康为中心，出现了司马睿重建的东晋王朝。

东晋王朝的建立与王导的谋划和支持分不开的。王导，字茂弘，晋琅琊临沂人。琅琊王氏，是当时的名门望族。王导自少年时代就"有风鉴，识量清远"，陈留高士张公见而奇之，称赞他"容貌志气，将相之器也"。[①]王导素与司马懿曾孙、琅琊王司马睿相友善。永嘉元年（307），司马睿被任命为安东将军，都督扬州江南诸军事，出镇下邳（今江苏邳州市南），王导相随南渡，为安东司马，参与军谋。不久，他审时度势，向司马睿献策移镇建康。可是，司马睿素无重望，在晋室中又是疏属；加上昔日晋灭孙吴后，把江南大族当作"亡国之余"加以排斥，使得南方士族一直不满。因而司马睿初到建康时，江南士族都不依附于他，已经上任月余，还没有一个有名望的世族来拜访过他。司马睿为此十分忧虑。于是，王导便为他谋划，亲自导演了一幕"戏剧"——三月三隆重出游。

三月三上巳日，是我国传统的节日，又称"禊节"或"祓禊节"。每逢此日，人们会成群结队地来到水边祭祀、沐浴，认为这样

---

① 《晋书》卷六五《王导传》，中华书局1974年版，第1745页。

可以被除疾疫和不祥。当时，这是一项盛大的节日活动，男女老少可以在春日的水塘边尽情地嬉戏玩耍，达官贵人、文人墨客也往往借被禊之名，宴饮游乐，吟诗作赋。这一天，司马睿以与民共同欢度禊节为名，坐着华丽的轿子，排出威严的仪仗队列，由王导和他的从兄王敦（时任扬州刺史）以及北方来的众多名士，骑马簇拥在轿后跟随，以炫耀司马睿的尊显威严。当时，王导的名气很大，所以，当江南士人看到司马睿有王导等人相随，如同众星捧月一般，都十分惊讶，就连江南望族纪瞻、顾荣"见其如此"，也"咸惊惧，乃相率拜于道左"。王导见此状，便对司马睿提议道："古之王者，莫不宾礼故老，存问风俗，虚己倾心，以招俊义。况天下丧乱，九州分裂，大业草创，急于得人者乎！顾荣、贺循，此土之望，未若引之以结人心。二子既至，则无不来矣。"于是，司马睿便让王导登门拜访顾荣、贺循这两家江南最大的世族，延请他们出来做官。顾、贺看到司马睿得到像王导这样的北方大族的支持，认为可以保护他们的利益，遂立即答应了司马睿的聘请，出仕做官。在他二人的带动下，江南世族纷纷出来拥护司马睿。一时"吴、会风靡，百姓归心"。[①]

这时，北方中原大乱，江东地区是当时较为安定的地方，中原士族大量南逃，"中州士女避乱江左者十六七"。王导又劝司马睿"收其贤人君子，与之图事"，努力争取北方士族的支持。[②]司马睿采用王导建议，把这些人中有名望的百余人，征召为属官，如刁协、庾

---

[①] 《晋书》卷六五《王导传》，第1746页。
[②] 《晋书》卷六五《王导传》，第1746页。

亮、卞壶、王承等，时人称他们为"百六掾"。①

司马睿在王导的策划下，得到了南方的和北方南迁的两部分士族的拥护，司马睿又听从王导劝导，以清静为政，抚绥江南士民，这样司马氏很快在江南站稳了脚跟。建武元年（317），西晋愍帝投降的消息传至建康，王导又拥立司马睿为帝（晋元帝），建立东晋政权。

王导是东晋的实际创造者，又是联系南北世族的关键人物，因此，元帝司马睿十分重视王导，把王导比作自己的"萧何"，尊称其"仲父"，对王导极为倚重。在登基大典时，司马睿竟命王导升御床与他共坐，接受百官朝贺。这是历史上从未有过的事。王导再三推辞，并说："若太阳下同万物，苍生何由仰照！"②司马睿方才作罢。但王氏由此获得了司马睿进一步的宠信。当时，王导位至宰辅，居中掌权；从兄王敦为大将军，居外掌兵。在东晋王朝中，司马氏有其位，王氏有其权，王氏与司马氏几乎是"平起平坐"，所以时人为之语曰："王与马，共天下。"③

东晋王朝的建立，就像一道屏障，较为有效地阻隔了北方少数民族的南下侵入，有利于南方经济和文化的发展。自东晋及其以后的南朝三百多年间，南方经济日益上升，工商业更为成熟发达，对外贸易大幅度增长，南方文化水平也是远远超过北方，这是东晋和南朝在历史上所起的积极作用。在这点上，东晋的创建者王导及司马睿是功不可没的。

---

① 《晋书》卷六《元帝纪》，第145页。
② 《晋书》卷六五《王导传》，第1749页。
③ 《晋书》卷九八《王敦传》，第2554页。

## 一 "杯酒释兵权"与赵普的深谋远虑 —

北宋初期，赵普辅助宋太祖赵匡胤，出谋划策，参与制定了一系列内外重大方针政策，其中释兵权、用文臣之策，关系到宋王朝的长治久安，并影响了宋朝三百余年的统治状况。

唐末五代十国以来，朝代的更替，往往随军权的得失而转移；各割据政权内部的斗争，也都由军事实力派支配。在 10 世纪的头五十几年中，朝代换了五个，皇帝换了八姓。宋朝开国皇帝宋太祖赵匡胤自己就是利用手中掌握的兵权发动"陈桥兵变"而"黄袍加身"成为君主的。

宋太祖通过兵变篡夺了后周政权，但他十分担心属将也会上行下效，所以，如何防止"陈桥兵变"事件的再现，是宋太祖日夜辗转不安的头等大事。因此，他在解决了李筠、李重进等后周的残余势力后，马上召赵普为他谋划此等问题。一日，他问赵普："天下自唐季以来，数十年间，帝王凡易八姓，战斗不息，生民涂地，其故何也？吾欲息天下之兵，为国家长久计，其道何如？"赵普胸有成竹地回答："陛下之言及此，天地人神之福也，此非他故，方镇太重，君弱臣强而已。"至于治理办法，赵普提出了"稍夺其权，制其钱谷，收其精兵，则天下自安"。赵匡胤心领神会，不待赵普说完，就制止说："卿勿复言，吾已喻矣。"①

听过赵普为他设计的策略，赵匡胤遂当机立断，首先罢免了中央禁军最高长官——殿前都点检慕容延钊，调任山南西道节度使。从

---

① （宋）李焘：《续资治通鉴长编》卷二，太祖建隆二年，中华书局2004年版，第49页。

此，殿前都点检这一职务不复授人。

正职罢后，尚有副职，这些职务都是由赵匡胤的故人石守信、王审琦等大将充任。对此，赵普仍不放心，屡言于上，建议罢免掌握军权的诸点检，改授他职。而赵匡胤却言不由衷地说："彼等必不吾叛，卿何忧？"聪明的赵普心里明白这不是主君的心里话，赵匡胤只是没有个冠冕堂皇的理由罢免功臣而已，于是他提醒太祖道："臣亦不忧其叛也。然熟观数人者，皆非统御才，恐不能制伏其下。苟不能制伏其下，则军伍间万一有作孽者，彼临时亦不得自由耳。"这无疑是给太祖提供了一套行动方案，找到了一个可以启齿的借口。

建隆二年（961）秋的一个夜晚，宋太祖召集石守信等人聚饮，待酒酣意浓时，太祖屏退左右侍从，对几位大将说："我非尔曹之力，不得至此，念尔曹之德，无有穷尽。然天子亦大艰难，殊不若为节度使之乐。吾终夕未尝敢安枕而卧也。"石守信等人忙问缘故，太祖说："是不难知矣，居此位者，谁不欲为之？"众人听皇上说出此话，都立刻顿首曰："陛下何为出此言？今天命已定，谁敢复有异心？"太祖于是按赵普授予的逻辑，又给诸大将说了一遍："不然，汝曹虽无异心，其如麾下之人欲富贵者，一旦以黄袍加汝之身，汝虽欲不为，其可得乎？"诸将听后，不胜惶恐，他们涕泣叩头，请求指明一条生路。于是，赵匡胤进一步说：

　　人生如白驹之过隙，所为好富贵者，不过欲多积金钱，厚自娱乐，使子孙无贫乏耳。尔曹何不释去兵权，出守大藩，择便好田宅市之，为子孙立永远不可动之业。多置歌儿舞女，日饮酒相欢以终其天年。我且与尔曹约为婚姻，君臣之间，两无猜疑，上下相安，不亦善乎？

众人听罢，皆伏地称谢。次日，石守信等人皆称病，请求罢免军职。太祖准奏，赏赐甚厚。不久，石守信、高怀德、王审琦、张令铎等一个个被遣到外地，担任地方节度使。只有石守信仍兼侍卫都指挥使，"其实兵权不在也"。殿前副都点检自此也不复授除他人。[1]

这就是历史上有名的"杯酒释兵权"。宋太祖利用赵普的谋略，杯酒片言之间，了却了一桩大心事。而且从此这种抑制武臣的做法被作为基本国策确立下来。

与抑裁武臣互为表里的是崇用文臣。唐末五代以来，由武官充任节度使，各地节度使割据一方，兼领数州，往往与地方州县长官分庭抗礼，致使文吏失职，朝廷对此也束手无策。赵普目睹此害，决计削除中唐以来方镇弄权的隐患。乾德元年（963），赵普用谋，罢去王彦超等地方节度使，接着又削夺数十个异姓王，皆安排他职，另以文官取代武职，即任知州、知县等地方最高行政长官，于是武臣失去弄权的基础。后来，赵普又向太祖建言，要逐步削夺各地节度使的权力。其具体办法是：镇将若年老死亡，或迁徙他地，或年老致仕，或改任他职后，皆用文臣取代；镇将所主区域，仅限于城郊之内，而不及于乡村。赵普的这一建议被太祖采纳并予以推广。

乾德元年（963）四月，赵普又建议宋太祖在各州设道判官，进一步堵塞祸源。通判由朝廷直接派遣，既不是知州的副职，又不是属官，但有权与知州共同处理州事，并监督知州的行动。这样，知州与

---

[1]（宋）李焘：《续资治通鉴长编》卷二，建隆二年，第49～50页。

通判互相牵制，都无法专权。另外，宋太祖又据赵普的"制其钱粮"之法，将过去方镇占有地方财赋的现象予以杜绝，在各地设转运使，主持钱粮收缴事务，将其大部分输交中央。藩镇割据赖以存在的经济基础由此除掉。

宋太祖根据赵普所提出的方针、方略进行一番整顿改革后，节度使成为"无职掌"的虚衔，地方军政实权都归于本州，宋朝直接派出朝官管理州郡事（称"知州""知府""知县"），知州、知县多用文人，并都由中央官兼摄，属于临时指派（差遣），经常调换。宋太祖曾问赵普：唐王朝的祸源，在于各地方诸侯难以制衡，我们大宋应如何革除这一弊端？赵普回答说：各地方官员皆用京官权知，（即兼任）三年一换，就可无忧；知州不用武将，又不常任，这样，难制的祸源自然堵塞了。

当然，这些方针在执行过程中，赵普也颇费了番脑筋。比如，后周旧将天雄节度使符彦卿自后周时即久镇大名府，宋初专横一方，其两女相继为周世宗的皇后，第六女又许嫁赵匡胤之弟赵光义（即后来的宋太宗）。宋太祖曾几次欲使符彦卿主持军务，赵普屡屡谏阻，认为符氏名势过盛，不可再授军权。乾德元年（963）二月，符彦卿来朝，太祖又欲使符氏做典兵的枢密使。此时赵普已退朝出宫，他转念一想，又返身回宫，太祖迎上来问道："岂非符彦卿事耶？"赵普真切地对太祖曰："惟陛下深思利害，勿复悔。"太祖不解，反问道："卿苦疑彦卿，何也？朕待彦卿至厚，彦卿岂能负朕耶？"赵普为了使太祖改变主意，使用最尖刻辛辣的语言回答道："陛下何以能负周世宗？"宋太祖听后，像被雷击中般，顿时清醒许多，乃默默中止此事。① 不久，太祖便选周渭等精干的中央官为知县。数年后，又将符彦卿移镇凤翔，但不久又将其罢免。

赵普在宋初所提出的这套裁抑武夫、重用文臣的方针谋略，在宋初确实起到了加强中央集权、防止地方割据与杜绝武将各自为政的作用，它不仅使中央直接控制了地方官员的任免，而且把各州郡的行政权、财权、司法权也全面地集中到中央，使相沿百余年之久的军阀割据的局面，一变而为高度的中央集权国家。这一重大转变的完成，对于巩固国家的统一，作用是显著的。但是这套方针、方略也有一些消极因素：首先，赵普、赵匡胤谋释兵权，以允许将领兼并田宅、放纵敛富为交换条件，诱使他们交出了军权，这无疑会大大刺激土地兼并的发展，因此，北宋伊始，土地便迅速集中，造成贫富悬殊、贵贱迥别的畸形社会现象。再者，赵普的方略只是一味地着力于防范内部——防兵变、防割据，又崇任文官，以文代武，使得军事要位官非其人。长此以往，大大地削弱了北宋军事、国防实力，以致外患不断，御之无力，最后造成北宋严重的"积贫""积弱"局面。

## — 因势利导的范文程 —

在中国古代政治家中，既有以不变应万变者，也有随时而动、应时而变者，后者的代表人物就是范文程。这位大清开国的第一谋臣，敏锐地看出李自成推翻明王朝所带来的机遇，迅速将以明为敌转为为大明复仇，以李自成为敌。这一转变，无异于千军万马之力。

---

① （宋）李焘：《续资治通鉴长编》卷四，乾德元年，第83～84页。

范文程（1597～1666），字宪斗，号辉岳，明清之际沈阳抚顺人，出身于汉族名门仕宦家庭，宋代名相范仲淹之后。范文程少年好学，才思敏捷，善于谋略。18岁时即与其兄一同为沈阳县学秀才。天命三年（1618），清努尔哈赤攻陷抚顺，范文程自愿投效，并很快得到努尔哈赤的赏识，常使其追随左右，"参谋帷幄"。皇太极执政后，范文程更是备受信任，经常参与机密；后任秘书院大学士，为皇太极起草书檄。顺治帝时又为议政大臣。他为清初的国家统一做出了重要贡献，是清王朝的主要开国元勋之一。清人把他的谋略和功勋比作"汉之留侯"（张良）、"明之诚意伯"（刘基）[1]，给予他极高的赞誉。

清军入关时，范文程随军谋划。如何能最大限度地减少明朝军民的抵抗，化敌为友，并使清政权很快地巩固起来，范文程高瞻远瞩，亲自制定并实施了一整套安民措施，表现了他高超的谋略思想。范文程曾亲自起草一篇檄文，文中说："义师为尔复君父仇，非杀尔百姓，今所诛杀惟闯贼。吏来归，复其位；民来归，复其业，师行以律，必不汝害。"[2] 在这里，范文程为了夺权斗争的需要，有意将满汉矛盾掩盖起来，将大清一贯对明作战的矛头调转过来直指闯王李自成的农民军，并提出了为大明百姓"复君父仇"的口号。这是范文程顺应形势的发展而提出的最合时代特色的策略，因为此时明末皇帝崇祯已自杀，大明灭亡，以明作为进攻的目标，显然已失去现实而有效的意义。而范文程提出的声讨李自成和"复君父仇"口号，则为大清入

---

① （清）李元度著，易孟醇编纂：《国朝先正事略》卷一《范文肃公事略》，岳麓书社2008年版，第10页。

② 《清史稿》卷二三二《范文程传》，中华书局1977年版，第9352页。

关找到最堂皇的借口，能最大限度地减少进军的阻力——它所发挥的力量，可以抵得上千军万马，它使清军得以顺利地攻占了北京，并迅速控制了局势。

清军入京后，为了安抚民心，范文程又宣布为明皇帝崇祯及皇后发丧，历时三天，并"易梓宫，备仪卫，议谥号，为文纪其事"①，"具帝礼葬之"②。范文程亲自为明朝皇帝发丧，无疑是给明朝的官吏以及拥护者以一种心理上的安慰，足以体现出他高超的谋略思想。

为了争取大批汉族官吏和民众的信任、支持和合作，范文程又采取许多"仁政"措施。比如"安抚孑遗，举用废官，搜求隐逸，甄考文献，更定律令，广开言路"③。他本人也时时表现出"颇爱百姓"的姿态。如：有些清兵掠卖明宫的锦缎珍宝，范文程十分生气，立刻予以阻止，"亟出令止之"，以防清兵乘机侵掠吏民④。有的人请"求扶丧南还"，范文程派遣骑兵持箭护送。⑤范文程认为"治天下在得民心，士为秀民。士心得，则民心得"⑥。为了争取汉族地主知识分子对清政权的支持，他又首倡恢复开科取士，自己还多次亲任会试主考官。

---

① （清）李元度著，易孟醇编纂：《国朝先正事略》卷一《范文肃公事略》，第11页。

② 《清史稿》卷二一八《睿忠亲王多尔衮传》，第9025页。

③ 《清史稿》卷二三二《范文程传》，第9352页。

④ （明）张怡：《谀闻续笔》卷一，见《中国野史集成》第37册，巴蜀书社1993年版，第598页。

⑤ （明）谈迁著，张宗祥点校：《国榷》卷一○一《甲申崇祯十七年》，中华书局1958年版，第6087页。

⑥ 《清史稿》卷二三二《范文程传》，第9353页。

## 3 谋变韬略

中国古代社会中，重大历史事件的成败往往与是否善于谋变密切相关，谋大局者大都有周密的谋划与设计，而一些政治家也堪称谋变的行家里手。对于历史上的谋变，我们不妨分两部分来看：一部分是代表落后的或倒行逆施的变局，如秦之沙丘之变；一部分是有一定积极意义的变局，如"玄武门政变""陈桥兵变"。这里，我们着重看一下后一类变局中政治家们的谋划与设计。

— 将计就计的李世民 —

历史上著名的"玄武门政变"，是唐朝初年秦王李世民与太子李建成为争夺皇位继承权而发生的一场公开武装冲突，它对中国社会产生了深远的影响。这场喋血禁门的政变是由唐初几位大政治家房玄龄、杜如晦、长孙无忌等一手谋划和实施的。

李渊建唐后，立长子李建成为太子，次子李世民为秦王兼尚书令，三子李元吉为齐王。但他们内部却有着难以调和的矛盾。自太原起兵到入主长安，建成与世民战功相匹，但在以后长达四年的统一战争中，建成身为太子，深居宫中，而秦王李世民则南征北战，功勋显赫，无人与之匹敌，威望也日益增加。尤其是武德四年（621）七月，李世民凯旋返回长安时，身披黄金甲，后随尉迟敬德、秦叔宝、程咬金、李世勣等25员大将，铁骑万匹，甲士如流，威风凛凛，在朝野上下轰动一时。这年冬天，李世民又因军功被加封为"天策上将"，位在诸王之上；并设天策府及其僚属，作为他在军事上的顾问决策机构。同时，李世民又在他的秦王府设立文学馆，以收罗四方文人学士。经挑选，李世民吸收了杜如晦、房玄龄等 18 人入馆，号为"十八学士"，实际上是以房、杜为首组织起来的一个秦王府的智囊团。李世民文武集团的形成以及他在唐王朝的特殊地位，使李世民逐渐产生了觊觎帝位的野心。同时，其显赫的军事地位和政治地位，也引起了太子李建成的妒忌，他感受到了严重的威胁。为了维护自己的皇位继承权，李建成也大力吸收罗致人马，设立私党，扩充自己的势力，而且还把齐王李元吉拉入自己的东宫集团，两人合谋对付李世民。事态逐渐发展到由暗斗转向明争，最后到了剑拔弩张的地步。

武德九年（626）一日夜晚，太子李建成召李世民宴饮，酒中事先放了毒药，李世民饮后，腹痛不已，吐血数升。这引起秦王府的极度不安。房玄龄急忙找到李世民的妻兄长孙无忌商议道："今嫌隙已成，一旦祸机窃发，岂惟府朝涂地，乃实社稷之忧。"他建议："莫若劝王行周公之事以安国家。存亡之机，间不容发，正在今日！"意即让秦王效法周公旦除掉兄弟管叔和蔡叔的叛乱那样除掉李建成及李元吉，这样才能安定华夏，内保唐王室的统治。这主意与长孙无忌不谋而合。他说："吾怀此久矣，不敢发口；今吾子所言，正合吾心，谨当白之。"长孙无忌将这个主意转告了李世民，李世民当即召房玄龄和他一起谋划进行宫廷政变事宜。房玄龄说："大王功盖天地，当承大业；今日忧危，乃天赞也，愿大王勿疑。"后来房玄龄又与杜如晦等共劝秦王诛建成、元吉，促使李世民下定决心，不再犹豫。这样，房玄龄、杜如晦组成了策划政变的核心。不料，太子李建成知道了秦王府的密谋。他认为："秦府智略之士，可惮者独房玄龄、杜如晦

耳。"于是设计使李渊将房、杜逐出秦王府。①

　　形势日益紧张。此时恰逢突厥数万骑兵犯境，依旧例，当由秦王李世民出征，但太子李建成却力主齐王李元吉出兵，目的是为了防止秦王再握军权。齐王则执意请调秦府主将尉迟敬德、程知节、段志玄、秦叔宝等一同统兵征伐，并要借机收秦王精兵，而后设计诛杀秦王。不过，太子李建成的部下王晊悄悄地将此密谋告诉了秦王李世民。长孙无忌等人日夜劝说李世民先行下手，认为为了保住江山，应该大义灭亲，否则便会坐受屠戮。于是，李世民派人密召房玄龄、杜如晦至秦王府共同商谋大义。为了激发李世民，使其不再犹豫，房玄龄故意推辞，说："敕旨不听复事王，今若私谒，必坐死，不敢奉教。"李世民大怒，对尉迟敬德说："玄龄、如晦岂叛我邪！"遂将所佩刀授予尉迟敬德，告诉他："公往观之，若无来心，可断其首以来。"长孙无忌等人知道现在"王已决计"，于是让房、杜速入府共谋之。房、杜二人化妆成道士密回秦王府。②

　　经过细致谋划，他们决定将计就计，于玄武门（即宫城北门）诛杀太子与齐王。

　　六月三日，一切部署完毕后，李世民密奏高祖，说太子、齐王淫乱后宫，高祖愕然，决定次日鞫问他们。四日，高祖先召丞相裴寂等商议此事，而后去太极宫"泛舟海池"。而李世民在武将尉迟敬德、侯君集等以及谋臣长孙无忌、杜如晦、房玄龄等人的协助下，在玄武门设下伏兵。李建成、李元吉入朝无备，行至临湖殿时，自觉异常，

---

　　① （宋）马马光：《资治通鉴》卷一九一《唐纪七》，高祖武德九年，第6006页。
　　② （宋）司马光：《资治通鉴》卷一九一《唐纪七》，高祖武德九年，第6009页。

正欲拨马归府,李世民大呼而出,箭射李建成。尉迟敬德则率兵追射李元吉。争斗已近尾声,尉迟敬德方报于高祖。高祖无奈,只好承认事实,将所有军队归秦王节制,诏立秦王为太子。八月,唐高祖李渊退位,李世民在东宫显德殿即位,时年 28 岁。次年,改元贞观。

唐太宗李世民即位后,认为房、杜、长孙"有筹谋帷幄、定社稷之功"[1],论功第一,并分别授予宰相之职。房、杜等人为以后"贞观之治"的出现做出了重要贡献。

## — "黄袍加身"的赵匡胤 —

陈桥驿是开封附近一个普通的驿站,但就在这个小小的驿站中,却策动了一起改朝换代的惊天兵变,其具体策划者就是赵普。赵普时为五代十国时期后周大将赵匡胤的幕僚,赵匡胤见他忠智双全,甚为信重,视之为左右手。后周显德六年(959),周世宗病逝,年仅 7 岁的柴宗训继位。赵匡胤时为殿前都点检,是禁军的最高统帅。他与杨光义、石守信、王审琦等实力人物结为兄弟,又把赵普、王仁瞻等善于出谋划策的人物招至幕中为心腹,羽翼渐丰。面对后周皇座上的孤儿寡母,赵匡胤暗蓄异图。赵普作为心腹谋臣紧密配合。

经过近半年的部署和准备,赵匡胤、赵普认为时机成熟,可以选择一个适当的机会动手了。显德七年(960)正月初一,后周君臣正在庆贺新年,朝廷突然接到辽和北汉联兵入侵的边报,这份边报实际上是赵普等布置镇、定二州谎报的。宰相范质、王溥不辨虚实真伪,

---

① 《旧唐书》卷六六《房玄龄传》,中华书局1975年版,第2461页。

慌忙通过小皇帝派遣赵匡胤率领禁军出征。五代时期，政权的更迭几乎都是由掌握军权的将领造成的，所以赵匡胤出征的消息传出后，京城开封便迅速传出"出军之日，策点检为天子"的流言，意思是说皇帝将禅位给点检赵匡胤。一时间，人心浮动，一片混乱，只有皇宫内廷被蒙在鼓里。

正月初二，赵匡胤按计划率兵出城，当天傍晚即到达距开封40里的陈桥驿。拥立赵匡胤的计划在紧张地进行着。赵普与赵匡胤之弟赵光义等聚合商议，彻夜未眠。赵普见识深远，他认为：改朝换代，虽然是天命，也同人心有关，如果能严饬军士，勿使掳掠，则都城人心不动摇，四方也必随之安定，大家也可长保富贵。赵匡胤及诸将帅深以为然。赵普连夜布置行动方案，一方面命诸将环列帅帐，加强警备；另一方面又速派人回京，驰告宿卫皇宫的亲信重将石守信、王审琦等，要他们掌管好京城内外大门，以便控制可能出现的反抗。赵匡胤见赵普、赵光义谋之有方，指挥若定，便假装吃醉酒，酣睡于军帐中。

次日，天刚蒙蒙亮，诸将便披甲执兵，在院中齐声高喊："诸军无主，愿策太尉①为天子！"赵普、赵光义等闯入军帐，叫醒赵匡胤，不容赵匡胤分说，便将他拥出卧室。将帅们一拥向前，将一件象征皇帝登基用的黄袍披在赵匡胤身上，然后罗列跪拜，口呼"万岁"，"声闻数里"。接着，众将又将他扶持上马，欲归京城。赵匡胤又假装被迫的样子，问道："我有号令，尔能从乎？"大家齐声回答："唯命。"于是，赵匡胤当即接受拥戴，并按赵普之前所指出的，宣布

---

① 太尉，古代高级军事长官，此为对赵匡胤的尊称。

纪律：对朝中大臣、幼主及太后都不能凌辱，对百姓和朝廷府库不得劫掠。听从号令者，重赏；不听命令者，立斩！ ①

安排妥当后，赵匡胤随之火速率军回京，全军沿途秋毫无犯。石守信、王审琦等在京城里应外合，迅速控制了局势。后周的宰相及大臣们对此束手无策，皇后、小皇帝也无计可施，只得就范，将帝位让给了赵匡胤。次日，赵匡胤宣布国号为"宋"，建元建隆。

这就是历史上有名的"陈桥兵变，黄袍加身"。这场事变的主要策划者是赵普。赵普因有佐命之功，从此备受亲信，并成为宋朝开国宰相。

---

① 《宋史》卷一《太祖本纪》，第4页。

# 二　伴君长策

君臣关系是中国传统政治中最为复杂的一种关系，它既不是贵族制下的政治权益共享关系，又不是近代文官制下的契约关系。一方面，君臣之间是严格的上下尊卑关系，君要臣死，臣不得不死；君要臣亡，臣不得不亡。另一方面，君臣关系又具有不确定性，臣子们在条件允许的情况下完全可以取而代之，"舍得一身剐，敢把皇帝拉下马"。这样，君臣关系变得十分复杂、微妙。对于臣子而言，就是"伴君如伴虎"，与君主相处得如何，直接关系到每一个政治家的政治生命甚或自然生命。

## 1　规避猜忌之策

君王恩宠，固然是臣子们趋之若鹜的目标，但君王的恩宠又是有条件、有限度的。君王之心胸总是狭窄多于宽阔，高深莫测之处无时不在，龙颜大悦与天庭震怒往往就在转念之间。因而，一些明智的政治家必须做到不恃恩、不居功，时刻谨慎小心，避免君主之猜忌。

## — 一生谨慎的赵普 —

赵普是北宋开国宰相，他曾策变陈桥，使赵匡胤黄袍加身，为宋朝的建立立下汗马功劳。宋初，他又为宋朝政权的巩固确立了一系列内外重大方针政策。如：选地方精兵充禁军，削弱地方武力；实行更戍法，使兵将分离；谋释兵权，解除石守信等大将的职务，以集中军权；诸州置转运使、通判以集中财权和政权；崇任大臣，裁抑武夫；等等。这些政策在当时积极有效地加强了中央集权，巩固了统一，提高了皇权。因而宋太祖赵匡胤十分信重赵普，视其为左右手，事无大小，皆决策于赵普，并让其独居相位，专任朝政。而赵普自居相位以来，也呕心沥血，竭诚为政，每每"以天下事为己任"[①]，不敢有丝毫松懈。

宋太祖不知是出于关心，还是出于不放心，他喜欢微行察巡私访，突如其来地走到某功臣家中。有些功臣对皇帝的驾到会受宠若惊，以此为荣耀，而赵普则不然，他深沉、练达、头脑冷静，对于皇帝时有怵惕之心。因此，每天退朝后，他不敢衣便服，依然衣冠整齐，正襟危坐。一日夜晚，大雪封门，赵普心想太祖必不能外出。待夜色深沉，忽闻叩门声，赵普急出，只见太祖正立风雪中。赵普惶恐迎拜。太祖说："已约晋王矣。"不一会儿，晋王赵光义（即后来的太宗赵光义）果然来到。赵普延请君王于堂中，重设茵席，炽炭取

---

① 《宋史》卷二五六《赵普传》，第8940页。

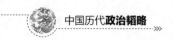

暖，温酒烧肉。赵普妻林氏把盏斟酒，太祖以嫂呼之。君臣边饮边叙，十分欢洽。太祖借机与赵普议计略取太原之事，赵普分析道：

> 太原当西、北二面，太原既下，则我独当之，不如姑俟削平诸国，则弹丸黑子之地，将安逃乎？

这就是赵普的"先南后北"的重要襄赞决策。工于心计的赵匡胤听罢，笑曰："吾意正如此，特试卿尔。"[①] 这一语，包含着君臣之间不可言语的微妙关系。精明的赵普深知其意，他没有被这一时的恩宠与融洽而忘乎所以，而是更加事事多思多虑，谨慎伴君。

当北宋攻下南方几个割据政权后，盘踞于金陵（今江苏南京）一带的南唐李氏政权十分惊恐不安，南唐主李煜遣人私赠赵普银子5万两，想打通宋方关节，免遭兵燹。赵普接到钱后，十分不安，唯恐引起太祖的疑忌，便立即将此事如实告诉太祖。对于臣下如此的坦诚，太祖十分欣慰，便告诉赵普说：此银不可不收。并要其回书答谢唐主。赵普一再推辞，太祖便将自己的真实想法告诉赵普：大国不可自为削弱，当使之莫测高深。赵普知道太祖欲利用此事，才按太祖的说法把钱收下，但待来使走后，赵普又将这5万两银子如数上交国库，以免引起误会，或落下贪财的口实。至开宝四年（971），北宋灭南汉，李煜更为震惊，便又遣弟李从善朝宋。宋太祖便转赠李从善白银5万两，南唐君臣见此举动，十分惊愕，叹服北宋君臣间的坦荡和谐。

---

① 《宋史》卷二五六《赵普传》，第8932页。

当然，赵普尽管侍君十分小心，也难免有疏漏之时。开宝六年（973），南方另一割据政权吴越曾遣使致书于赵普，并赠10瓶海产物。赵普未加检视，就置之于廊庑之下。适逢宋太祖幸临，见到廊下的瓶子，便问是何物，赵普照使者所说如实对答。狡狯多心的太祖便说："海物必佳。"即命人开启过目。不料竟是黄灿灿的10瓶瓜子金。见此情景，赵普十分惶恐，顿首谢罪道："臣未发书，实不知。"宋太祖却话中有话地冷冷说道："受之无妨，彼谓国家事皆由汝书生尔！"① 意思是说，他们之所以赠书馈金，无非是因为国家大事全都取决于你这书生。这实际上触犯了皇权，冒犯了太祖的尊严。不久，宋太祖便设副相与赵普分掌朝权，后又借故将赵普贬为河阳三城节度使。

## — 善始善终的臣子 —

赵普一生谨慎，仍被宋太祖猜忌，并非其谨慎不够，而是在权位与宠渥中不知规避，导致君王不悦，必然要分其权。也有一些政治家深谙此道，能与君主善始善终。如北宋名相吕夷简、金朝功臣徒单克宁、元朝元勋耶律楚材等，均属此类臣子。

北宋中叶的吕夷简在宋仁宗时为相，长达20多年，深受宠信，但他伴君从不敢妄为，而是小心翼翼，费尽心机。一次，吕夷简夫人入内宫拜见皇后，皇后找机会对她说："（皇）上好食糟白鱼，祖宗旧制，不得取食味于四方，无从可致。相公家寿州，当有之。"吕夷

---

① 《宋史》卷二五六《赵普传》，第8933页。

简夫人听后满口答应。回归后，欲献 10 奁白鱼给后宫，正巧被吕夷简所见，问之，夫人将原委告诉他。吕夷简想了想，告诉夫人："两奁可耳。"夫人不解其意，责怪他道："以备玉食，何惜也。"吕夷简一语双关道："玉食所无之物，人臣之家，何得有十奁也？"[①] 在皇帝身边几十年的吕夷简对君王的心理揣摩得一清二楚。作为一国之君，皇帝不仅拥有至高无上的权力，绝不允许他人染指；而且从生活起居到珍玩奇宝，也都要至高无上，他人不得僭越，若有超出皇帝享用的僭越行为，则属大逆不道，为君权所不容。吕夷简正是为了避免此嫌，故将其夫人要呈上的 10 奁减为 2 奁，可见其良苦用心。

不仅汉族政治家如此，那些有所成就的少数民族政治家也深谙此道，对其君主同样也是战战兢兢，如履薄冰。如金朝功臣徒单克宁（原名习显），为女真徒单部，随猛安迁于山东莱州。徒单克宁善骑射，有勇略，通女金、契丹文字，曾随军南征北伐，屡立战功。金世宗完颜雍时立为丞相，封谭国公，赐名克宁。他对金世宗可谓披肝沥胆，忠心耿耿，又孜孜勉勉，恪守职责，政绩斐然，深为世宗信赖。徒单克宁也从不恃恩倨傲。比如：其住宅狭小且旧，世宗欲以甲第赐之，克宁坚决推辞不受。世宗遂赐钱因其旧宅扩建改造。完工后，世宗亲自驾临，又赐予他很多金器锦绣重彩，甚至在酒意正浓时将御衣披在克宁身上。徒单克宁诚惶诚恐，从此侍君更加忠诚，也更加小心。

大定二十九年（1189），世宗崩，徒单克宁受遗命辅佐皇太孙完

---

① （北宋）邵伯温撰，李剑雄、刘德权点校：《邵氏闻见录》卷八，中华书局1983年版，第78页。

颜璟,是为金章宗。徒单克宁晋升为太尉兼尚书令,封东平郡王。完颜璟的皇孙位是太子允恭死后由徒单克宁再三表请世宗而立的,现在克宁又为辅佐重臣,因此,这位新皇帝对他自然十分信宠。他诏令徒单克宁仅在朔(每月初一)、望(每月十五日)二日朝见,且每朝必为之设座殿上。徒单克宁坚决予以推辞,并涕泣谢道:"怜悯老臣,幸免常朝,岂敢当坐礼。"这样,每逢朝日金章宗必为他设座,而徒单克宁则"侍立益敬"。史称他"功高而身愈下,位盛而心愈劳","所以长守富贵"。[①]后来,他以年老体弱,不恋高位,请求致仕退休,皇上不许,并且又进拜太师、太傅,封淄王。明昌二年(1191),徒单克宁病重,金章宗亲往其家探视。二月,病死。金章宗对此深为痛惜,极尽哀荣,谥号忠烈,并配享世宗庙廷,图像衍庆宫。

耶律楚材是元朝的奠基者,为元代统一王朝的建立立下汗马功劳。他曾辅佐成吉思汗、拖雷和窝阔台三朝30多年,君臣相得,关系融洽。尤其是辅佐窝阔台时,耶律楚材既有顾命之义、拥立之功,又为这个新生的庞大帝国呕心沥血,运筹策、定制度、劝农桑、兴文教。窝阔台把拥有耶律楚材这样的宰辅视为骄傲。他曾盛赞耶律楚材说:"南国之臣,复有此卿。"窝阔台八年(1236),蒙古诸王集会,窝阔台亲自为耶律楚材奉觞赐酒,说:"朕之所以推诚任卿者,先帝之命也。非卿,则中原无今日。朕所以得安枕者,卿之力也。"并得意地指着楚材对西域诸国、高丽及南宋来使问道:"汝国有如此人乎?"来使皆答:"无有,殆神人也。"窝阔台说:"汝等唯此言不

① 《金史》卷九二《徒单克宁传》,中华书局1975年版,第2051页。

妄，朕亦度必无此人。"①

　　尽管有如此的知遇之情，耶律楚材仍是自我检束，缜思慎行。一日，耶律楚材与诸亲王宴饮，醉卧车中。窝阔台见之，便亲赴其营帐，登车摇撼耶律楚材，耶律楚材熟睡未醒，怒人打扰，不禁口吐不逊之辞。待他睁开眼打量来人时，见是大汗到，惊慌不安，翻身下车，叩头谢罪。窝阔台说："有酒独醉，不与朕同乐耶。"②说完，长笑而去。耶律楚材久伴君主，谙于世事，洞晓官场政治，于是他来不及齐整冠带，便急忙驰奔行宫，去陪伴大汗，以释嫌疑。窝阔台见他赶来，心中释然，十分高兴，为他重新置酒，极欢而罢。

## 2　直谏之策

　　政治家们与君主在政治观点和国政决策不一致时，如何处理与把握，既牵扯到为君之道，也牵扯到为臣之道。唐太宗时魏徵所提出的"能直谏，不面从"，可以说是处理这一关系的上上者。所谓"能直谏，不面从"，实际上就是既直言君主过失，又为君王留有面子，不必让君主当面听从。

### —— "妩媚" 的魏徵 ——

　　贞观六年（632）闰七月，唐太宗在丹霄殿大宴群臣，长孙无

　　① 《元史》卷一四六《耶律楚材传》，中华书局1976年版，第3460页。
　　② 《元史》卷一四六《耶律楚材传》，第3463页。

忌感叹道："王珪、魏徵昔为仇雠，不谓今日得此同宴。"太宗道：
"徵、珪尽心所事，故我用之。然徵每谏，我不从，我与之言辄不应，
何也？"魏徵答道："臣以事为不可，故谏；陛下不从而臣应之，则
事遂施行，故不敢应。"这就是说，当君王不肯接受谏议时，魏徵多
是默不相对，既不再当面抗争，又不肯应承君王之言。对此，太宗
不解，又问："且应而复谏，庸何伤！"魏徵解释道："昔舜戒群臣：
'尔无面从，退有后言。'臣心知其非而口应陛下，乃面从也，岂稷、
契事舜之意邪！"太宗大笑道："人言魏徵举止疏慢，我视之更觉妩
媚，正为此耳！"魏徵拜谢后，又补充道："陛下开臣使言，故臣得
尽其愚；若陛下拒而不受，臣何敢数犯颜色乎！"①

　　正因为此，魏徵才可以在太宗朝直谏不已，并恰当地把握了直谏
与面从的关系。因而，对于朝中那些重大而敏感的问题，都能适时地
进行匡议。

　　贞观六年（632），文武百官们再三鼓动太宗前往泰山封禅。封
禅为帝王盛事，是他们功德的顶巅，但耗费巨大，劳民伤财。太宗初
时不肯，后来在群臣的一片盛赞恳请下，改变了初衷。这时，只有魏
徵力排众议，以为不可。封禅一直是古来的敏感问题，劝阻此事，又
往往被连带到否认君主的功德。所以，太宗反问道："公不欲朕封禅
者，以功未高邪？"魏徵答道："高矣！"又问："德未厚邪？"又
答："厚矣！"问："中国未安邪？"答："安矣！"问："四夷未服
邪？"答："服矣！"问："年谷未丰邪？"答："丰矣！"问："符

---

　　① （宋）司马光：《资治通鉴》卷一九四《唐纪十》，太宗贞观六年，第6097～
6098页。

瑞未至邪？"答："至矣！"这六问，反映出太宗对魏徵的强烈不满，所以，最后又问："然则何为不可封禅？"魏徵缓缓分析道：

> 陛下虽有此六者，然承隋末大乱之后，户口未复，仓廪尚虚，而车驾东巡，千乘万骑，其供顿劳费，未易任也。且陛下封禅，则万国咸集，远夷君长，皆当扈从；今自伊、洛以东至于海、岱，烟火尚稀，灌莽极目，此乃引戎狄入腹中，示之以虚弱耳。况赏赍不赀，未厌远人之望；给复连年，不偿百姓之劳。崇虚名而受灾害，陛下将焉用之！①

此事形象地反映了魏徵的上谏技巧：对于君主的步步发问，他先是顺其自然，给君主留足面子；但当君主问到根本问题时，他又寸步不让，据理力争，达到了谏阻封禅的目的。

事过不久，又逢长乐公主出嫁，因长乐公主是皇后亲生，太宗又特别钟爱，遂令有司对于长乐公主的嫁资要倍于高祖之女永嘉长公主。这虽不合礼仪，但属君主家事，也很敏感。魏徵却不顾忌，仍上谏道："昔汉明帝欲封皇子，曰：'我子岂得与先帝子比！'皆令半楚、淮阳。今资送公主，倍于长主，得无异于明帝之意乎！"最终，太宗听从了这一建议，并将实情告知长孙皇后。皇后对魏徵此举不仅毫无怨言，而且还引以为庆，感叹道："妾亟闻陛下称重魏徵，不知其故，今观其引礼义以抑人主之情，乃知真社稷之臣也！妾与陛下结发为夫妇，曲承恩礼，每言必先候颜色，不敢轻犯威严；况以人臣之

---

① （宋）司马光：《资治通鉴》卷一九四《唐纪十》，太宗贞观六年，第6093～6094页。

疏远，乃能抗言如是，陛下不可不从。"并派中使向魏徵赐钱400缗、绢400匹。又转告道："闻公正直，乃今见之，故以相赏。公宜常秉此心，勿转移也。"这样明智而识大体的皇后，在中国古代实不多见，太宗的为政为治，与长孙皇后的赞襄不无关系。她对于魏徵的优容也是如此。一次，太宗罢朝后，愤愤不平地说："会须杀此田舍翁。"皇后问是谁，太宗道："魏徵每廷辱我。"尽管魏徵注意方法，但对其直谏不讳，太宗有时还是不能接受。但长孙皇后却向太宗道贺道："妾闻主明臣直，今魏徵直，由陛下之明故也，妾敢不贺！"①

"主明臣直"，道出了魏徵直谏的另一面，唐太宗对魏徵的优容，是魏徵的幸运，也是太宗本人的幸运、唐朝社稷的幸运。也正因为有了这种明君的优容，魏徵才能坚持直言上谏，成为一代诤臣。所以，司马光在《资治通鉴》中一方面说魏徵"有胆略，善回人主意"；另一方面又说"每犯颜苦谏"，"或逢上怒甚，徵神色不移，上亦为霁威"。这两点的确是相辅相成的。司马光在发过这番议论后，接着又讲出了两个具体事例：

> 尝谒告上冢，还，言于上曰："人言陛下欲幸南山，外皆严装已毕，而竟不行，何也？"上笑曰："初实有此心，畏卿嗔，故中辍耳。"上尝得佳鹞，自臂之，望见徵来，匿怀中；徵奏事固久不已，鹞竟死怀中。②

直到魏徵弥留之际，这种君臣间的特殊关系依然不衰。贞观十六

---

① （宋）司马光：《资治通鉴》卷一九四《唐纪十》，太宗贞观六年，第6095页。
② （宋）司马光：《资治通鉴》卷一九三《唐纪九》，太宗贞观二年，第6059页。

年（642）八月，魏徵病重，太宗手诏勉问道："不见数日，朕过多矣。今欲自往，恐益为劳。若有闻见，可封状进来。"魏徵便毫不客气地上书谏道："比者弟子陵师，奴婢忽主，下多轻上，皆有为而然，渐不可长。"又说："陛下临朝，常以至公为言，退而行之，未免私僻。或畏人知，横加威怒，欲盖弥彰，竟有何益。"①臣下对君主的这种指摘，一般帝王是绝对无法接受的。

## — 臣子的分寸 —

在传统政治舞台上，主圣臣忠可能传为佳话，像唐太宗之于魏徵，即为其代表；而另一方面，桀纣之主也不乏其人，龙颜大怒又可能人头落地，比干之后，屡有其后继者。这两者还都是是非明确，易于评判。在中国古代政治社会中，更多的是处于两者之间的帝王，他们既不是优秀的政治家，贤不如太宗；他们也不是亡国之君，酷暴不及桀纣。他们对于臣子的要求如何，臣子们如何襄助帝王，朝堂之上分寸的把握尤为重要。

唐中期的宪宗皇帝算得上一位中上之君，他曾加强中央集权，削平若干藩镇，但最后也是他把政治搞得乌烟瘴气。在这位皇帝治下，有过两位有名的宰臣：一位是李绛，一位是李吉甫。但二位在处理与君王的关系上恰是两个极端：一个是不讲分寸，一个是只给面子。结果，宪宗都不满意。在宪宗元和七年（812），两位宰臣在朝中有过一次小小的争论。李吉甫认为："人臣不当强谏，使君悦臣安，不亦

---

① （宋）司马光：《资治通鉴》卷一九六《唐纪十二》，太宗贞观十六年，第6176页。

美乎！”李绛则说：“人臣当犯颜苦口，指陈得失，若陷君于恶，岂
得为忠！”他们在政治生活中也是这样做的。史称：“吉甫至中书，
卧不视事，长吁而已。李绛或久不谏，上辄诘之曰：‘朕岂不能容
受邪，将无事可谏也？’”[1] 这两位分走两途的宰臣，其政治效果与
个人结果如何呢？

我们先看李绛。李绛是有名的谏臣，他的上谏也的确都是苦口直
言，不管宪宗是何态度。而宪宗对他还是比较优容的，一直把他作为
一种标榜，表明自己是治世明君。元和五年（810），白居易上奏时
多次说“陛下错”，宪宗很不高兴，召来李绛说道：“白居易小臣不
逊，须令出院。”白居易当时是翰林学士，“须令出院”，也就是要将
他赶出翰林院。李绛奏道：

> 陛下容纳直言，故群臣敢竭诚无隐。居易言虽少思，志在
> 纳忠。陛下今日罪之，臣恐天下各思箝口，非所以广聪明、昭圣
> 德也。

听后，宪宗倒也作罢。在一般情况下，他还是愿意以一个纳谏之
君的身份出现。他曾对宰相们说：“太宗以神圣之资，群臣进谏者犹
往复数四，况朕寡昧，自今事有违，卿当十论，无但一二而已。”[2] 还
有一次，他问宰相们：“贞元中政事不理，何乃至此？”李吉甫回答
道：“德宗自任圣智，不信宰相而信他人，是使奸臣得乘间弄威福。
政事不理，职此故也。”宪宗则不以为然，他说：“然此亦未必皆德宗

---

① （宋）司马光：《资治通鉴》卷二三八《唐纪五十四》，宪宗元和七年，第7690页。
② （宋）司马光：《资治通鉴》卷二三七《唐纪五十三》，宪宗元和二年，第7646页。

之过。朕幼在德宗左右，见事有得失，当时宰相亦未有再三执奏者，皆怀禄偷安，今日岂得专归咎于德宗邪！卿辈宜用此为戒，事有非是，当力陈不已，勿畏朕谴怒而遽止也。"①

这两段话说得还是比较诚恳的，而且有时宪宗也表现出大度的一面。一次，他要到禁苑射猎，行至蓬莱池西，即对左右随从道："李绛必谏，不如且止。"②但这只是一个方面；另一方面，在他身上也表现出很强的刚愎与狭隘，容不下宰臣们的苦口谏言，常常要迁怒于人。既然自己称榜好谏臣，又知道自己常因此而动怒，为什么偏偏只要求大臣们"当力陈不已，勿畏朕谴怒而遽止也"，而对自己没有一点反省与要求？这是他永远不会考虑的问题。也正因为如此，宪宗又屡屡迁怒于谏诤者。

在宪宗即位不久，就曾对李绛道："谏官多谤讪朝政，皆无事实，朕欲谪其尤者一二人以儆其余，何如？"李绛劝谏道：

> 人臣死生，系人主喜怒，敢发口谏者有几！就有谏者，皆昼度夜思，朝删暮减，比得上达，什无二三。故人主孜孜求谏，犹惧不至，况罪之乎！③

对这番道理，宪宗这一类的帝王是不会明白的。所以，当臣下真的不顾及他迁怒与否而苦口上谏时，他最终还是难以接受。宪宗时代，宦

---

① （宋）司马光：《资治通鉴》卷二三八《唐纪五十四》，宪宗元和七年，第7689～7690页。

② （宋）司马光：《资治通鉴》卷二三八《唐纪五十四》，宪宗元和五年，第7677页。

③ （宋）司马光：《资治通鉴》卷二三七《唐纪五十三》，宪宗元和二年，第7646页。

官势力已非同寻常，宪宗则非常宠信神策军中尉吐突承璀。此人专横跋扈，不可一世，朝臣们多敢怒不敢言。元和五年（810）末，李绛向宪宗面陈吐突承璀如何专横，言辞激烈，宪宗十分恼怒，训斥道："卿言太过！"但李绛不以为然，振振有词地反驳道："陛下置臣于腹心耳目之地，若臣畏避左右，爱身不言，是臣负陛下；言之而陛下恶闻，乃陛下负臣也。"①这样上谏，宪宗心境当然不会太好。元和七年（812），宪宗在延英殿与宰相们议政之余，告诫他们道："卿辈当为朕惜官，勿用之私亲故。"李吉甫、权德舆均表示不敢。只有李绛又驳议道："崔祐甫有言：'非亲非故，不谙其才。'谙者尚不与官，不谙者何敢复与！但问其才器与官相称否耳。若避亲故之嫌，使圣朝亏多士之美，此乃偷安之臣，非至公之道也。苟所用非其人，则朝廷自有典刑，谁敢逃之！"这实在是有些小题大做，强词夺理。宪宗虽然很不高兴，也只好说："诚如卿言。"②

对于李绛这样犯颜直陈的宰臣，宪宗最初还可以优容，但久而久之，他还是忍受不了。李绛一次次地犯颜，终于在元和九年（814）初被罢相。

我们再看李吉甫。李吉甫为人圆滑，工于心计，他在宪宗朝也是竭尽心力，襄助朝政，曾编有《元和郡县图志》，益于时政。但他在与宪宗的关系上，一直恪守"君悦臣安"的原则，不肯坚持己议，更不愿犯颜上奏，一生小心从事。元和七年（812），李吉甫曾对宪

---

① （宋）司马光：《资治通鉴》卷二三八《唐纪五十四》，宪宗元和五年，第7682页。

② （宋）司马光：《资治通鉴》卷二三九《唐纪五十五》，宪宗元和七年，第7697～7698页。

宗说："赏罚，人主之二柄，不可偏废。陛下践祚以来，惠泽深矣；而威刑未振，中外懈惰，愿加严以振之。"宪宗问李绛："何如？"李绛道："王者之政，尚德不尚刑，岂可舍成、康、文、景而效秦始皇父子乎？"过了一些时日，郑滑节度使于𬱟入朝，也劝宪宗实行严刑。几天后，宪宗对宰相们说"于𬱟大是奸臣，劝朕峻刑，卿知其意乎？"宰相们都说："不知也。"宪宗说："此欲使朕失人心耳。"按为政之道来说，李吉甫的赏罚二柄并无过错，宪宗将提倡严刑归之于使他失人心，也实属莫须有，若是李绛处此，必定要争辩清楚。但李吉甫不但不敢坚持己见，而且听到宪宗之言后，"失色，退而抑首不言笑竟日"①。

李吉甫如此善于逢迎，宪宗却不以为然，一些重大问题往往不从吉甫之言。司马光也写道：

> 吉甫善逢迎上意，而绛鲠直，数争论于上前，上多直绛而从其言。

元和七年（812）三月，宪宗在延英殿与宰臣们议政。李吉甫上言："天下已太平，陛下宜为乐。"李绛马上反对道：

> 汉文帝时兵木无刃，家给人足，贾谊犹以为厝火积薪之下，不可谓安。今法令所不能制者，河南、北五十余州；犬戎腥膻，近接泾、陇，烽火屡惊；加之水旱时作，仓廪空虚，此正陛下宵

---

① （宋）司马光：《资治通鉴》卷二三八《唐纪五十四》，宪宗元和七年，第7690页。

衣旰食之时，岂得谓之太平，遽为乐哉！

结果，宪宗还是欣然接受了李绛的说法，对宰臣们道："卿言正合朕意。"回宫后，宪宗又对左右侍从说道："吉甫专为悦媚，如李绛，真宰相也。"[①]

李吉甫"专为悦媚"，宪宗并不领情；而对于"真宰相"的李绛，宪宗最终也是难以接受，还是罢其相位。像宪宗这样的帝王需要什么样的宰臣呢？宰臣们如何上奏才能让宪宗这样的帝王不耿耿于怀呢？

我们还是看一下比李绛、李吉甫略早一点的李泌。李泌其人，在前面已经介绍，他历肃、代、德三朝，上奏无数，多被顺利采用，而他本人也一直受到信用，可谓善始善终。他上奏的一个特点便是给帝王留足面子、适可而止。注意，留足面子、适可而止，并不是唯唯诺诺，而是在竭力规劝之下的无可奈何。

唐德宗时代，有一个很不好的惯例，即各地除上交正常赋税外，还要向皇帝另有"贡献"。这一做法既加重了各地百姓负担，又扰乱了国家的财政管理体系。许多大臣都反对这一做法，李泌为相后多次上奏，要求废止这一陋规，但德宗就是不肯接受。贞元三年（787），德宗又与李泌谈起诸道"贡献"一事。德宗道："每岁诸道贡献，共值钱五十万缗，今岁仅得三十万缗。言此诚知失体，然宫中用度殊不足。"李泌只好提出了一个交换条件："古者天子不私求财，今请岁供宫中钱百万缗，愿陛下不受诸道贡献及罢宣索。必有所须，请降敕折

---

①　（宋）司马光：《资治通鉴》卷二三八《唐纪五十四》，宪宗元和七年，第7689页。

税，不使奸吏因缘诛剥。"这一方案，德宗倒答应了下来。次年二月，淮南道贡献钱帛20万，李泌统统将它们归入大盈库，也就是国库。虽然基本废除了"贡献"，但德宗的"宣索"并未停止。所谓"宣索"，就是直接派人向各地索要钱帛物品。而且在索取时，德宗还要诸道不要让宰相知道。对德宗的这一做法，李泌没有再劝奏，史称："泌闻之，惆怅而不敢言。"①

李泌之所以能信用三朝，德宗为什么能一直倚重此人，一般帝王与宰臣之间是一种什么样的心理状态、什么样的容受关系，我们在李泌与德宗的一次对话中或许能看到一些内在的东西。

就在上述"宣索"之后不久，李泌上奏德宗，言自己年老体衰，精力耗竭，若不能让他辞职，便请再任命一位宰相。德宗道："朕深知卿劳苦，但未得其人耳。"于是，君臣二人从从容容地谈起了德宗即位以来的宰相们。德宗道："卢杞忠清强介，人言杞奸邪，朕殊不觉其然。"李泌则言：

> 人言杞奸邪而陛下独不觉其奸邪，此乃杞之所以为奸邪也。倘陛下觉之，岂有建中之乱乎！杞以私隙杀杨炎，挤颜真卿于死地，激李怀光使叛，赖陛下圣明窜逐之，人心顿喜，天亦悔祸。不然，乱何由弭！

德宗还是替卢杞开脱，说：

---

① （宋）司马光：《资治通鉴》卷二三三《唐纪四十九》，德宗贞元四年，第7510页。

杨炎以童子视朕，每论事，朕可其奏则悦，与之往复论难，即怒而辞位；观其意以朕为不足与言故也。以是交不可忍，非由杞也。建中之乱，术士豫请城奉天，此盖天命，非杞所能致也！

李泌反驳道：

天命，他人皆可以言之，惟君相不可言。盖君相所以造命也。若言命，则礼乐刑政皆无所用矣。纣曰："我生不有命在天！"此商之所以亡也！

这时，德宗又将卢杞与杨炎、崔祐甫两位宰相相比，说：

朕好与人较量理体，崔祐甫性褊躁，朕难之，则应对失次，朕常知其短而护之。杨炎论事亦有可采，而气色粗傲，难之辄勃然怒，无复君臣之礼，所以每见令人忿发。余人则不敢复言。卢杞小心，朕所言无不从，又无学，不能与朕往复，故朕所怀常不尽也。

李泌反问道：

杞言无不从，岂忠臣乎？夫"言而莫予违"，此孔子所谓"一言丧邦者"者也！

德宗认为李泌与卢杞、杨炎、崔祐甫三人都不同，是最让他满意的宰臣。他说：

惟卿则异彼三人者。朕言当，卿有喜色；不当，常有忧色。虽时有逆耳之言，如翲来纣及丧邦之类。朕细思之，皆卿先事而言，如此则理安，如彼则危乱，言虽深切而气色和顺，无杨炎之陵傲。朕问难往复，卿辞理不屈，又无好胜之志，直使朕中怀已尽屈服而不能不从，此朕所以私喜于得卿也。①

由德宗对李泌这样直抒胸臆的表述，我们可以看到君臣之间相处之道的真正内涵，也可以看到李泌为相的成功之道。

北宋时代的包拯也是这样一位名臣。包拯，字希仁，庐州合肥（今安徽合肥）人，仕北宋仁宗朝为三司使、枢密副使、参知政事。此人以清廉公正著称，亦以谏诤闻名，但在其政治生涯中，从未因谏诤被贬或失去信任，这在北宋政坛上是十分少见的，究其原因，主要在于他把握了李泌式的为臣之道。宋仁宗皇祐二年（1050）末，仁宗下诏任命张贵妃之叔父张尧佐为宣徽使、节度使、景灵宫使、群牧制置使。包拯与朝臣们纷纷反对，包拯上有《弹张尧佐》数篇奏议。不久，仁宗罢张尧佐宣徽、景灵宫使。但到次年八月，仁宗又任张尧佐为宣徽南院使、判河阳节度使。看到仁宗态度非常坚决，包拯便退了一步，他在上奏上称：

尧佐制命复下，物议腾沸，况臣等以言为职，岂敢私自顾虑，各为身谋战？但诰已再行，若固守前议，复乞追夺，于朝廷事体亦未为当，所以进退惶惑；不即论列……伏望思已然之失，

---

① （宋）司马光：《资治通鉴》卷二三三《唐纪四十九》，德宗贞元四年，第7511～7512页。

为杜渐之制，特降诏旨，申敕中书门下，谕以尧佐皆缘恩私，不次超擢，享此名位，已为过越，将来更不令处使相之任及不许本院供职，仍趣赴河阳任所。

在另一份上奏中，他又说：

> 臣等自去冬力争此事，幸赐开纳天下，皆仰圣度能虚怀而纳谏也。今来重申前命，所以不即论列乞行追夺者，盖为朝廷曲全事体尔。[①]

朝臣中，只有一位低品谏官殿中侍御史里行唐介坚持弹劾张尧佐，并上奏仁宗收回成命，罢其宣徽使等职。结果，唐介被贬为春州别驾。

## 3　曲意讽谏之策

帝王自有天子之威，生杀予夺尽可在喜怒哀乐间，即使一些贤明帝王，也难免不能时时从善如流，发生一些雷霆之下玉石俱焚的悲剧。在这种情况下，那些明智的政治家们往往采用曲意讽谏的方式，也就是不正面陈述己见，而是以讽喻、影射的方式，王顾左右而言他，在顾及君主面子的同时达到目的。

---

① （宋）李焘：《续资治通鉴长编》卷一七一，仁宗皇祐三年，第4106～4107页。

## ─ 邹忌讽齐王纳谏 ─

邹忌，战国时齐国人，曾以鼓琴游说齐威王，深得赏识，被任为相。邹忌身材魁梧，仪表堂堂，但据人说尚不如城北的徐公漂亮。一天，邹忌身穿朝服，衣冠整齐，他有心探问其妻妾宾客，自己与城北的徐公相比，究竟谁更美。其妻、妾、宾客皆说徐公不如他美。后来邹忌见到徐公，自觉不如徐公美。于是，他才醒悟道：我妻子说我漂亮，是偏爱我；妾说我漂亮，是惧怕我；宾客说我漂亮，是有求于我。即他们由于各种原因，都在邹忌面前说了假话。邹忌从妻、妾、宾客对自己容貌不切实际的赞誉中，警醒到自己所受蒙蔽之深。有鉴于此，他更进一步认识到，越是居高位者所受蒙蔽越深的道理。通过切身的感受，他联想到齐国朝廷不知有多少人在齐王面前说假话，蒙蔽齐王。

于是，他入见齐威王，用自己家的实例婉转、含蓄地劝告齐王要除蔽纳谏。他说：

> 臣诚知不如徐公美。臣之妻私臣，臣之妾畏臣，臣之客欲有求于臣，皆以美于徐公。今齐地方千里，百二十城，宫妇左右，莫不私王；朝廷之臣，莫不畏王；四境之内，莫不有求于王。由此观之，王之蔽甚矣。[①]

所以，除蔽的办法，只有广开言路，虚心纳谏，兼听各方面的意见。

---

① 何建章注释：《战国策注释》卷八《齐策一》，中华书局1990年版，第316页。

由于邹忌的讽劝，齐威王认识到除蔽纳谏的重要性，采取有力措施鼓励臣民进谏。他下令国中：

> 群臣吏民，能面刺寡人之过者，受上赏；上书谏寡人者，受中赏；能谤议于市朝，闻寡人之耳者，受下赏。[①]

结果，法令公布一开始，群臣踊跃进谏，门庭若市；数月之后，间或有人进谏；一年之后，群臣即使想进谏，也找不到值得进谏的地方。

由于邹忌的讽劝，才使齐王重视纳谏；由于齐王重视纳谏，才使齐国政治清明。因此，齐国的威望与实力大增，燕、赵、韩、魏等相继臣服，纷纷前来朝见齐王。

## ── 曲意讽喻的成功 ──

邹忌讽齐王纳谏是委婉与直谏的结合，西晋武帝时卫瓘的一次讽谏则可以说是极尽曲意之讽喻。卫瓘，字伯玉，河东安邑（今山西夏县西北）人。西晋开国功臣。晋武帝时，先后为征东、镇北大将军，都督青州、幽州诸军事，皆有治绩。迁司空、侍中、尚书令。晋武帝司马炎之父司马昭本是司马懿次子，其兄司马师无子，以司马昭次子司马攸为子。司马师死后，司马昭代兄执政，仍有意传位

---

① 何建章注释：《战国策注释》卷八《齐策一》，第316页。

司马攸，"每见攸，辄抚床呼其小字曰：'此桃符座也。'"①司马昭临死之前，执司马攸之手以授司马炎，要两位同胞兄弟友爱相处。

司马炎称帝后，封司马攸为齐王，立自己的儿子司马衷为太子。这位太子有些愚傻，他在华林园闻蛤蟆声，问左右道："此鸣者为官乎，私乎？"左右只好答道："在官地为官，在私地为私。"他即帝位后，天下荒乱，大臣们向他报告百姓饿死者众，他竟不解地问道："何不食肉糜？"②实在荒唐至极。当时朝中大臣都知道这位太子的"不慧"，而武帝的其他儿子又年幼，因此，一些大臣包括卫瓘都主张废司马衷，改立司马攸为嗣。但司马衷的背后又有一个强大的杨氏集团，其外祖父杨骏为侍中、车骑将军，权势显赫。司马衷之母杨皇后也向武帝提出"立嫡以长不以贤"的古训，时刻警惕着废易之事。在这种情况下，大臣们谁也不敢轻易地谈论太子废易一事。

卫瓘虽备位台辅，多次想上奏废立太子，但也一直未敢上奏。一次，武帝在陵云台大宴群臣，卫瓘借酒装醉，跪在武帝龙床前道："臣欲有所启。"武帝问："公所言何耶？"卫瓘三次欲言又止，最后还是未敢直言，只是用手抚龙床道："此座可惜！"武帝听出了卫瓘的意思，但也是将错就错道："公真大醉耶？"③卫瓘见状，便再不发言。从这一事件，我们可以看出卫瓘的苦衷，可以看到其良苦用心。但即使如此，杨皇后仍十分怨恨，不久，就使卫瓘告老逊位。

① 《晋书》卷三八《齐王攸传》，第1133页。按，"桃符"为司马攸小名。
② 《晋书》卷四《惠帝纪》，第108页。
③ 《晋书》卷三六《卫瓘传》，第1058页。

　　这是不成功但很典型的一例曲意上谏，而唐太宗时房玄龄的一次上谏则比较成功。贞观二十一年（647），太宗率百官至骊山翠微宫，房玄龄留守京师。太宗在翠微宫任命司农卿李纬为户部尚书。任命后，有人自京师而来，太宗询问房玄龄对此事的看法，来人对曰："玄龄闻李纬拜尚书，但云'李纬美髭鬓'。"[①]太宗听后，马上改易成命，另任李纬为洛州刺史。从这一事例，我们可以看到两个问题：一是玄龄之善谏。对于太宗任命李纬之成命，他远在京师，无法面陈己见，又不能在其他臣子面前妄言帝王之非，只好不正面发表评论，只言"李纬美髭鬓"。表面看，对此事不置可否，但不置可否中已表达出自己的不同主张。二是太宗之知人纳谏，他既领会了玄龄的本意，又能马上据以改易成命。相比之下，西晋武帝也领悟到了卫瓘的本意，但却不能妥加接纳。这表明明君与贤宰是相辅相成的。太宗时，魏徵的一次曲意上谏也说明了这一问题。

　　贞观十年（636），长孙皇后病亡，葬于昭陵，太宗悲痛不已，便在苑中修高台，时常眺望昭陵。对于这一做法，魏徵并不赞成，他认为太宗应以国是为重，不可过分沉湎于思念之中。但在太宗悲伤之际，又不便直接上谏。一次，太宗让魏徵一同登台远望，魏徵看了良久，说道："臣昏眊，不能见。"也就是说没看到什么。太宗只好将昭陵指给他。魏徵这时才说："臣以为陛下望献陵，若昭陵，臣固见之！"[②]听了这席话，太宗不禁凄然泪下，下诏将这座高台拆除。

---

① （宋）司马光：《资治通鉴》卷一九八《唐纪十四》，太宗贞观二十一年，第6248页。

② 《新唐书》卷九七《魏徵传》，中华书局1975年版，第3871页。按，献陵是太宗之父高祖李渊的陵墓。

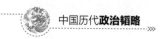 

从中国古代一些善谏之相看，曲意上谏的范围比较宽泛，也比较有效，其具体方式更是多种多样。除了前述方式外，如韦处厚之"讽君罢猎"、冯道之"以诗喻君"、李肪之"卿言警朕"以及耶律楚材的"以腐铁巧谏"，都是很巧妙有方的曲意上谏。

唐敬宗即位后，常常出外游猎，每月听朝不过三四日，敬宗刚愎自用，身旁又有一批奸佞小人，听不得谏言。许多大臣上谏请勿游猎，敬宗根本听不进去。一次上朝，韦处厚并不上谏，而是直接叩首请罪，说："臣有大罪，伏乞面首。"敬宗问："何也？"韦处厚回答说："臣前为谏官，不能先朝死谏，纵先圣好畋及色，以至不寿，臣合当诛。然所以不死谏者，亦为陛下此时在春宫，年已十五。今则陛下皇子始一岁矣，臣安得更避死亡之诛？"[1]对这段话，敬宗倒听了进去，并厚赐韦处厚。

韦处厚这次上谏妙在先自己请罪——在整个上谏过程中始终不言敬宗之非，只是说自己如何有罪，自己如何在穆宗时不能死谏，并点出自己对敬宗的拥戴之心："所以不死谏者，亦为陛下此时在春宫，年已十五。"这是一着险棋，若敬宗欲加其罪，马上可以治他一个大逆不道或欺君之罪。因为韦处厚已明确说出他："前为谏官，不能先朝死谏，纵先圣好畋及色，以至不寿。"[2]但韦处厚看到了敬宗刚愎自用、自私自大的弱点，所以才敢如此曲意上谏。

唐敬宗时代，有的大臣对皇帝的错谬、朝政的过失干脆缄口不言。如《资治通鉴》卷二百四十三记道："中书侍郎、同平章事牛僧

---

① 《旧唐书》卷一五九《韦处厚传》，第4184页。

② 《旧唐书》卷一五九《韦处厚传》，第4184页。

孺以上荒淫，嬖幸用事，又畏罪不敢言，但累表求出。"当然有的大臣亦如韦处厚曲意上谏，尽力匡扶时弊，李逢吉就是其中的一位。宝历元年（825）初，户县令崔发捕拿了几个在县城滋事的宦官，被敬宗关入御史台。敬宗改元大赦之际，崔发与关在御史台的囚犯们集中在金鸡台前，准备接受大赦。忽然有数十名宦官持棍棒冲出，将崔发痛打一番，崔发昏倒在地。待他刚一苏醒，又有宦官冲来，要殴打崔发，御史台的吏员用席子将他盖上，方免于难。但敬宗独独未赦崔发，又将他关回御史台。

此事在朝中引起很大反响，给事中李渤上谏道："县令不应曳中人，中人不应殴御囚，其罪一也。然县令所犯在赦前，中人所犯在赦后。中人横暴，一至于此。若不早正刑书，臣恐四方藩镇闻之，则慢易之心生矣。"谏议大夫张仲方亦上言道："鸿恩将布于天下而不行御前，霈泽遍被于昆虫而独遗崔发。"其余大臣上谏者很多，敬宗一律不予理睬。这时，李逢吉从容谏道："崔发辄曳中人，诚大不敬，然其母，故相韦贯之之姊也，年垂八十，自发下狱，积忧成疾。陛下方以孝理天下，此所宜矜念。"听了这些，敬宗倒消了气，对李逢吉道："比谏官但言发冤，未尝言其不敬，亦不言有老母。如卿所言，朕何为不赦之。"[①]李逢吉这段上谏与韦处厚的"讽君罢猎"可谓异曲同工。

后唐明宗初年，境内局势稍稍安定，明宗有些志满意骄，一心想扩充兵员，加重税赋，用兵日多，冯道则尽力劝阻。明宗虽然比较开明，亦有大志，但毕竟边将出身，不娴儒教，性情也很暴躁。冯道选

---

① （宋）司马光：《资治通鉴》卷二四三《唐纪五十九》，敬宗宝历元年，第7843页。

择了曲意进谏的方式，有效地进行了几次上谏。天成四年（929）九月，明宗与冯道谈及年谷丰登，四方无事，冯道则言："臣尝记昔在先皇幕府，奉使中山，历井陉之险，臣忧马蹶，执辔甚谨，幸而无失；逮至平路，放辔自逸，俄至颠陨。凡为天下者亦犹是也。"对这一比喻，明宗深以为然，接着又问道："今岁虽丰，百姓赡足否？"冯道答曰：

　　　　农家岁凶则死于流莩，岁丰则伤于谷贱，丰凶皆病者，惟农家为然。臣记进士聂夷中诗云："二月卖新丝，五月粜新谷。医得眼下疮，剜却心头肉。"语虽鄙俚，曲尽田家之情状。农于四人之中最为勤苦，人主不可不知也。①

明宗十分高兴地接受了这一说法，并让左右将聂夷中的这首诗抄录下来，常常讽诵。

北宋初年的宰相李昉也颇得冯道之风，善于曲意上谏。李昉，字明远，后汉进士，深为冯道赏识。入宋后，仕至中书侍郎、平章事。一次，宋太宗对侍臣道："朕何如唐太宗？"左右均称颂有加，只有李昉无他言，唯吟诵白居易《七德舞词》曰："怨女三千放出宫，死囚四百来归狱。"宋太宗听到后连声道："朕不及，朕不及，卿言警朕矣。"②

---

　　① （宋）司马光：《资治通鉴》卷二七六《后唐纪五》，明宗天成四年，第9032页。按，"四人"即四民，指士、农、工、商。
　　② （清）毕沅：《续资治通鉴》卷十八《宋纪十八》，太宗至道二年，中华书局1957年版，第433页。

## ― 审时度势的晏子 ―

审时度势，选择合适的场合，以恰当的方式、适宜的角度与君主沟通，往往取得比较满意的效果。

春秋时代的晏子可以说是最善此道之人。晏子名婴，字平仲，春秋时齐国上卿，历仕灵公、庄公、景公三世。其间多次巧妙与国君沟通，要求改良政治，关心民众疾苦。也曾奉命出使，机敏捷对，是一名优秀的外交家和谈判高手。

晏子进谏方式巧妙，方式繁多，因事、因地、因时而异，其分寸把握得恰如其分，炉火纯青。某次，齐景公与卿大夫们宴集，酒酣之际，说："今日愿与诸大夫为乐饮，请无为礼。"听了这话，晏子马上谏道：

> 君之言过矣！群臣固欲君之无礼也。力多足以胜其长，勇多足以弑君，而礼不使也。禽兽以力为政，强者犯弱，故日易主；今君去礼，则是禽兽也。群臣以力为政，强者犯弱，而日易主，君将安立矣！凡人之所以贵于禽兽者，以有礼也；故《诗》曰："人而无礼，胡不遄死。"礼不可无也。[①]

对于晏子的谏议，景公很不以为然，背过脸去，装作没听到。

见事情如此，晏子马上改变了做法，自己首先响应景公之命，不拘礼节，而且有过之而无不及。景公离席出去，晏子安坐不动，景公

---

[①] 张纯一校注，梁运华点校：《晏子春秋校注》卷一《内篇谏上》，中华书局2014年版，第6页。

返回时，晏子还是安坐不动。景公举杯，卿大夫们一齐举杯相敬，而晏子自己却先把酒喝了。景公气得变了脸，一只手按住另一只手，强抑火气，注视着晏子说："向者（方才）夫子教寡人无礼之不可也，今寡人出入不起，交举则先饮，礼也？"①晏子离开席位，向景公叩头禀告道，我不过是把不拘礼仪的样子实际演示出来罢了。君王若放弃礼节，就会如此。

　　这时，景公才明白晏子的用意，赔礼道："若是，孤之罪也。夫子就席，寡人闻命矣。"②酒过三巡，景公就下令撤席罢宴。从此以后，他在齐国整饬法令，修订礼仪，以礼治国，上下肃然。晏子在这次上谏中，巧妙地演出了一场以其人之道还治其人之身的活话剧。

　　有一次，景公饮酒，七日七夜不止。一位卿大夫弦章谏道："君欲饮酒七日七夜，章愿君之废酒也！不然，章赐死。"一会儿，晏子去见景公，景公道："章谏吾曰：'愿君之废酒也！不然，章赐死。'如是而听之，则臣为制也；不听，又爱其死。"也就是说，他既不想听从弦章的上谏，又不愿让弦章去死。对景公的这一窘状，晏子并没有马上向他点明什么，而是称颂他是"尧舜之君"，并说如果弦章在桀纣之世，早就死了。他原话是这样说的："幸矣，章遇君也！令章遇桀纣者，章死久矣。"③听了这话，景公马上停了酒宴。晏子在这儿虽然并未正面劝谏什么，但画龙点睛，一切尽在不言中，起到了王顾左右而言他的效果。

————————
　　① 张纯一校注，梁运华点校：《晏子春秋校注》卷一《内篇谏上》，第7页。
　　② 张纯一校注，梁运华点校：《晏子春秋校注》卷一《内篇谏上》，第7页。
　　③ 张纯一校注，梁运华点校：《晏子春秋校注》卷一《内篇谏上》，第10页。

还有一次，景公外出打猎，休息时没铺席子，就坐在地上吃起饭来。晏子来到后，就近拔了些芦苇垫着坐下。景公看了，很不高兴地问道："寡人不席而坐地，二三子莫席，而子独搴草而坐之，何也？"意思是我没有坐在席上，其他人也没有坐在席上，只有你拔草为席坐在上面，为什么？晏子这次的回答直来直去，他说道："臣闻介胄坐陈不席，狱讼不席，尸坐堂上不席，三者皆忧也。故不敢以忧侍坐。"晏子说的三种不坐席的情况是：全副武装的将士在军阵中、受审者及死者在堂内受祭时。这三种人都不能坐席。这样一说，景公欣然接受，令人铺下席子道："大夫皆席，寡人亦席矣。"①

又有一次，景公问晏子："治国何患？"晏子没有陈述多少宏论大旨，而是以社鼠猛狗作比喻，讲了一番治国的道理，十分通俗易懂，让人易于接受。其大意是说：治国之患在于社鼠。景公不解其意，晏子又阐发道：社②的墙壁是用一束束的木材排列好，再用泥涂抹而成的，老鼠因而进去藏身。若用烟火熏烤老鼠，又怕烧坏了木材；若用水灌注，又怕弄坏墙壁。所以，这种社鼠让人无法除掉。国家也有社鼠，君主身边的近侍便是。他们在内蒙蔽君主，使君主善恶不分；在外依仗权势鱼肉百姓。不诛杀他们，国家就要混乱；而要诛杀时，君主又会保护、赦免他们，这就是国家的社鼠。

晏子又举了一个猛狗的例子，大意是说：有个卖酒的人，酒香味美，酒旗高悬，但他的酒一直放到酸腐也卖不出去。有人很奇怪，去问同乡里的人，人们告诉他：酒家有一猛狗，若有买酒者，此狗便上

---

① 张纯一校注，梁运华点校：《晏子春秋校注》卷二《内篇谏下》，第86页。
② 社，古代祭祀土地神的场所。

前扑咬，所以，酒虽美，至酸也卖不出去。国家也有猛狗，就是那些把持朝政者。有道德有学术的人，要来归依大国之君，那些猛狗却迎上去咬人。身边的近侍是社鼠，当权者又是猛狗，国君怎能不受壅蔽，国家怎能没有忧患？<sup>①</sup>

　　深奥的道理寓于生动的比喻之中，景公听后也表示赞同。晏子上谏之巧妙，可见一斑。晏子在上谏中还很善于引申与衍义，通过似乎并不相干的事情，引发出自己的谏议。一次，景公到古纪国一带游历，得到一把金壶，上面刻着："食鱼无反，勿乘驽马。"景公很感慨地说："善哉，食鱼无反，则恶其腺也；勿乘驽马，恶其取道不远也。"反，是指翻身之鱼，亦即死鱼，从本义看，景公的解释是对的，但晏子反驳道："不然，食鱼无反，毋尽民力乎！勿乘驽马，则无置不肖于侧乎！"把这句话引申为为政箴言。景公也很机敏，接着问："纪有书，何以亡也？"晏子答道："有以亡也。婴闻之，君子有道，悬之间。纪有此言，注之壶，不亡何待乎？"<sup>②</sup>这是有些强词夺理，但他借题发挥，还是达到了预期的上谏目标。

　　晏子的上谏还注意动之以情，以情动君。在他晚年，景公修长庲之台，耗费无数，征发民役。大臣们多次谏劝，景公不听。一次晏子陪在景公身旁，酒过三巡，他起身跳起舞来，边舞边唱道："岁已暮矣，而禾不获，忽忽矣若之何！岁已寒矣，而役不罢，惙惙矣如之何！"<sup>③</sup>起舞三次，涕下沾襟。景公为之感动，罢除了长庲之役。

---

　　① 张纯一校注，梁运华点校：《晏子春秋校注》卷三《内篇问上》，第145页。

　　② 张纯一校注，梁运华点校：《晏子春秋校注》卷五《内篇杂上》，第254页。按，纪，指纪国，在今山东寿光南纪台村，公元前690年为齐所灭。间，指里巷大门。

　　③ 张纯一校注，梁运华点校：《晏子春秋校注》卷七《外篇重而异者》，第345页。

　　晏子在进谏时，还特别善于因势利导，顺水行舟，适时逆转。一次，景公后苑的鸟全部飞光了，他十分恼怒，要左右把管鸟的小吏烛邹杀掉。晏子见景公怒气冲冲，知道不便直谏，便顺势而下，对景公说："烛邹有罪三，请数之以其罪而杀之。"于是，将烛邹召到景公面前责问道："烛邹！汝为吾君主鸟而亡之，是罪一也；使吾君以鸟之故杀人，是罪二也；使诸侯闻之，以吾君重鸟以轻士，是罪三也。"实际上借数落烛邹之罪向景公进谏。说完，晏子请求下令杀掉烛邹，景公完全明白其弦外之音，只好说："勿杀，寡人闻命矣。"①

## 4　理到情至之策

　　人臣伴君，既不应谄媚以求荣华，亦不必以犯颜为荣而不计内容与后果。最出色的政治家是能把自己的政治主张有效条陈，使君王甘然折服，此为政治家的重要素质。唐代的著名宰臣魏徵、狄仁杰可视为典型代表，他们的上奏往往言之以理，动之以情，以透彻的说理让君王不得不从；或以入心的人情亲情，让君王放下戒备，从而达到劝谏目的。

### — 令君王理屈的上谏 —

　　唐太宗十分宠爱魏王泰。贞观十年（636）时，朝中传言三品以上官多轻蔑魏王，太宗听后十分不满。马上召集三品以上大臣，严词

---

① 张纯一校注，梁运华点校：《晏子春秋校注》卷七《外篇重而异者》，第346页。

责问道：隋文帝时，一品以下都要畏服诸王。我现在是不想放任诸子，但三品以上却由此轻蔑之，我若纵之，岂能不折辱公辈乎！房玄龄与群臣们都诚惶诚恐，"流汗拜谢"。魏徵却正色奏道：

> 臣窃计当今群臣，必无敢轻魏王者。在礼，臣、子一也。《春秋》言："王人虽微，序于诸侯之上。"三品以上皆公卿，陛下所尊礼，若纪纲大坏，固所不论；圣明在上，魏王必无顿辱群臣之理。隋文帝骄其诸子，使多行无礼，卒皆夷灭，又足法乎！

听到魏徵这番议论，太宗心悦诚服，说道："理到之语，不得不服。朕以私爱忘公义，向者之忿，自谓不疑，及闻徵言，方知理屈。"[①]

这是十分出色的一次以理服人，使君主也认为"理到之语，不得不服"。魏徵在以理服人时，始终能贯穿为国、为民、为君的主线，使君主接受认同他的政治思想，从而达到了很好的进谏效果。在进谏中，除了大家熟知的"水则载舟，水则覆舟"[②]的民本思想外，魏徵还有效地向太宗提供了其他有益于时政的治国方略。

魏徵特别强调为政中要取信于民，强调政治过程中的信与义。太宗即位之初，派使者点征府兵。封德彝上奏："中男虽未十八，其躯干壮大者，亦可并点。"唐初规定：百姓 16 岁为中男，18 岁始成丁，21 岁为丁。为丁后，方可充当府兵或征发力役。封德彝的这

---

① （宋）司马光：《资治通鉴》卷一九四《唐纪十》，太宗贞观十年，第6124页。
② （清）王先谦撰，沈啸寰、王星贤点校：《荀子集解》，《新编诸子集成》本，中华书局1988年版，第152～153页。

个建议扩大了征兵面，加重了百姓负担。太宗同意这一做法，但魏徵坚决反对。太宗召他责怪道："中男壮大者，乃奸民诈妄以避征役，取之何害？而卿固执至此！"魏徵并未正面回答，而是向太宗徐徐说理：

> 夫兵在御之得其道，不在众多。陛下取其壮健，以道御之，足以无敌于天下，何必多取细弱以增虚数乎！

魏徵这是先向太宗讲明兵不在多，而在于统御得当，没有必要把那些未成年的"细弱"网罗入军中。在此基础上，他又举例阐发了应以诚信治下的观点。他说："且陛下每云：'吾以诚信御天下，欲使臣民皆无欺诈。'今即位未几，失信者数矣！"先举出太宗自己提出的诚信治天下，又以其人之道直陈太宗多次失信。太宗听后十分愕然，问道："朕何为失信？"魏徵答道："陛下初即位，下诏云：'逋负官物，悉令蠲免。'有司以为负秦府国司者，非官物，征督如故。陛下以秦王升为天子，国司之物，非官物而何？"不等太宗回答，魏徵又说道："陛下曰：'关中免二年租调，关外给复一年。'既而继有敕云：'已役已输者，以来年为始。'……今既征得物，复点为兵，何谓以来年为始乎！"说到这里，魏徵方点出正题，认为既然下诏免除租调徭役，就不该再点兵充役，不仅中男不当点，即使丁男也不当点兵。魏徵并未到此为止，他又继续陈词，把此事上升到是否诚信为治的高度，说道：

> 陛下所与共治天下者在于守宰，居常简阅，咸以委之；至

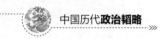

于点兵，独疑其诈，岂所谓以诚信为治乎！①

对于魏徵的建议，太宗欣然接受，并说：

> 向者朕以卿固执，疑卿不达政事，今卿论国家大体，诚尽
> 其精要。夫号令不行，则民不知所从，天下何由而治乎！朕过
> 深矣！②

遂下令不征中男，并赐魏徵一金瓮。

这实在是上奏说理之上上者。

魏徵使太宗意识到了广开言路的重要性，并时时加以劝诚。贞观八年（634），中牟县丞皇甫德参上书，指责太宗劳民伤财，厚敛百姓，称："修洛阳宫，劳人；收地租，厚敛；俗好高髻，盖宫中所化。"太宗看后大怒，对房玄龄等人说："德参欲国家不役一人，不收斗租，宫人皆无发，乃可其意邪！"要以诽谤治罪。魏徵上奏道：

> 贾谊当汉文帝时上书，云"可为痛哭者一，可为流涕者
> 二"。自古上书不激切，不能动人主之心，所谓狂夫之言，圣人
> 择焉，唯陛下裁察！

魏徵以汉文帝为例，实际上是暗示太宗要仿效文帝，做一个圣明之君。太宗又很高兴地接受了这一建议，并说："朕罪斯人，则谁敢

---

① （宋）司马光：《资治通鉴》卷一九二《唐纪八》，高祖武德九年，第6026～6027页。
② （宋）司马光：《资治通鉴》卷一九二《唐纪八》，高祖武德九年，第6027页。

复言！"①

贞观十二年（638）三月，太宗大宴群臣，酒酣之际，他侃侃说道："贞观之前，从朕经营天下，玄龄之功也。贞观以来，绳愆纠谬，魏徵之功也。"并对魏徵说："朕政事何如往年？"魏徵已明显地看到了太宗的自满，也觉察出了太宗对于言路与谏议已大不如前。因此，明确地答道："威德所加，比贞观之初则远矣；人悦服则不逮也。"太宗问："远方畏威慕德，故来服；若其不逮，何以致之？"这一反驳还是很有力的。既然承认威德要远高于贞观之初，四方慕从威德，就会来悦服，不会存在"悦服则不逮"的现象。魏徵却换了一个角度，说道："陛下往以未治为忧，故德义日新；今以既治为安，故不逮。"太宗不太理解，反问道："今所为，犹往年也，何以异？"这时，魏徵方转入正题，讲道："陛下贞观之初，恐人不谏，常导之使言，中间悦而从之。今则不然，虽勉从之，犹有难色，所以异也。"太宗仍不理解，问："其事可闻欤？"魏徵答道：

> 陛下昔欲杀元律师，孙伏伽以为法不当死，陛下赐以兰陵公主园，直百万。或云："赏太厚。"陛下云："朕即位以来，未有谏者，故赏之。"此导之使言也。司户柳雄妄诉隋资，陛下欲诛之，纳戴胄之谏而止。是悦而从之也。近皇甫德参上书谏修洛阳宫，陛下恚之，虽以臣言而罢，勉从之也。

这就告诉太宗，他纳谏的气度日加不如，这是人之悦服不如往者的根

---

本原因。若魏徵在开始即直抒此见解，太宗未必能够接受，经过这种层层递进的引导与分析，又使太宗欣然折服，感叹道："非公不能及此。人苦不自知耳！"①

魏徵深知太宗所虑及的是如何巩固千秋基业，因此，常常以隋亡作为前车之鉴，上奏议事。贞观十一年（637）初，太宗下令在洛阳修筑飞山官，魏徵上书反对，认为：

> 炀帝恃其富强，不虞后患，穷奢极欲，使百姓困穷，以至身死人手，社稷为墟。陛下拨乱返正，宜思隋之所以失，我之所以得，撤其峻宇，安于卑宫；若因基而增广，袭旧而加饰，此则以乱易乱，殃咎必至，难得易失，可不念哉！

不久，太宗至显仁官，看到供应不足，遂怪罪官吏。魏徵又上疏谏道：

> 陛下以储偫谴官吏，臣恐承风相扇，异日民不聊生，恐非行幸之本意也。昔炀帝讽郡县献食，视其丰俭以为赏罚，故海内叛之。此陛下所亲见，奈何欲效之乎？

讲到炀帝的类似行为，太宗幡然而悟，道："非公不闻此言。"又对长孙无忌等人言："朕昔过此，买饭而食，僦舍而宿。今供顿如此，岂

---

① （宋）司马光：《资治通鉴》卷一九五《唐纪十一》，太宗贞观十二年，第6137～6138页。

得嫌不足乎！"①这年五月，魏徵针对太宗的骄溢，又以隋为戒，上谏劝导道：

> 陛下欲善之志不及于昔时，闻过必改少亏于曩日，谴罚积多，威怒微厉。乃知贵不期骄，富不期侈，非虚言也。且以隋之府库、仓廪、户口、甲兵之盛，考之今日，安得拟伦！然隋以富强动之而危，我以寡弱静之而安；安危之理，皎然在目。昔隋之未乱也，自谓必无乱；其未亡也，自谓必无亡。故赋役无穷，征伐不息，以至祸将及身而尚未之窹也。夫鉴形莫如止水，鉴败莫如亡国。伏愿取鉴于隋，去奢从约，亲忠远佞，以当今之无事，行畴昔之恭俭，则尽善尽美，固无得而称焉。夫取之实难，守之甚易，陛下能得其所难，岂不能保其所易乎！②

这篇上奏，对于如何以隋为戒、安守基业，作了系统有力的阐述，其效果自不待言。

与前车之鉴相关，魏徵还极力向太宗讲授居安思危的道理。贞观五年（631），唐太宗对侍臣说："当今远夷率服，百谷丰稔，盗贼不作，内外宁静。此非朕一人之力，实由公等共相匡辅。"魏徵则乘机上奏道："天下今虽太平，臣等犹恐未以为喜，惟愿陛下居安思危，孜孜不怠耳！"贞观十四年（640），太宗对侍臣说："平定天下，朕

---

① （宋）司马光：《资治通鉴》卷一九四《唐纪十》，太宗贞观十一年，第6127页。
② （宋）司马光：《资治通鉴》卷一九五《唐纪十一》，太宗贞观十一年，第6129～6130页。

虽有其事，守之失图，功业亦复难保。"魏徵对言：

> 臣闻之，战胜易，守胜难。陛下深思远虑，安不忘危，功业既彰，德教复洽，恒以此为政，宗社无由倾败矣。①

贞观十五年（641），太宗又问臣下："守天下难易？"魏徵回答道："甚难！"太宗问："任贤能、受谏净，即可，何谓为难？"魏徵遂奏道：

> 观自古帝王，在于忧危之间，则任贤受谏，及至安乐，必怀宽怠，言事者惟令兢惧，日陵月替，以至危亡。圣人所以居安思危，正为此也。安而能惧，岂不为难？②

## ── 情理合一的上谏 ──

武则天时重臣狄仁杰也以善奏闻名。他所面对的武则天皇帝与太宗皇帝并不相同。此时，酷吏横行，动辄得罪，而武则天意在建武周天下，对于李唐宗室旧臣多所杀戮。这个时期，人人自危，朝臣入朝，均向家人诀别，不知能否安然返回。在这一局面下，狄仁杰仍能力奏武则天，匡正得失，这既得益于武则天的信任与他的忠诚，也得益于他高超的议论内容。

---

① （唐）吴兢撰，谢保成集校：《贞观政要集校》卷十《论慎终》，中华书局2009年版，第546页。

② （唐）吴兢撰，谢保成集校：《贞观政要集校》卷一《论君道》，第25页。

在武则天后期，有两大问题是她所关心的：一是立嗣，一是崇佛。朝臣对这两个问题从不敢妄加议论，只有狄仁杰能以朝政大局为重，适时上奏，也为武则天减少了不少负面影响。

武则天圣历元年（698），武承嗣与武三恩都加紧了争做太子的步伐，多次让人在武则天处陈述："自古天子未有以异姓为嗣者。"武则天一直犹豫不决，而多数大臣都唯唯诺诺，不敢涉及这一敏感问题。狄仁杰则多次劝武则天仍以自己之子为嗣。他说：

> 文皇帝（即太宗）栉风沐雨，亲冒锋镝，以定天下，传之子孙。大帝（即高宗）以二子托陛下。陛下今乃欲移之他族，无乃非天意乎！且姑侄之与母子孰亲？陛下立子，则千秋万岁后，配食太庙，承继无穷；立侄，则未闻侄为天子而祔姑于庙者也。

狄仁杰在这里并不是简单地反对立武氏子弟为嗣，这样会首先招致武则天的疑忌与反感。他先以太宗、高宗两位皇帝打动武则天，又站在武则天的角度提出了母子与姑侄孰亲以及无法以姑母身份配享太庙这两个实际问题，起到了预定的效果。武则天听后并未动怒，只是说："此朕家事！卿勿预知。"但狄仁杰并未就此罢休，而是继续上奏道：

> 王者以四海为家，四海之内，孰非臣妾，何者不为陛下家事！君为元首，臣为股肱，义同一体，况臣备位宰相，岂得不预知乎！

听到这些，武则天渐渐接受了狄仁杰的看法。过了几天，又问狄仁杰："朕梦大鹦鹉两翼皆折，何也？"狄仁杰乘机陈述道："武者，陛下之姓，两翼，二子也。陛下起二子，则两翼振矣！"①这一解释还是很巧妙得体的。至此，武则天打消了立武氏子为嗣的想法。

武则天之佞佛，世所共知，久视元年（700），她要修造大佛像，下令天下僧尼每日出一钱，捐助造像。狄仁杰上书道：

> 今之伽蓝，制过宫阙。功不使鬼，止在役人，物不天来，终须地出，不损百姓，将何以求！

这是说，虽然表面上只向僧尼征钱，但这些钱实际上还是出自百姓，还是要损及百姓利益。他又说：

> 游僧皆托佛法，诖误生人；里陌动有经坊，阛阓亦立精舍。化诱所急，切于官征；法事所须，严于制敕。

"里陌"，谓乡里村陌；"阛阓"，谓城内坊市垣门；"经坊"与"精舍"，均指寺庵。在这一层中，狄仁杰又进一步强调了寺庵僧尼向百姓的索取甚至重于官府。他还说：

> 梁武、简文舍施无限，及三淮沸浪，五岭腾烟，列刹盈衢，无救危亡之祸，缁衣蔽路，岂有勤王之师！

这是向武则天指明了佞佛无益国家，在国家危难之际，那些寺庵僧尼

---

① （宋）司马光：《资治通鉴》卷二〇六《唐纪二十二》，则天后圣历元年，第6526页。

从不会解危纾难。他接着说：

> 虽敛僧钱，百未支一，尊容既广，不可露居，覆以百层，尚忧未遍，自余廊宇，不得全无。如来设教，以慈悲为主，岂欲劳人，以存虚饰！

他又将话题转回到了佛教本身，告诉武则天，修造佛像只是百未支一，还要为佛像建造庙宇回廊、宝塔等等，耗费大量民力，这实际上又违背了佛家以慈悲为主的本意。最后，狄仁杰又把这一问题与王朝安定连在了一起，说道：

> 比来水旱不节，当今边境未宁，若费官财，又尽人力，一隅有难，将何以救之！

到此为止，他完全说服了武则天！武则天道："公教朕为善，何得相违！"[①] 于是收回了修造佛像的诏令。

## 5 犯颜之忠

犯颜即触犯龙颜，在中国历史上，真正虚怀若谷、从善如流的帝王只是少数，多数帝王还是妄自尊大、刚愎自用或者被权倖小人所左右，很难容下不同的声音。即使圣明如西汉文帝、景帝和唐太宗者，

---

① （宋）司马光：《资治通鉴》卷二〇七《唐纪二十三》，则天后久视元年，第6549～6550页。

也难免时时事事优容。这样，当帝王们龙颜不悦之时，高明的臣子会巧妙回旋，让帝王接受上谏；也有一部分臣子会偃旗息鼓，唯唯而已；但也有一部分政治家仍犯颜抗争，或触怒帝王，或得罪权贵，忠心可嘉。

## — 罢官归田的薛广德 —

西汉宣帝时，御史大夫薛广德刚就任十余日，宣帝率人至甘泉宫祭祀，随后要在附近游猎。广德上谏道：

> 窃见关东困极，人民流离。陛下日撞亡秦之钟，听郑、卫之乐，臣诚悼之。今士卒暴露，从官劳倦，愿陛下反宫，思与百姓同忧乐，天下幸甚。

对于这番话，宣帝并不爱听，特别是广德说他"日撞亡秦之钟"，更是刺耳。但因薛广德刚刚被任命，宣帝不便发作，隐忍作罢，从谏返宫。不久，宣帝前往南郊祭祀宗庙，出便门后想乘楼船，薛广德坚决反对，他摘下冠带上谏道："应从桥。"要宣帝从桥上过河。宣帝命曰"大夫冠。"因为广德免冠而谏是表明他宁肯弃官也要上谏。所以，宣帝先请他带上冠带。但广德不听，继续谏道："陛下不听臣，臣自刎，以血污车轮，陛下不得入庙矣！"这是以死相谏。见广德如此，宣帝十分恼怒。光禄大夫张猛马上从中劝和道："臣闻主圣臣直，乘船危，就桥安，圣主不乘危。御史大夫言可听。"但宣帝仍愤愤不平地说："晓人不当如是邪！"在薛广德任御史大夫十个月后，便将他罢免归家。①

## — 狱中呕血的王嘉 —

与薛广德相比，西汉后期的一位诤谏宰臣王嘉的结局要可悲得多。王嘉，字公仲，西汉平陵人（今陕西咸阳西北）。汉成帝时，先后任九江、河南太守，大鸿胪，京兆尹，御史大夫等职，哀帝建平三年（前4），拜为丞相。史称"嘉为人刚直严毅有威重，上甚敬之"②。

哀帝时，西汉王朝已近尾声，各种社会矛盾十分尖锐，朝政腐败，民不聊生。哀帝又特别宠任董贤，封官晋爵，赏赐无度，更加剧了汉王朝的危机。对于哀帝之宠任董贤，王嘉多次上谏并连续违忤哀帝之意，封还诏书，最终被哀帝所杀，堪称犯颜上谏的典范。

董贤本是御史董恭之子，初为太子舍人，容貌秀美，又好修饰，被哀帝所宠，成为一朝弄臣。哀帝擢董贤为侍中，纳其妹为昭仪，并升任其父为少府，岳丈为将作大匠，其弟为执金吾，并在北阙之下为其大治府第，极尽华侈。但哀帝意犹未尽，还想给董贤更大的封赏。恰在此时，中常侍宋弘通过二位大臣息夫躬、孙宠告发东平王刘云谋反，刘云被杀后，哀帝将上告谋反的奏章中宋弘之名去掉，换上了董贤。接着，便以告发之功，要向董贤、息夫躬、孙宠封爵。颁发诏书之前，哀帝担心王嘉会反对，便先让皇后之父傅晏将诏书先拿给丞相与御史大夫过目，结果，王嘉与御史大夫贾延共同封还诏书，反对此

---

① 《汉书》卷七一《薛广德传》，第3047页。
② 《汉书》卷八六《王嘉传》，第3488页。

事，并上谏道：

> 窃见董贤等三人始赐爵，众庶匈匈，咸曰贤贵，其余并蒙
> 恩，至今流言未解。陛下仁恩于贤等不已，宜暴贤等本奏语言，
> 延问公卿大夫博士议郎，考合古今，明正其义，然后乃加爵土；
> 不然，恐大失众心，海内引领而议。[①]

在这种情况下，哀帝暂时停下了此事。

但数月之后，哀帝又直接下发了向董贤等人封爵的诏书，不仅如
此，还莫名其妙地将朝臣们责怪了一番。声称自己即位以来，身体不
适而反逆之谋又屡有发生，之所以有刘云一类图谋反叛者，就是因为
公卿大夫们都不能一心一意辅助君王、防患未然。幸亏有董贤等人发
觉反谋，否则，那些弑天子逆乱之谋者就要得逞。

王嘉并未因此屈服，不久，他又一次上疏，对哀帝宠臣董贤进行
了严厉规劝。他在谏文中说道：

> 驸马都尉董贤亦起官寺上林中，又为贤治大第，开门乡北
> 阙，引王渠灌园池，使者护作，赏赐吏卒，甚于治宗庙。贤母
> 病，长安厨给祠具，道中过者皆饮食。为贤治器，器成，奏御
> 乃行，或物好，特赐其工，自贡献宗庙三宫，犹不至此。贤家
> 有宾婚及见亲，诸官并共，赐及苍头奴婢，人十万钱。使者护
> 视，发取市物，百贾震动，道路谨哗，群臣惶惑。诏书罢苑，

---

① 《汉书》卷八六《王嘉传》，第3492页。

而以赐贤二千余顷，均田之制从此堕坏。

从王嘉的上谏，我们可以看到，哀帝对于董贤的恩宠已到了无以复加的地步，而董贤俨然是长安城中的第二位天子。最后，王嘉发自内心地要哀帝以邓通、韩嫣为戒，不要让董贤像他们那样"乱国亡躯，不终其禄"，而要节制对董贤的宠遇，"全安其命"。①哀帝接到这封上谏，对王嘉更加不满，但王嘉还是以国为重，不肯顾及身家性命。

恰在此时，王嘉又进行两次让哀帝不满的上谏。一次是举荐原廷尉梁相。在办理东平王刘云一案时，廷尉梁相认为案中有许多不实之词，恐造成冤狱，遂上奏哀帝，要求将刘云押至长安，重新审理。但哀帝却认为梁相是看到自己龙体欠佳，想让刘云挨过死期，取而代之。因此，下诏将梁相免为庶人。数月后，哀帝大赦天下，王嘉上书举荐梁相，说他"明习治狱"，"计谋深沈"。结果，触怒了龙颜，"书奏，上不能平"。若仅此一事，哀帝或许还可以对王嘉宽限一些时日，但此事刚过不久，王嘉又封还了他加封董贤的诏书，让他怒不可遏。直接将王嘉召到尚书台，责问道："（梁）相等前坐在位不尽忠诚，外附诸侯，操持两心，背人臣之义，今所称相等材美，足以相计除罪。君以道德，位在三公，以总方略一统万类分明善恶为职，知相等罪恶陈列，著闻天下，时辄以自劾，今又称誉相等，云为朝廷惜之。大臣举错，恣心自在，迷国罔上，近由君始，将谓远者何！"②哀帝名为责问梁相之事，实际上也是迁怒王嘉封还加封

① 《汉书》卷八六《王嘉传》，第3497页。
② 《汉书》卷八六《王嘉传》，第3500页。

董贤诏书之事。见事已至此，王嘉只得免冠谢罪。

哀帝并不肯就此罢休，他先将王嘉之事交付中朝议罪，接着又派使者召王嘉至廷尉诏狱受审。按汉代习惯，"将相不对理陈冤"，也就是说，将相不能当堂受审，若有诏下狱，要自行服毒自尽。所以，使者到相府后，王嘉的属吏们便哭泣着调制毒药，拿给王嘉。王嘉不肯服药，其主簿劝道："将相不对理陈冤，相踵以为故事，君侯宜引决。"这时，使者正襟危坐于府第，等待着王嘉自尽，主簿又奉药相劝，王嘉起身将药杯掷地，对属吏们说："丞相幸得备位三公，奉职负国，当伏刑都市以示万众。丞相岂儿女子邪，何谓咀药而死！"于是，整装而出，拜受诏书，乘属吏小车，随使者前往廷尉诏狱。①

哀帝听说王嘉不肯自尽，而是随使者去了诏狱，勃然大怒，遂派将军以下与五位二千石大臣审治此案。在狱中，狱吏对王嘉也极尽凌辱。一次，面对狱吏之凌辱，王嘉仰天长叹道："幸得充备宰相，不能进贤退不肖，以是负国，死有余责。"狱吏们问谁是贤与不肖者，王嘉直截了当地说："贤，故丞相孔光、故大司空何武，不能进；不肖，高安侯董贤父子，佞邪乱朝，而不能退。罪当死，死无所恨。"王嘉在狱中二十余日，不食，呕血而死。②

---

① 《汉书》卷八六《王嘉传》，第3502页。
② 《汉书》卷八六《王嘉传》，第3502页。

## — 贬谪岭南的魏元忠 —

在专制君主时代，像王嘉这样谏诤之相的结局比较典型。在这一政体下，一人独断、专制朝政，不仅在末世昏君时代，即使是面对广纳谏言的君主，犯颜上谏也往往可能触怒龙颜，如唐武则天时代的魏元忠，宋仁宗时代的范仲淹都有类似的经历。

武则天时代，宠信张昌宗、张易之兄弟，并任用了来俊臣、周兴等一批酷吏，弄得朝臣们人人自危。但也正是这一时代，一批以朝政大局为重的大臣们不肯屈从邪佞，诤诤上谏，相互砥砺，虽得罪武则天与诸权贵也在所不惜，为后世所称颂。

魏元忠为洛州长史时，洛阳令张昌仪恃仗其诸兄威势，每次入长史府禀事，均长驱而入，魏元忠叱令下庭，要他依礼而行。张易之的家奴扰乱街市，魏元忠也不留情面地杖杀。魏元忠为相后，仍不屈从于张氏兄弟。武则天曾召回张易之之弟岐州刺史张昌期，想任用他为雍州长史，在朝会时，她问宰臣们：“谁堪雍州者？”魏元忠明知武则天的本意，但偏偏不肯附会，答道：“今之朝臣无以易薛季昶。”武则天只好直接提出：“季昶久任京府，朕欲别除一官；昌期何如？”其他宰臣们见武则天主意已定，便纷纷附和道：“陛下得人矣！”只有魏元忠仍坚执异议，说：“昌期不堪！”武则天追问原因，魏元忠道：“昌期少年，不闲吏事，向在岐州，户口逃亡且尽。雍州帝京，事任繁剧，不若季昶强干习事。”武则天听后，默然而止。之后，魏元忠又面奏：“臣自先帝以来，蒙被恩渥，今承乏宰相，不能尽忠死节，使小人在侧，臣之罪也。”[①] 这里所说的

---

① （宋）司马光《资治通鉴》卷二○七《唐纪二十三》，则天后长安三年，第6563~6564页。

"小人在侧"，显然是指张易之兄弟。对这一上奏，武则天十分不满，但更为重要的是魏元忠因这一系列事件得罪了张氏兄弟。

长安三年（703），武则天患病不愈，张昌宗唯恐武则天一死，他们会被魏元忠惩治，遂告发魏元忠与司礼丞高戬要拥立太子，证据是听到了二人私下议论："太后老矣，不若挟太子为久长。"对这样一个莫须有的罪名，武则天竟也相信，她先将魏元忠、高戬关入狱中，然后，又安排他们与张昌宗当场对质。张昌宗唯恐没有把握，又悄悄地找到中书舍人张说，许以升迁，要他出面证明魏元忠之罪，张说答应下来。第二天，武则天召太子、诸宰相，让魏元忠与张昌宗对质，双方你来我往，互不相让，魏元忠坚决不肯承认。这时，张昌宗使出准备好的王牌，告诉武则天："张说亦闻元忠言，请召问之。"①

武则天立即召张说前来。张说临行前，另一位中书舍人宋璟对他说："名义至重，鬼神难欺，不可党邪陷正以求苟免！若获罪流窜，其荣多矣；若事有不测，璟当叩阁力争，与子同死。努力为之，万代瞻仰，在此举也！"殿中侍御史张廷珪也说："朝闻道，夕死可也！"左史刘知几则提醒张说："无污青史，为子孙累！"②

张说到朝堂后，武则天问他魏元忠有无密议之事，张说沉默不语。魏元忠有些担心，说道："张说欲与昌宗共罗织魏元忠邪？"张说叱责他道："元忠为宰相，何乃效委巷小人之言！"这时，张昌宗在旁催促张说，要他尽快说出。张说则缓缓向武则天奏道："陛下视之，在陛下前，犹逼臣如是，况在外乎！臣今对广朝，不敢不以实

---

① （宋）司马光：《资治通鉴》卷二〇七《唐纪二十三》，则天后长安三年，第6564页。
② （宋）司马光：《资治通鉴》卷二〇七《唐纪二十三》，则天后长安三年，第6564页。

对。臣实不闻元忠有是言，但昌宗逼臣使诬证之耳！"①

一听张说如此说出，张易之、张昌宗马上变脸喊道："张说与魏元忠同反！"则天问其缘由，张氏兄弟称："（张）说曾谓元忠为伊、周。伊尹放太甲，周公摄王位，非欲反而何？"对这一指控，张说供认不讳。他说：

> 易之兄弟小人，徒闻伊、周之语，安知伊、周之道！日者元忠初衣紫（即丞相），臣以郎官往贺，元忠语客曰："无功受宠，不胜惭惧。"臣实言曰："明公居伊、周之任，何愧三品！"彼伊尹、周公皆为臣至忠，古今慕仰。陛下用宰相，不使学伊、周，当使学谁邪？且臣岂不知今日附昌宗立取台衡，附元忠立致族灭！但臣畏元忠冤魂，不敢诬之耳。

张说这番言论，可以说是目无权贵，慷慨激昂。武则天大为愤怒，说："张说反复小人，宜并系治之。"②随后，几次审讯逼问，张说一如既往。

这时，又有几位大臣冒死上谏，为魏元忠争辩。朱敬则上奏道："元忠素称忠正，张说所坐无名，若令抵罪，失天下望。"苏安恒亦上疏云：

> 陛下革命之初，人以为纳谏之主；暮年以来，人以为受佞之主。自元忠下狱，里巷恟恟。皆以为陛下委信奸究，斥逐贤

---

① （宋）司马光：《资治通鉴》卷二〇七《唐纪二十三》，则天后长安三年，第6565页。
② （宋）司马光：《资治通鉴》卷二〇七《唐纪二十三》，则天后长安三年，第6565页。

良，忠臣烈士，皆抚髀于私室而箝口于公朝，畏迮易之等意，徒取死而无益。方今赋役烦重，百姓凋弊，重以谗慝专恣，刑赏失中，窃恐人心不安，别生他变，争锋于朱雀门内，问鼎于大明殿前，陛下将何以谢之，何以御之？①

这段话问得十分激烈，点明了武则天若再这样一意孤行，便会天下大乱，王朝倾覆。张易之等人异常恼怒，要杀苏安恒，幸有一批朝臣相保，方免于一死。

最终，魏元忠还是因犯颜上谏被贬为高要尉，张说流放岭南。魏元忠临行，仍不屈从，指陈张氏兄弟必乱国家。他对武则天说："臣老矣，今向岭南，十死一生。陛下他日必有思臣之时。"武则天问为何有此言，当时，张易之、张昌宗均在武则天身旁，魏元忠指着他们说："此二小儿，终为乱阶。"②这种不屈不挠之精神，难能可贵。

## —— 屡谏屡贬的范仲淹 ——

北宋时的著名宰臣范仲淹也是这样一位不屈不挠的人物。在其早年，曾多次犯颜上谏，多次因此被贬官，但他屡贬屡谏，不改本色。

范仲淹一向鄙视那些柔讷行事、明哲保身的官员，认为作为朝廷官员，应该以天下为己任，"日夜谋虑兴致太平"，应该为此敢于犯颜直言，冒死谏上。并且主张要把能否敢言作为选拔官吏、使用人才

---

① （宋）司马光：《资治通鉴》卷二〇七《唐纪二十三》，则天后长安三年，第6565~6566页。

② （宋）司马光：《资治通鉴》卷二〇七《唐纪二十三》，则天后长安三年，第6566页。

的一个重要标准，呼吁朝廷"不以柔讷为行，如以柔讷为行而宠之，由四海英雄无望于时矣"。[①]范仲淹以实际行动履行了自己的志向和处世准则。

天圣七年（1029），范仲淹任秘阁校理，当时的朝廷形式上是刘太后与仁宗同莅国政，实际上是刘太后居中决断，独掌朝政，满朝文武慑于太后的专断，多不敢议论朝政得失，言路闭塞。对此，范仲淹不顾一切，挺身而出。在刘太后六十寿辰之日，仁宗率百官叩头祝寿，范仲淹极言上谏：作为天子，"顾与百官同列"，"不可为后世法"[②]，并且上书请太后撤帘归政。这下如同太岁头上动土，触及了太后忌讳，激发了太后肝火。结果不久范仲淹被贬，出判河中府（治今山西永西蒲州）。

明道二年（1033），刘太后病卒，仁宗召范仲淹为右司谏。是年，江、淮、京东地区旱蝗灾害严重，范仲淹上疏请仁宗遣官员到灾区巡抚、赈灾，仁宗不允，范仲淹便直言责问道："宫掖中半日不食，当何如？"[③]仁宗无言以对，只得派他去灾区慰抚。范仲淹每到一处，开仓发粮，赈济灾民，同时又严禁淫祀，免除了折役茶、江东丁口盐钱等赋税，而且又条上救弊十事。

此年，仁宗废立郭皇后，范仲淹以为：郭皇后无大过，不可轻易废立，于是率领全体谏官及御史伏阁，向仁宗进谏，请求还立郭太后，仁宗不允。次日，他又率谏官谏争。仁宗十分恼火，将其贬往睦

---

① （宋）范仲淹：《范文正公集》卷五《选任贤能论》，《万有文库》本，商务印书馆1937年版，第71页。

② 《宋史》卷三一四《范仲淹传》，第10268页。

③ 《宋史》卷三一四《范仲淹传》，第10268页。

州，不久又迁为知苏州。

两年后，仁宗又擢范仲淹判国子监，迁权知开封府。此时吕夷简执政为相，进用者多出其门，范仲淹上"百官图"，对吕夷简多加指摘，并劝谏仁宗对官吏的提拔任用，"不宜全委之宰相"。警诫仁宗："汉成帝信张禹，不疑舅家，故有新莽之祸。臣恐今日亦有张禹，坏陛下家法。"①吕夷简闻之大怒，便上言说范仲淹间离他与仁宗的关系，引用朋党。仁宗听信谗言，将范仲淹再贬至饶州（今江西鄱阳）。

---

① 《宋史》卷三一四《范仲淹传》，第10269页。

# 三　安身之术

古代官场之险恶人所共知，君主猜忌，同僚倾轧，谗臣构陷，奸臣迫害。在这种环境下政治家要立于不败之地，安身立命之术十分重要。在这一问题上，因人因时而异，但基本方法却是异曲同工，或韬光养晦，或洞察时务，或委曲求全，或化敌为友，或居功自谦、以退为进。可以说，凡不谙此道者都不会是一个成功的政治家。

## 1　韬光养晦之术

中国古代官场风云变幻，朝中派系林立，相互倾轧，大臣们每每如履薄冰，小心翼翼，以防不测。一些灵活多谋的大臣在斗争的浪尖上，往往运用韬晦之计，收锋敛芒，藏形隐迹：或称病不预朝政，或诡相亲附于政敌，或佯装为无能之态。这种以退为守的策略，既可保护自己，又可积蓄力量，待对方丧失警惕、时机成熟时，便东山再起，大展鸿鹄之志。

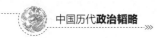

## — 韬光养晦的司马懿 —

　　三国时期集魏国将相于一身的司马懿，在他漫长的政治生涯中，就曾多次韬光养晦，避开矛盾焦点，躲离曹氏疑忌，从中又运用种种谋略，悄悄地将曹氏政权逐渐移至司马氏手中。

　　司马懿（179～251），字仲达，河内温县（今河南温县）孝敬里人，出身世家大族。司马懿生长在动荡的东汉末年，其多谋略，善权变，又博学多闻。少时即被名士杨俊、崔琰赞许，以为"非常之器"。曹操为汉司空（丞相）时，闻知司马懿名声，遂辟为官，但司马懿见汉朝衰微，曹氏专权，不欲屈节于曹氏，便推托自己身患风痹，不能起居，拒绝曹操的辟请。曹操是位机警多疑之人，他怀疑司马懿是借故推辞，于是马上派人扮作刺客，趁夜间到司马懿的住舍去验证。当刺客蹑手蹑脚来到他的寝室时，警觉的司马懿立即感到这是曹操派人来察验其病情的，他于是将计就计，坚卧不动，任刺客挥剑试探。这一招既需要准确的判断、果断的决策，又需要非凡的勇气、超人的沉稳，一般人是难以办到的。那刺客见其面对利刃而未做任何自卫的努力，便认定是风痹无疑，遂扬长而去。曹操于建安十八年（213）为丞相时，又辟他为文学掾，曹操敕使者说："若复盘桓，便收之。"① 即司马懿若再推三阻四的，就把他抓来。善于审时度势的司马懿只得就职。

　　曹操对司马懿的才干十分赏识，很快迁升他为黄门侍郎、议郎、

---

① 《晋书》卷一《宣帝纪》，第2页。

丞相东曹掾，不久又转任主簿。但另一方面，曹操对他又颇不放心。他观察到司马懿"内忌而外宽，猜忌多权变"，狡诈警觉，内心难测，并感到他"有雄豪志"[①]，即有政治野心，因而十分疑忌司马氏。他还听说司马懿有"狼顾相"[②]，便有意加以验证。一日，曹操为验证司马懿，便有意召他前行，又出其不意地让他向后看，司马懿果然如狼之顾——"面正向后而身不动"；加之曹操曾梦见"三马同食一槽"，他推占认为"槽"即"曹"，则预示司马氏要侵夺曹氏之权。因而曹操内心对司马懿十分警觉和猜忌。他曾十分担心地对儿子曹丕叮嘱道："司马懿非人臣也，必预汝家事。"要他对司马懿有所防范。但曹丕平素与司马懿友善，他不仅将父亲的警告置若罔闻，而且还"每相全佑"，使他免于迫害。异常机警的司马懿也觉察到了曹操对他的猜疑，于是他立刻采取对策，史称其"勤以吏职，夜以忘寝，至于刍牧之间，悉皆临履"。他每日埋头于琐碎、日常的政务中，表现出胸无大志、目光短浅的样子，这样曹操"意遂安"，打消了对他的疑忌。[③]

曹操死后，曹丕代汉称帝，司马懿也从此受到信重，官至抚军将军、录尚书事。曹丕死，懿又与曹真、曹休、陈群同受遗诏，辅佐明帝曹叡。曹真等相继老死，司马懿的权势愈来愈大，曾经都督荆豫二州和雍梁二州诸军事，升为太尉。他也亲率大军，西拒诸葛亮于秦陇，最后"不战而屈人之兵"，战胜了诸葛亮；又东灭割据辽东三世

---

① 《晋书》卷一《宣帝纪》，第20页。

② 据说狼性多疑、胆怯，行进时常喜回顾看，害怕遭到袭击。古人常用"狼顾"一词形容那种机警多疑的人。

③ 《晋书》卷一《宣帝纪》，第20页。

的公孙渊。因此，他在政治上、军事上的威信，可谓首屈一指。但他并没有因为地位显赫而懈怠。平时，他特别注意避嫌，"勋德日盛而谦恭愈甚"，尤其对乡邑旧齿同为辅臣的太常常林，见之每拜。他常常告诫子弟："盛满者道家之所忌，四时犹有推疑，吾何德以堪之。损之又损之，庶可以免乎！"<sup>①</sup> 即便身为首辅权臣，他依然"狼顾"般地警觉。

景初三年（239）正月，病危的明帝急召司马懿进宫。他拉着司马懿的手，将8岁的齐王曹芳托付于他："吾疾甚，以后事属君，君其与爽辅少子。吾得见君，无所恨！"<sup>②</sup> 并令齐王上前抱着他的脖子，司马懿应允，顿首流涕，明帝即死去。

齐王曹芳继位后，司马懿与曹爽共同辅政，执掌朝政，各统兵三千，轮番在殿中值班，并享受乘舆上殿的殊遇。曹爽为已故大将军曹真之子，"少以宗室慎重"，为魏明帝所爱重，明帝临终，拜他为大将军，都督中外诸军事，录尚书事。起初，曹爽因司马懿德高望重，还能引身卑下，尊敬有加，但不久在他的谋士何晏、邓飏、李胜、丁谧、毕轨等人的谋划下，认为司马懿的威权太重，应予抑压，于是便使魏帝下诏，将司马懿由太尉转为太傅，外示崇尊，实则为一闲职，将他架空。与此同时，曹爽又以弟曹羲为中领军，曹训为武卫将军，掌管禁军；以何晏、邓飏为尚书，毕轨为司隶校尉，李胜为河南尹，政事不经过司马懿。这样，曹爽把司马懿手中的权力全部垄断过来。

---

① 《晋书》卷一《宣帝纪》，第14页。
② 《三国志》卷三《魏书·明帝纪》，第114页。

老谋深算的司马懿面对这种情形，便采取以退为守的策略。他假装生病在家，不预朝政，以躲避曹爽的锋芒，迷惑麻痹对手。司马懿居家不出，正中曹党下怀，犹去一大心病，从此得意忘形，胡作非为。他们乘势将洛阳、野田典农部桑田数百顷国有土地分割，占为私产，并向州郡敲诈勒索。曹爽更是僭制无度，其饮食车服一如皇帝，尚方珍玩，充斥其家，甚至将宫中的嫔妃、良家女子、乐师、鼓吹也取回家中作乐伎。曹爽及其党羽的作为引起朝野的不满，当时流传这么一句童谣："何、邓、丁，乱京城。"但司马懿却一直"潜为之备"，暗中部署力量，伺机消灭曹爽。

不过，放纵逸乐的曹爽并没有忘记司马懿的存在，对他一直放心不下。正始九年（248），曹爽的心腹李胜改任荆州刺史，曹爽让他辞别司马懿，借机窥探一下司马懿的动静。一听门人禀报李胜来访，司马懿便立刻觉察到了其真实来意。李胜来后，他让两婢女服侍两边，用手拿衣服，衣服失落在地；又向婢女手指己口，示意口渴，婢女送上一杯粥，司马懿又装着手不能持杯，喝粥时，粥从口中流出，弄脏了前胸。李胜装模作样地哭泣道："今主上尚幼，天下恃赖明公，然众情谓明公方旧风疾发，何意尊体乃尔！"并告诉他自己将赴任荆州。司马懿这才长喘一口气，假装吃力地说道："年老沈疾，死在旦夕。君当屈并州，并州近胡，好善为之。恐不复相见，如何！"他故意装聋，把李胜赴任的"荆州"说为"并州"。李胜连忙纠正道："当还忝本州，非并州也。"司马懿又故作昏谬地说："君方到并州，努力自爱！"其"错乱其辞，状如荒语"。李胜是荆州人，所以把到荆州做刺史，说成"当忝本州"。见司马懿将"本州"说成"并州"，李胜也不好再用"本州"这个文雅的交际语言了，只得又说：

"当忝荆州，非并州也。"司马懿乃像是稍稍领悟，说："懿年老，意荒忽，不解君言。今还为本州刺史，盛德壮烈，好建功勋。"并以子师、昭兄弟为托，说着他又呜咽起来。李胜见状，只得连忙推辞"辄当承教，须待敕命"，离开司马府第。司马懿的精彩表演，使李胜信之无疑。他回去向曹爽报告说："太傅语言错误，口不摄杯，指南为北。又云吾当作并州，吾答言当还为荆州，非并州也。徐徐与语，有识人时，乃知当还为荆州耳。"①认为"司马公尸居余气，形神已离，不足虑矣"。他日，李胜又对曹爽等垂泣曰："太傅不可复济，令人怆然。"②从此，曹爽等对司马懿不再有怀疑防备之心。

嘉平元年（249）正月，幼主曹芳出洛阳城，拜谒明帝曹叡的陵墓高平陵，丧失警惕、思想麻痹的曹爽兄弟都随驾出行。正在伺机而动的司马懿，抓住这个机会，霍然而起。他假皇太后之命，关闭洛阳城门，勒兵占据武库，控制了都城，随后，又授兵出屯洛阳浮桥。司马懿又派人送奏章给少主曹芳，揭举曹爽兄弟的罪恶，要求黜免曹爽兄弟的职位。

曹爽进退失据，彷徨无计。这时被司马懿称为"智囊"的大司农桓范奔归曹爽，劝曹爽奉天子至许昌，传檄天下以讨司马懿，曹爽却不予以采用。他认为："司马公正当欲夺吾权耳。吾得以侯还第，不失为富家翁。"③遂放弃反抗，回到京城。结果，曹爽兄弟免官回家，司马懿发洛阳吏民 800 人围守在曹爽兄弟的宅第。并在其宅院四角起

---

① 《三国志》卷九《魏书·曹真传附曹爽传》裴松之注引《魏末传》，第286页。
② 《晋书》卷一《宣帝纪》，第17页。
③ 《晋书》卷一《宣帝纪》，第18页。

高楼，令人在楼上视察曹氏兄弟的举动。曹爽计穷愁闷，持弹到后园中，楼上人便喊："故大将军东南行！"爽惶惧不安，不知司马懿究竟怎么处置他们。便写信与司马懿，说家中缺少粮食，请求接济一些。司马懿接到书信，马上派人送来一百斛，并且还送了肉脯、盐、大豆，曹氏兄弟"不达变数，即便喜欢，自谓不死"①。但这一次，曹爽又上了司马懿的当。这期间，司马懿在朝中首先剪除曹爽的党羽，把何晏、邓飏、丁谧等悉数罢官免职，收捕入狱。不久，又收捕曹爽兄弟下狱。四日后，曹爽兄弟及其党羽晏、谧、飏、胜、轨等，皆以"阴谋反逆"的罪名同日斩首，诛及三族（父母、妻子、兄弟）。从此，朝中大权尽归司马氏，为以后司马氏"迁魏鼎"、建晋朝铺平了道路。

— 藏形隐迹的严嵩 —

　　司马懿诈病骗曹爽，可谓韬光养晦的顶巅之作，是一代政治家的韬略大手笔。明中期的宰臣徐阶也曾使用韬晦之计，除掉了当时势焰熏天的奸相严嵩父子及其党羽。

　　严嵩（1480～1567），字惟中，一字介溪，江西分宜人，为弘治时进士。初为编修，后为礼部右侍郎。严嵩并无特殊才略，唯能谄谀媚上，以图高官厚禄。嘉靖七年（1528）曾奉世宗朱厚熜之命祭告显陵（明献帝墓，在今湖北钟祥附近）。事毕，他献媚奏道："臣恭上宝册及奉安神床，皆应时雨霁。又石产枣阳，群鹳集绕，碑入汉

---

① 《三国志》卷九《魏书·曹真传附曹爽传》裴松之注引《魏末传》，第288页。

江，河流骤涨。请命辅臣撰文刻石，以纪天眷。"①世宗听后，十分高兴，遂擢升严嵩为吏部左侍郎，不久又晋升为南京礼部尚书，继改迁为吏部尚书。从此，严嵩更是绞尽脑汁取悦世宗，以此博得恩宠。自嘉靖二十年（1541）后，世宗即避居西苑，每日专心祈求法术，苦修苦练，很少过问政事，并且经常要大臣们为他撰写"青词"②，甚至经常以撰写青词的好坏拔取大臣，简选内阁首辅。严嵩于是在撰写青词上狠下了番功夫。一时间，青词非严嵩所作，就没有可世宗心意的了。严嵩也因此晋升为太子太保。世宗又命人制作道家戴的叶香冠，并赐给内阁首辅夏言、严嵩等五位大臣。夏言认为这不是正式朝冠，有违祖制，拒而不戴。而严嵩不仅每次见皇上都要戴它，而且还在冠上笼以轻纱，以示虔诚。世宗见状，越发亲严嵩而远夏言，严嵩也利用夏言不信道教、鄙视方术这一"弱点"，在世宗面前多次进谗愿之言，诋毁夏言。于是世宗当即罢了夏言内阁之职，以严嵩入内阁代之参与机要，一跃而升为首辅。

严嵩为首辅后，他对世宗更加柔媚巧言，阿谀逢迎，而在朝中却大权独揽。他结党营私，扶植亲信，陷害忠良；他还倚仗权势，贪污纳贿，侵占民产，甚至卖官鬻爵，按官缺的肥瘠索贿，因而每日到严府行贿的人络绎不绝，门庭若市。其子严世蕃，是一个"短项肥体，眇一目"的纨绔子弟，但凭借父权官至工部左侍郎。其自负才能，常替父亲处理政事。后严嵩年老昏聩，又每日在西苑伺候皇上，便将朝事尽归他掌握，严世蕃比其父更加贪得无厌，招权纳贿，有恃无恐；

① 《明史》卷三〇八《奸臣·严嵩传》，第7914页。
② 青词，为焚化祭奏天神所用。以朱笔写在青藤纸上，故名。

每日纵酒筵乐，狎妓嫖娼。严嵩父子还大肆搜刮民财，鱼肉百姓，家财富埒皇帝。其府第都是雕梁画栋，巍峨壮丽；家中妻妾成群，珍宝难以计数；其田庄仅在北京就有150余处，在南京、扬州等地，良田、美宅也有数十处；袁州府四县的田地，竟有十分之七被严嵩侵占。

严氏父子威福自恣，早已使朝野愤恨。朝中也有一些正直的官员，屡次弹劾其罪行，但结果不是横遭贬斥，就是被捕入狱，甚至惨遭杀害。这样，在严氏的淫威下，朝中一度无人再敢弹劾严嵩。这时，有一位内阁大臣却在注意事态变化，暗中布置，寻找时机，计划除掉严氏父子。他就是大学士徐阶。

徐阶（1781～1848），字子升，松江华亭（今上海松江）人。嘉靖进士。曾任礼部尚书、建极殿大学士等职。严嵩专权，他深感力量不足，平日对严嵩毕恭毕敬，言听计从，久而久之，严嵩日渐信用他。同时，徐阶也去勤于公事，奉迎皇帝，这样，世宗亦渐委任徐阶，地位"亚于嵩"①。

至世宗末年，严嵩已80余岁，年老昏花，往往言词不清，语意模糊，所奏事情经常不合帝意。其"所进青词，又多假手他人不能工，以此积失帝欢"；最重要的是他"握权久，遍引私人居要地"②，侵犯了皇权，严嵩因而渐渐失宠。这时，又有方士蓝道行以扶乩得世宗信任。一次，世宗问蓝道行朝中大臣的奸贤，这位道士借乩仙之意，念念有词地说：严嵩是最大的奸臣，是妨贤之大蠹，大蠹不除，

　　① 《明史》卷二一三《徐阶传》，第5633页。
　　② 《明史》卷三〇八《奸臣·严嵩传》，第7918页。

何以有贤？世宗又问：上仙何不降灾诛之？道士又乩曰："留待皇帝正法。"世宗内心微有所动。

世宗对严嵩态度的变化都被这位"性颖敏，有权略，而阴重不泄"的内阁学士徐阶看在眼里。于是，他便一步步地实施扳倒严嵩的计划。

嘉靖四十年（1561），世宗所居永寿宫发生火灾，不得已移居玉熙殿。此殿又小又矮，世宗十分不满意，便想再建永寿宫。于是召大臣们咨议。他询问严嵩，严嵩却说可以暂居南城离宫，世宗因此不乐。他又问徐阶，徐阶则请修永寿宫，并保证"可计月而就"，世宗十分高兴。徐阶以其子尚宝丞徐璠兼工部主事，专门负责修筑永寿宫，结果十旬而成，而且比原来更加巍峨壮丽，世宗竣工即日便徙居此宫，并更名"万寿宫"。从此，世宗遇事不再找严嵩，徐阶地位却日升，被升为少师，兼支尚书俸，子徐璠也超迁为太常少卿。严嵩感到前景不妙，便置酒宴请徐阶，并让全家老小全出来罗拜徐阶，令全家人为他举杯祝酒，严嵩且借酒意指着眼前的家人，全然没有昔日的威严，说："嵩旦夕且死，此曹惟公乳哺之。"① 徐阶则诚惶诚恐，不敢接受。

接着，徐阶又暗中支使御史邹应龙上疏弹劾严世蕃。邹应龙是位骨鲠之臣，有徐阶的支持，他便冒死递上了他的弹章，把主攻矛盾转向严世蕃。他在奏章中历数其贪财受贿、行为不法的罪状，请求申明于理。并且又言及严嵩结党营私、排斥贤能、溺爱恶子。疏奏中最后

---

① 《明史》卷三〇八《奸臣·严嵩传》，第7918页。

写道："臣言不实，乞斩臣首以谢嵩、世蕃。"① 世宗看后，心有所动，即召徐阶商议如何处理。徐阶斥退左右，对世宗道：严家父子罪恶昭著，陛下要果断处置以防不测。于是世宗立即发锦衣卫驰入严府，宣读诏书，勒令严嵩致仕回乡，并逮捕严世蕃入狱。不久被贬至雷州半岛。

此时的徐阶并未因此而忘乎所以，他知道在朝中专权长达20余年的严嵩及其党羽的势力并不会一朝一夕而被摧垮，也知道皇上对严嵩还留恋不舍。据史载，"嵩既去，帝追念其赞玄功，意忽忽不乐"，并且"嵩知帝念己，乃赂帝左右"，想让世宗宽赦其子。所以他不敢松懈，在应龙上疏后，依然前往严嵩处拜谒，百般慰藉。严嵩十分感激，顿首拜谢。回家后，徐阶的儿子对父亲的举动不解，对他说：大人曾受尽侮辱，此时正是雪耻之良机。徐阶听后却变色吼道：吾若不是严氏之党，不至于落到这个地步！违背心意去干事是最难的，人们将不把我当人看。其实，徐阶说这番话并不是直冲儿子，而是他知道近日家中附近严氏的密探很多，唯恐隔墙有耳而已。说来也巧，徐阶的这一席话被严嵩所派亲信探听到，见徐阶态度未变，严嵩心遂安。严嵩离京初回故乡南昌时，徐阶还写信问讯不绝。初严世蕃最忌恨徐阶，现在既见他如此态度，遂放下心来，说："徐公不会害我。"②

严世蕃目无王法，在去雷州的途中逃回原籍，继续在乡里横行霸道，夺人子女，掠人钱财，甚至私通倭寇，潜谋叛逆。袁州推官郭谏臣因事路过严氏住处。当时严家正奴役4000余工匠为他修筑园亭。

————————

① 《明史》卷三〇八《奸臣·严嵩传》，第7918页。
② 《明史》卷三〇八《奸臣·严嵩传》，第7919～7920页。

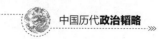

听说郭谏臣来到，严世蕃箕踞不起，傲慢无礼，役人对郭氏掷投瓦块，严氏也不加制止。郭氏义愤填膺，将严氏父子之行为状告南京御史林润。林润又上奏世宗，世宗大怒，下诏将严世蕃收捕狱中，交给司法部门审理。

见时机完全成熟，徐阶遂上疏世宗，极言严世蕃不法之事已经核实，其外通倭寇，阴谋作乱，罪行昭著，请速正典刑，以泄神人之愤。世宗批准奏折，将严世蕃斩首示众，严嵩及诸孙贬为庶民。京都之人无不拍手称快，奔走相告，各自相约拿着酒肉，到北京西市观看这位恶贯满盈的严世蕃如何上断头台。事后，抄没严嵩家产时，得黄金3万余两，白银200万余两，其他珍宝古玩服饰又值数百万两。严世蕃死后，严嵩以至无衣无食的地步，寄宿于墓舍，两年后，即隆庆元年（1567），严嵩在贫病交加中死去。严嵩在朝中的心腹，尽被弹劾，陆陆续续被罢了职。

严氏父子的倒台，"则徐阶意也"①。徐阶以假象蒙蔽了严氏父子，解除了对方的防御手段；在斗争中，他又藏形隐迹，退避三舍，用他人之手，借刀杀人。这样既保护了自己，以免遭当头之棒，又可使自己在斗争中机动灵活，把握时机。

严嵩倒台后，徐阶代为内阁首辅。初，世宗"以嵩在直久，而世蕃顾为奸于外，因命阶无久直"，以防止像严氏父子内外勾结，把持朝政现象的再现。而徐阶却再三恳请入宫内值日，并言："苟为奸，在外犹在内。"当然，其目的是为了更好地把握皇帝的旨意，使大权在握。世宗遂将严嵩在西苑的值庐赐给了徐阶。徐阶于是挥毫写了三

---

① 《明史》卷三〇八《奸臣·严嵩传》，第7919页。

句话："以威福还主上，以政务还诸司，以用舍刑赏还公论。"并让人装裱悬挂起来。这不仅使"朝士侃侃"，世宗也很满意。他依照这一句话，做了一些好事，使嘉靖的最后五年得以清明，朝臣们推他为"名相"，世宗对他也十分信任，其程度超过了严嵩。[①]

## 2    洞察时务之术

古代政坛，险象环生，保全之道，亦不可忽略。有些政治家在复杂多变的政局中，虽节义凛然，但应变不足，壮志难酬；也有一些人物圆通机智，不失大节，终成大举；还有一些政治家委曲求全，节义有方。是非功过，自有不同评说。

### ── 圆通机智的陈平 ──

汉朝初年的丞相陈平曾历任汉高祖、汉惠帝（吕后）、汉文帝三朝，参加了从反秦起义、"六出奇计"灭异姓王到平定诸吕的一系列惊心动魄的斗争，但由于他巧于应付，圆滑机智，始终能使自己既在复杂的关系网中存在下来，扩大自己的影响，力挽时局，捍卫汉政权，又能使自己生荣死哀，得以寿终。

陈平，阳武（今河南原阳）户牖乡人。少时家贫，与兄嫂同产，仅有田 30 亩。他酷爱读书，喜好黄老之术。其兄陈伯自己种田，供养陈平在外游学。其嫂见他游手度日，不事生产，难免口出怨言：

---

① 《明史》卷二一三《徐阶传》，第5634、5635页。

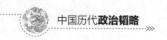

"有叔如此，不如无有。"结果被其兄休掉。后来陈平娶了本乡一位富户张负的寡妇孙女为妻，使他"赀用益饶，游道日广"①。陈胜起义后，陈平投奔魏王咎，被任为太仆。他曾数次献策于魏咎，不仅未被采纳，反而遭人谗毁。于是，他愤然出走，改投项羽，随项羽出关，成为项羽手下的谋臣。汉元年（前206）八月，殷王司马卬背楚归汉。项羽封陈平为信武君，使之率兵击殷王，收降司马卬，项羽因封晋升陈平为都尉，赐金20镒（秦制20两为镒）。不久，刘邦再攻殷地，虏司马卬。项羽迁怒于陈平，欲斩之。陈平毅然封金挂印，仗剑而去，归附刘邦。

陈平三次择主而仕，是其明智之处。当时天下大乱，群雄逐鹿，作为谋臣，应择明主而仕，方能施展其才智。陈平善于变通，见机而作，势去而息，对能仕之主者则仕之，不可仕者则去之，最终使自己能立身扬名。而同时的项羽谋臣范增明知项羽不可辅，却固守旧道，愚忠其主，最后是功不成、名不就，自己背疽忧愤而亡；其主子项羽也是四面楚歌，自刎于乌江。

陈平归刘邦后，与刘邦纵论天下大事，向刘邦提出不少战胜楚军的计策。刘邦破例擢其为都尉，留在身边做参乘，掌典护军。汉军诸将哗然，议论纷纷。周勃、灌婴等元勋旧臣也对刘邦说：

> 平虽美丈夫，如冠玉耳，其中未必有也。闻平居家时盗其嫂，事魏不容，亡归楚；归楚不中，又亡归汉。今大王尊官之，令护军。臣闻平受诸将金，金多者得善处，金少者得恶处。平，

① 《史记》卷五六《陈丞相世家》，第2052页。

反覆乱臣也，愿王察之。

刘邦经众人再三诋毁，不免心生疑虑，便召来推荐陈平的魏无知责问。魏无知供认不讳，承认确有其事，并对刘邦说：

> 臣所言者，能也；陛下所问者，行也……楚汉相距，臣进奇谋之士，顾其计诚足以利国家不耳。且盗嫂受金又何足疑乎？

魏无知强调乱世用才重于用德，使刘邦无言以对。刘邦又召陈平而问道："先生仕魏不中，遂事楚而去，今又从吾游，信者固多心乎？"对于新主子的责问，陈平不卑不亢，不慌不忙，从容坦然地答道：

> 臣事魏王，魏王不能用臣说，故去事项王。项王不能信人，其所任爱，非诸项即妻之昆弟，虽有奇士不能用，平乃去楚。闻汉王之能用人，故归大王。臣裸身来，不受金无以为资。诚臣计划有可采者，愿大王用之；使无可用者，金具在，请封输官，得请骸骨。①

陈平此番话可谓滴水不漏，既贬斥了项羽用人唯亲，为自己事主不专进行开脱，又通过赞扬刘邦用人唯贤，使刘邦不得不重用陈平以称明主的美称。此可谓高超的进身法术。听着陈平的话十分在理，刘邦立即向陈平表示歉意，并厚加赏赐，升其为护军中尉。众将领从此

---

① 《史记》卷五六《陈丞相世家》，第2054页。

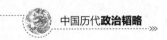 
不敢再言陈平的坏话。从此以后，陈平追随刘邦左右，献计献策，直至刘邦初定天下，剪灭诸异姓王。刘邦对他也愈加信任。汉朝建立后，刘邦感念他劳苦功高，加封其为曲逆侯，让他尽有曲逆全县。在刘邦功臣中，尽食一县者，唯有陈平一人。

刘邦晚年，吕后势力越来越大，作为一个头脑冷静的政治家此时就应盘算如何应付新的局面，在吕氏的关系网中生存下来，保住官位，以留待日后居中调度。

汉高祖十二年（前195），燕王卢绾反叛，刘邦命樊哙率兵前去平叛，他刚出师不久，就有人在刘邦面前诋毁他。刘邦听后十分生气，一怒之下，令陈平与周勃前往樊哙军，立斩樊哙，以周勃夺印代将。陈、周二人途中细心合计此事。陈平认为：樊哙是刘邦故交，劳苦功高，况且又是吕后之妹吕媭的丈夫。刘邦因一时愤怒想杀掉他，过后一旦气消，或许会后悔，这样难免归罪于我们。不如先拘捕樊哙，交由朝廷，或杀或免，由皇上裁决。老成厚重的周勃依其议而行。陈平在押送樊哙回长安的途中，获悉刘邦病故。他料定朝中必由吕后主持朝政，吕后和吕媭也必会迁怒于他。值得庆幸的是，他未斩樊哙，所以必须尽快赶到京都，在吕后他们忙于治丧的时候将自己剖洗干净，以免遭吕氏暗算。就在他策马急驰长安的途中，又接到吕后之命，令他与灌婴一起屯兵荥阳。陈平知道此时万不能远离朝堂，于是他没有去荥阳赴任，而是直奔长安。到宫中高祖灵柩前，他痛哭不止，如丧考妣。随后他又向吕后复命，说明处理樊哙的经过。吕后、吕媭得知樊哙未死，紧张的心情立刻松了下来，又见陈平泪流满面，忠君情义溢于言表，不禁心软，让他节哀外出休息。陈平恐吕媭及其亲信于此时进谗得逞，便坚决请求留在宫中。吕后推辞不过，便任命陈平为郎中令，负责教诲、辅佐新即位的惠帝，整日不离惠帝左右。这样，吕媭的谗言无从得逞，陈平利用智谋，在两种势力的明争暗斗中存身下来。

刘邦死后，吕氏专权。陈平与王陵并为相。王陵"为人少文任气，好直言"[①]，对吕后欲封诸吕为王的做法坚决反对，毫不通融，使吕后大为不悦。她转而询问陈平，城府很深的陈平知道抵制吕后已无济于事，便顺水推舟，表面上顺从了吕后的意旨，博得了吕后的欢心。结果过于直率的王陵很快被罢相，迁为太傅。陈平却保住了官位，并被擢为右相。在吕后的鼻子底下隐蔽了下来。从此，他便隐藏自己的真实情感，故意装得胸无大志，"非治事，日饮醇酒，戏妇女"[②]，对吕后所为随声附和，使吕后对他颇为放心。但无论什么情况下，他始终没有动摇过对汉王朝的忠诚。在对诸吕斗争条件成熟时，他又不失时机地、坚决彻底地将吕氏集团铲除掉。及诛灭诸吕，文帝即位，仍以陈平为右丞相。陈平以资格、功高皆不如周勃，表示将右丞相位让与周勃，并借故生病，不肯上朝理政。文帝对陈平的谦让大为褒赞，便以周勃为右丞相，陈平位次左丞相。周勃为相，文帝询天下政务，一问三不知，实际上只是挂名，朝中政事实决于陈平。不久周勃自知能力不如陈平，便主动请求免相，而陈平因此专为一丞相。陈平由于行事圆滑机警，处处行韬晦之计，最后功成名就，善始善终，老死于相位。

---

① 《汉书》卷四〇《王陵传》，第2046页。
② 《史记》卷五六《陈丞相世家》，第2060页。

## — 委曲求全的冯道 —

自称为"长乐老"的五代时期宰相冯道自后唐明宗时任宰相，历仕后唐、后晋、契丹、后汉、后周，共 5 朝 11 帝，"累朝不离将、相、三公、三师之位"①，长达 20 余年。在动荡不定、千回百转的五代政治斗争中，"君则兴亡接踵，（冯）道则富贵自如"②。那么，他是如何在官场上立于不败之地的呢？

冯道，字可道，瀛州景城（今河北交河东北）人。自幼能吃苦耐劳，好学能文，刻苦自励。唐朝末年为幽州节度使刘守光掾吏，刘守光被晋王、河东节度使李存勖（后唐庄宗）灭后，他便投赴晋王。当时晋王率军伐梁，文书甚繁，皆由冯道掌之。当晋军与梁军夹黄河对阵的时候，冯道虽为李存勖亲信，却在军中立一茅庵，卧草而寝，并用自己的俸禄备办饮食，与仆役们一起进用，深得上下的称赞。同时，冯道还善于调和人际关系，能谏君和臣。当时晋军粮饷匮乏，但每次陪李存勖进餐的人很多，主其事者难以供办，大将郭崇韬请减少陪食人员。晋王大发雷霆，说："孤为效命者设食，都不自由，其河北三镇，令三军别择一人为帅，孤请归太原以避贤路。"叫嚷着要回晋阳，并立即命冯道草表宣谕将士。冯道犹豫好久，不肯下笔，晋王在一旁促其快草。冯道打圆场说：

> 道所掌笔砚，敢不供职。今大王屡集大功，方平南寇，崇

---

① （宋）司马光：《资治通鉴》卷二九一《后周纪二》，太祖显德元年，第9510页。
② （宋）司马光：《资治通鉴》卷二九一《后周纪二》，太祖显德元年，第9512页。

　　韬所谏，未至过当，阻拒之则可，不可以向来之言，喧动群议。
敌人若知，谓大王君臣之不和矣。幸熟而思之，则天下幸甚也。

　　恰好郭崇韬进来谢罪，晋王命停止草表，这场风波"因（冯）道之
解焉"[①]。后李存勖称帝，即唐庄宗，其拜冯道为户部侍郎，充翰林学
士。

　　天成元年（926），后唐明宗即位，又晋升冯道为端明殿学士、
刑部尚书、中书侍郎、同中书门下平章事，封始平郡公，冯道立于相
位，从此显赫。明宗为帝八年，冯道当了七年宰相。在这期间，后唐
出现了一个短期的小康局面。冯道为相，对下注意拔擢才能，裁抑浮
躁，事君则进谏适当，关系融洽。明宗在位年间，连年丰收，朝廷无
事，明宗十分得意，常在延英殿问冯道政事，一日，他问及年景如
何，目的是想听一些溢美之词。可冯道既没有阿谀赞美之词，又没有
直言相谏，而是婉转地讲了一个故事给明宗听。他说：当年在晋王府
时，曾奉命至河北中山，途经井陉之险，恐马有蹶失，就格外小心，
反而平安无事；及至平地，不再留意脚下，结果反为马颠仆，险些送
了命。说了这番话后，冯道乘机向明宗进谏道："陛下勿以清晏丰熟，
便纵逸乐，兢兢业业，臣之望也。"谏君居安思危，以仁义治国。又
一次，明宗问冯道："天下虽熟，百姓得济否？"冯道说了句"谷贵
饿农，谷贱伤农"，并送给明宗一首晚唐诗人聂夷中的《伤田诗》以
喻君王：

_____

　　① 《旧五代史》卷一二六《周书·冯道传》，中华书局1976年版，第1655页。

二月卖新丝，五月粜秋谷。

医得眼下疮，剜却心头肉。

我愿君王心，化作光明烛。

不照绮罗筵，偏照逃亡屋。

明宗曰："此诗甚好！"遂立即命侍臣将此诗抄录下来，每日讽诵。①

　　天福元年（936），明宗的女婿石敬瑭灭后唐，建立后晋，复以冯道为相，并委以重任，让他出使契丹，作为上尊号于契丹皇帝和太后的册礼使节。石敬瑭为与后唐抗衡，曾不惜以割地、称臣、称子为条件以借得契丹兵的支持。现在做了"儿皇帝"的石敬瑭要继续依附"父皇帝"契丹。如今要冯道卑躬屈膝，代表"儿皇帝"出使"父皇帝"处，实在是个挨骂受气的苦差事。当时，中书省的官员为皇帝起草任命出使诏书时，不禁"色变手战"，甚至"泣下"，连石敬瑭本人心里也担心冯道不愿出使，哪知冯道却一口应承下来，面"无难色"，并且痛快地说："陛下受北朝恩，臣受陛下恩，何有不可！"其实，冯道之所以"欣然"接受这个苦差事是有他的考虑的。石敬瑭为此曾对冯道说过："此行非卿不可。"②一则说明君主对他的信任，作为臣下不好辜负；二则说明此行已是必然，不好违反。与其抗旨拒不应命，惹得主子恼火，以此影响自己的官位，还不如痛快地承诺下来。这次去见契丹主耶律德光，差使虽苦，也有一定风险，但以后从中获得的利益会不小。以后的事实证明，冯道在长保富贵方面确实有

---

　　① 《旧五代史》卷一二六《周书·冯道传》，第1658页。
　　② 《旧五代史》卷一二六《周书·冯道传》，第1658页。

眼光。

冯道此次出使在契丹被扣留达两个多月，才遣归后晋。临来前，他又"三上表乞留，固遣乃去，犹更住馆中月余"。以示对契丹主的留恋。一路上，他不敢快走，"所至留驻，凡两月方出境"。随从人员问他："当北土得生还，恨无羽翼，公独宿留，何也？"冯道这才回了真话："纵急还，彼以筋脚马，一夕即追及，亦何可脱，但徐缓即不能测矣。"[1] 由此可见，冯道是十分机智圆滑的。

冯道一回朝廷，石敬瑭就废除枢密使，将自己主管的军权并于中书省，"事无巨细，悉以归之"。不久，又为冯道加司徒，兼侍中，进封为鲁国公，"宠遇无与为比"。然而冯道却深自谦退，从不邀功请赏，以避震主之嫌。一次，晋高祖石敬瑭向他征询用兵之事，冯道急忙推辞，说：

> 陛下历试诸艰，创成大业，神武睿略，为天下所知，讨伐不庭，须从独断。臣本自书生，为陛下在中书，守历代成规，不敢有一毫之失也。臣在明宗朝，曾以戎事问臣，臣亦以斯言答之。

石敬瑭听后十分高兴，"颇可其说"。[2] 不参与军事，是冯道极为明智之处。自唐后期以来，军队一直与政权密切相关。谁掌握了军队、掌握了军权，谁就掌握了一方政权。尤其是五代十国的各方君主们，都是靠强大的军队做后盾而拥有国家神器的，所以他们对军权特别重

---

[1] 《旧五代史》卷一二六《周书·冯道传》注引杨内翰《谈苑》，第1659页。
[2] 《旧五代史》卷一二六《周书·冯道传》，第1659页。

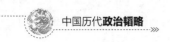 

视，也格外敏感。冯道有意避开军权，以一个纯粹的文人面目出现，是一明哲保身之举。冯道也曾向晋高祖求退高位，高祖当然不允，他派郑王告诉冯道："卿来日不出，朕当亲行请卿。"冯道在此情况下，"不得已出焉"。① 这些举动，使皇帝对他更加信宠。晋出帝时，又加官太尉，封燕国公。

当然，冯道在官场上也不是一顺百顺，其中也有一点小波折。冯道出身贫寒，他完全凭借自己的聪明智谋，刻意在官场上苦苦钻营，他的看风使舵、投机取巧等为人处世风格为许多士人所不屑，当然他的"长保富贵"、高官厚禄也为许多人所嫉恨，而冯道全能忍下。在唐明帝时，一天冯道退朝，工部侍郎任赞与一些同伴在冯道后戏弄他："若急行，必遗下《兔园册》。"《兔园册》是当时"乡校俚儒教田夫牧子之所诵也"，"人多贱之也"。这分明是嘲弄冯道出身寒微。一个小小的工部侍郎敢在大庭广众之下公然羞辱宰相，在别人看来此事非同小可。而冯道知道后却很坦然。他对任赞说："《兔园册》皆名儒所集，道能讽之。中朝士子止看文场秀句（即辑录科举试卷名句的书），便为举业，皆窃取公卿，何浅狭之甚耶！"任赞听后十分愧疚。冯道也既往不咎。晋少帝时，冯道曾问一朝中官员："（冯）道之在政事堂，人有何说？"答曰："是非相半。"冯道听完大失所望，然不免又自解道：

> 凡人同者为是，不同为非，而非道者，十恐有九。昔仲尼圣人也，犹为叔孙、武叔所毁，况道之虚薄者乎！

---

① 《旧五代史》卷一二六《周书·冯道传》，第1659页。

当然，他这是一种自我标榜与解脱，对于这位宰辅人们自有公论。后有人对晋出帝（石重贵）说："（冯）道好平时宰相，无以济其艰难，如禅僧不可呼鹰耳！"[①]于是出帝命冯道为同州节度使。

后晋出帝开运三年（946），契丹主耶律德光率大军30万南下，占领汴梁（今河南开封），灭后晋。冯道从襄（今湖北襄樊）来朝见耶律德光。出乎冯道之意料，耶律德光对他的前来投靠非但不有所热情表示，反而指责他"事晋无状"，并冷冷地问他："何以来朝？"冯道答："无城无兵，安敢不来。"德光又诮问他："尔是何等老子？"冯道又答："无才无德痴顽老子。"耶律德光又问他："天下百姓如何救得？"冯道顺其意答道："此时佛出救不得，惟皇帝救得。"[②]听了冯道自卑自贱又吹捧阿谀的话，这位契丹主十分开心，立即拜冯道为太傅。

契丹兵在中原人民的反对下，不得已北归。石敬瑭的大将刘知远乘虚夺取帝位，建立后汉。冯道又入谒高祖刘知远。刘知远认为冯道是后晋旧臣，不忍拒之，便封其一闲散但又不失体面的职务——太师。此间，他除奉朝请外，平居无事。便写一自传《长乐老自叙》，以夸耀自己的更事四主的身世与保官哲学。

四年后，即951年，刘知远的大将郭威又代后汉建立后周。郭威进军汴京时，冯道又看风使舵，连忙率百官前来迎谒，并且帮助郭威除掉其重敌即刘知远子刘赟。于是郭威封其为太师、中书令。这样，冯道又成为后周的开国宰相。周太祖对冯道十分信重，甚至"每进

---

① 《旧五代史》卷一二六《周书·冯道传》，第1659页。
② 《新五代史》卷五四《杂传·冯道传》，中华书局1974年版，第614页。

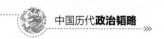

对不以名呼"。三年后，即显德元年（954），冯道病卒，享年73岁。朝廷册赠冯道尚书令，追册瀛王，谥号"文懿"。①

## 3　化敌为友之术

派系政治是中国古代政治的痼疾，不同派系间往往势不两立，尖锐对立。其根本原因在于中国古代政治的兼容性与开放性。所谓兼容性，是说中国古代政治是一种混合政治，不是以某一体制定论之。它既是官僚制，又有许多贵族制的内涵；是专制主义，又有许多民主的因素；是人治社会，又富含法制基础，等等。所谓开放性，是说各级官吏各有分层，上下尊卑不容僭越；但各分层之间又是开放的和流动的，人人都可能通过种种努力，改变自己的命运，直至践九五之位。这一环境为派系政治提供了充分的空间与动力。

在这样一种政治环境中，一些政治家深陷其中，难以自拔，最终两败俱伤，误国害己；也有一些政治家能以国是为重，抛开派系恩怨，化敌为友，利国利人利己。政治智慧之把握，高下立见。

### —— 刘晏、杨炎之争的教训 ——

派系政治对吏治的最大影响就是任人唯亲，不论其政绩如何、能力怎样，只要所在的政治派系得志，就可以鸡犬升天；否则，则会动辄得咎，甚至无罪而谴。所以，政坛上的用亲用旧是公开的官规。一

---

①　《旧五代史》卷一二六《周书·冯道传》，第1665页。

次，唐宪宗与大臣们议政之余，对这一习惯提出质疑。宪宗对宰相们说："卿辈当为朕惜官，勿用之私亲故。"号称正直能谏的忠臣李绛答道："崔祐甫有言，'非亲非故，不谙其才。'谙者尚不与官，不谙者何敢复与！但问其才器与官相称否耳。"① 这表明除了以人选人、用亲用旧之外，别无良方。这一氛围更为派系之争中的用人唯亲提供了依据。在历次派系之争中，各派都不遗余力地在用人问题上做足文章。

唐中期有两位经世治国名臣刘晏与杨炎，刘晏创立了榷盐法，极大改善了唐王朝的财政状况，为安史之乱后王朝的恢复与重建立下汗马功劳；杨炎则创立了两税法，实现了中国历史上重大的税制转折，功垂青史。但这两位名臣却是自立派系，互相攻讦。唐代宗时代，刘晏已是朝中重臣，他既是盐铁转运使，掌财赋大权，又是吏部尚书，掌用人大权。此时杨炎为吏部侍郎，虽在刘晏之下，但依靠宰相元载，并不把刘晏放在眼里。史称此二人"各恃权使气，两不相得"②。而刘晏依托自身的利权，自大历八年（773）后，牢牢把握吏部用人之权。尽管杨炎有元载为依托，但吏部还是以刘晏为主，史称他"知吏部三铨事，推处最殿分明，下皆慑伏"③。刘晏知三铨后，即选用刑部员外郎令狐峘判吏部南曹事。"南曹"，即选院，掌选官之事。令狐峘在刘晏与杨炎的相持中，成为刘晏的忠实助手，每有官额空缺

① （宋）司马光：《资治通鉴》卷二三九《唐纪五十五》，宪宗元和七年，第7697～7698页。

② 《旧唐书》卷一二三《刘晏传》，第3515页。

③ 《旧唐书》卷一四九《刘晏传》，第4795页。

时，他"必择其善者送晏，不善者送炎，炎心不平之"①。对于刘晏在朝中的权势，《新唐书·刘晏传》这样写道："然任职久，势轧宰相，要官华使多出其门。"②

但为时不久，代宗即收捕元载，刘晏主持此案审理。结果是元载赐死，杨炎被贬为道州司马。仅仅间隔了二年，唐德宗即位后，便又将杨炎召回，任为宰相。杨炎为相后，一方面大刀阔斧地厉行财税改革；另一方面则是用亲用旧，迅速建立个人势力。他提名任命洛源驿仆王新为中书主事，原道州司仓参军李全方为监察御史，此两人都是他被贬时有恩于他。他还举荐原故旧人物韩滉、韩洄等人居于要职。

此时，刘晏对于杨炎也毫不相让。门生故吏仍多聚集在他周围，史称刘晏"颇以财货遗天下名士，故人多称之。……任事十余年，权势之重，邻于宰相，要官重职，颇出其门"③。实际上形成了一个与杨炎对立的政治集团。德宗即位不久，刘晏便积极荐举，将给事中刘乃擢升为兵部侍郎；将中书舍人令狐峘擢升为礼部侍郎；杜亚在此之前已与杨炎分道扬镳，而且参与了对杨炎的审理，此时也被擢为河中尹、河中晋绛慈隰都防御观察使。他们对杨炎敌意甚重。据《旧唐书·令狐峘传》所记，杨炎为相后，想荐举杜鸿渐之子杜封为弘文馆贡生，派人向礼部侍郎令狐峘请托，峘对来人说："相公诚怜封，欲成一名，乞署封名下一字，峘得以志之。"杨炎没有想到会有什么后果，便写了一封署名信，请托杜封之事，又让人送交令狐峘。令狐峘

---

① 《旧唐书》卷一四九《令狐峘传》，第4013页。
② 《新唐书》卷一四九《刘晏传》，第4796页。
③ 《旧唐书》卷一二三《刘晏传》，第3515页。

很快便上奏德宗，称："宰相迫臣以私，臣若从之，则负陛下；不从，则炎当害臣。"德宗闻奏后，向杨炎询问，杨炎遂原原本本地将此事上奏德宗。德宗大怒，道："此奸人，无可奈何！"[1]要将令狐峘决杖流放，后贬为衡州（今湖南衡阳）别驾。

这两大派系相争的最终结果是两败俱伤。先是，刘晏被贬为忠州刺史，不久被赐自尽；不久，杨炎又被贬为崖州司马，未至崖州（今海南海口市琼山区东南），便被奉敕缢杀。

## ── 把握敌我友转换的张居正 ──

刘晏与杨炎是成功政治家中的党争受害者，但是其前期的成功却也是与党争有密切关联，若不是致力于党争，前期的成功也不可能。在传统政治舞台上，明朝的张居正是一位真正精于党争之道者，他因党争而起、而成功，并为自己的政治生涯画上了完整的句号，他的成功得益于敌、我、友三者间的有效转换。

张居正（1525～1582），字叔大，号太岳，湖广江陵人。人们以他的出生地称他为"张江陵"，又依他的谥号称之为"张文忠"。张居正自幼聪颖过人，4岁便识字读书，9岁时通六经大义，11岁时中秀才，名在第一，被乡人誉为"神童"。12岁时又赴省参加乡试，考举人。主考官顾璘认为12岁就中举，会骄傲自满，对本人成长不利，不如示以挫折，使他更能发愤，成就更大，所以有意不予录取。后来张居正益发上进，15岁再试中举，22岁中进士选庶吉士；24岁

---

[1] 《旧唐书》卷一四九《令狐峘传》，第4013页。

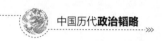
授翰林院编修；35 岁升为右春坊右中允，兼管国子监司业。明穆宗即位（1567），迁其为礼部左侍郎兼东阁大学士，不久又进为礼部尚书兼武英殿大学士。

张居正入阁时，正值内阁内部权力斗争最为激烈复杂的阶段。明初，明太祖朱元璋为了加强皇权，于洪武十三年（1380）杀了丞相胡惟庸后，就废除了丞相制，由皇帝直接掌管六部尚书，政事由君主亲裁。后来又从翰林院中选拔杰出人物为学士，供职于文渊阁、武英殿、文华殿等，以协助皇帝代拟诏诰、润色御批公文的词句、处理日常政务等。后来其权力由于处理政务的需要而越来越大，大学士变成皇帝的秘书兼顾问，实际上在代行相职，这个原来协助皇帝处理政务的秘书班子也逐渐成为常设机构，称为"内阁"，内阁大学士又称"辅臣""阁臣"。起初，阁臣尚不分轻重，嗣后分出首辅、次辅。首辅是诏谕的拟稿（即票拟）人，他自己执笔时，别人只能旁观，别人执笔也需经首辅的删定，这样，阁臣之间的权力大小便迥然不同了。次辅攻击首辅，首辅驱逐次辅，此种权力纷争的事情在内阁中不断出现。嘉靖一朝，为争夺首辅地位，几次阁潮闹得十分"汹涌"。张居正入阁的穆宗隆庆初年，首辅是推倒严嵩的功臣徐阶，但次辅高拱"与阶有隙"，两者对立，内阁中混战又起。先是高拱以"狠躁""无宰辅体"，在隆庆元年（1567）与其同年郭朴一起被弹劾下台；接着，徐阶因对穆宗的爱游幸玩乐一再谏阻而引起皇帝的厌烦，高拱同党乘机指责徐阶，使这位曾任 17 年大学士、7 年首辅的徐阶于次年也离开内阁，告老还乡。内阁中就剩下张居正、李春芳、陈以勤三人，张居正年轻、入阁晚，资格最浅，李、陈二人是太平宰相，既不想惹是生非，也不欲有所作为，故这一期间虽李春芳为首辅，但诸多军政要务，多断于张居正。隆庆三年（1569），穆宗因太监孟冲、陈洪等人之请，重新起用高拱。高拱入阁并兼吏部尚书，用人大权在握，成了事实上的宰相。隆庆四年（1570），年老的陈以勤致仕；五年（1571），高拱又挤走了好好先生李春芳与新入阁的好斗的殷士儋。至此，内阁中只剩下高拱和张居正，在近半年的时间内形成了高、张的"联立内阁"；六年（1572），高拱又补高仪为阁臣，并正式为首辅，张居正也加升少师兼太子太师。

张居正在内阁的纷争中，在高拱一连轰走四个大学士的情况下，却能得以幸免，并游刃有余，很得高拱赏识，正是反映出张居正善于左右逢源、因势利导、深谋远虑的政治家素质。据《明史·张居正传》记载，张居正"勇敢任事，豪杰自许，然沉深有城府，莫能测也"。在嘉靖年间，首辅严嵩忌徐阶，当时"善阶者皆避匿，居正自如"，结果"嵩亦器居正"。张居正未入阁前，就与高拱友善，并"相期以相业"，约定在事业上相互掖助；同时，徐阶为首辅时，也"倾心委居正"，再三提挈张居正，张居正的入阁，主要是凭借了徐阶的引荐。在他为裕邸讲读时，"王甚贤之，邸中中官亦无不善居正者"。这些记载都表明，在官场争斗的急流旋涡中，张居正能斡旋自如。在徐、高的争斗中，张居正没有介入。徐阶被罢后，曾嘱其三子"事居正谨"，并把家事托付给这位得意门生。"性直而傲"、心地狭窄的高拱复相后，"同官殷士儋辈不能堪"；而张居正"独退然下之"，使得两人的关系和睦融洽。徐阶回故里后，高拱仍记恨不忘，唆使人不停地追究徐阶儿子之罪，张居正又能"从容为拱言"，使高拱"稍心动"。但是就在此际，高拱的门客从中挑拨，

说张居正收了徐阶儿子的 3 万金，高拱当面责问张居正，张居正变了脸色，指天发誓，矢口否认此事，高拱不得不承认是误会。这些事使得张居正另有谋算。①

在内阁纷争的局面下，张居正很难实现自己的抱负。隆庆二年（1568），张居正曾上疏陈大本急务六事，但当时"务以安静，称帝意"②的李春芳和陈以勤对此不置可否，各部议论一番，了结而已。高拱复相后，专权孤傲，张居正必须在他的同意下才可办一些事情，施展自己的才能。

就在这时，一个新的政治转机又出现在张居正面前：隆庆六年（1571）五月，穆宗突然中风去世，高拱、张居正、高仪受遗诏辅佐幼帝神宗。张居正左思右想，认为这正是清除自己走向成功之路上障碍的时机。他知道，高拱在朝中时间很久，势力很大，不宜正面斗争，需要迂回斗智。他经过盘算，认为宦官冯保是位可利用的人物。冯保在世宗朝时已是司礼秉笔太监，穆宗时几次想升其为司礼掌印太监③，但因高拱反对，未能如愿，故与高拱交恶甚深。在明代，内宦势力的向背往往成为左右政治局势的枢纽。于是张居正便暗中结纳冯保，借以巩固自己的地位，并利用他与高拱的矛盾，将高拱逐出内阁。

神宗新立，冯保积极活动，取得皇后、皇妃们的支持，驱走与高拱相友善的司礼掌印太监孟冲，并取而代之。当内使将消息传至内阁时，高拱气愤地说："旨出何人？上冲年，皆若曹所为，吾且逐若曹

---

① 《明史》卷二一三《张居正传》，中华书局1974年版，第5641、5643～5644页。

② 《明史》卷一九三《李春芳传》，第5119页。

③ 司礼秉笔太监，掌章奏文书，照阁票批朱，是皇帝的机要秘书。司礼掌印太监，掌理内外章奏及御前勘合，权位高于司礼秉笔太监。

矣!"内臣回报,冯保大惊失色,急忙向两宫后妃挑唆,说高拱在内阁叫嚷:"十岁太子,如何治天下?"[1]一句话使皇太后、皇妃不寒而栗。接着又以皇帝手谕提督东厂(特务机关)。高拱担心冯保从此势大,便与张居正、高仪密谋除掉冯保,张居正却将这一密谋泄露给冯保。于是高、冯从此针锋相对。而这时高仪病倒,张居正去拜谒穆宗墓陵,回来后也称病不再上朝。事情皆由高拱一人操办,他发动言官(给事中、御史,掌监察)一齐上本要求处分冯保。他自信自己能打败冯保。

明神宗登基第七天(六月六日),召集诸大臣于会极门,在"病假"中的张居正也被召致。高拱满以为这次要宣布驱逐冯保了,谁知冯保却安然立在神宗身旁,传念谕旨:"大学士拱,揽权擅政,夺威福自专,通不许皇帝主管,我母子日夕惊惧。便令回籍闲住,不许停留。"高拱即日被逐出朝门。离京归乡时,甚至连给驿车的方便都予剥夺,只得自己雇一牛车。张居正得知后,专为他"乞驰驿",高拱乃得乘传车而去。[2]

高拱去后,张居正地位循序上升,成为内阁首辅。高、冯相争,张居正渔翁得利。接受高拱失败的教训,他在奉承后宫和联结内监上花了不少工夫,以便自己在主持国政时免遭牵制。至于冯保,也在他控制中。他既利用冯保沟通内宫,又不让冯保干预朝政。对于内阁,张居正仅调吕调阳一人,其后阁臣虽先后增加了数人,但国家大政几

---

[1] 《明史》卷三〇五《冯保传》,第7801页。

[2] (清)谷应泰撰,河北师范学院历史系点校:《明史纪事本末》卷六一《江陵柄政》,中华书局2015年版,第938页。

乎无一不经张居正之手。这样，张居正自隆庆元年（1567）为首辅，直到万历十年（1582）六月去世为止，整整十余年。

## 4　居功自谦之术

中国古代有着"君君，臣臣，父父，子子"的传统，强调事君以忠，忠诚不贰。但在政治实践中，又总是容易出现那么一批乱臣贼子，他们或犯上作乱，割据一方；或取而代之，自立为帝。正因为此，君主对于臣下，尤其是对于那些功成名就的政治家，便有着一种本能的猜忌与不安。真正能信任臣下、君臣不疑者，并不多见。因而，成功的政治家往往是富有才略、建功立业者，但又是其中的不恃功、能自谦者。

### —— 居功不骄的高颎 ——

高颎是隋朝的开国宰相，是杨坚做皇帝后最信重的大臣之一。其实，高颎很早就被杨坚视为心腹了。高颎父高宾本是西魏宰辅独孤信的部下，被赐姓独孤氏。杨坚的妻子是独孤信之女，故杨坚一直很信任高颎，高颎也竭力协助杨坚。杨坚代周，高颎是其高参，倾尽全力为其出谋划策。北周旧臣尉迟迥叛乱，高颎自告奋勇，为征讨元帅，大败叛军。隋朝建立后，高颎被任为尚书左仆射兼纳言，是掌握实权、协助杨坚治国的第一号人物。他明达世务，竭诚辅佐文帝，文帝也放手让他处理国政。当时政治、经济改革的许多重大决策，杨坚都得之于高颎；大小政事，杨坚也总是先同他商量而后施行：隋平江南，杨坚频频问计于高颎，高颎则"参谋帷幄之中"，贡献了重要策略；灭陈时，虽然杨广为总元帅，高颎为元帅府长史，但实际上是由他主持全盘工作，"三军咨禀，皆取断于颎"；北击突厥，又是以高颎为总元帅。① 所以高颎是杨坚长期依赖的亲信，也是最得力的辅臣。

杨坚对高颎十分宠信。他对高颎往往直呼"独孤公"，表示亲近；别人说高颎的坏话，一律不听，甚至治告状者的罪。比如，在高颎平陈凯旋回朝时，文帝亲自慰问他，并对他说："公伐陈后，人言公反，朕已斩之。君臣道合，非青蝇所间也。"后来，右卫将军庞晃、将军卢贲等又在文帝面前说高颎的坏话，文帝发怒，遂免去二人的官职。尚书都事姜晔、楚州行参军李君才曾并奏称水旱不调，罪由高颎，请求将其罢黜，结果文帝十分不快，"二人俱得罪而去"，而文帝对高颎反而"亲礼逾密"。鉴于此，文帝对高颎说："独孤公犹镜也，每被磨莹，皎然益明。"②

不仅如此，高颎被封的官、爵也都到了极限，所受赏赐更是无数。开皇九年（589）平陈后，杨坚以功加授高颎为上柱国，晋爵齐国公，赐物 9000 段，定食邑千乘县 1500 户。颎辞让不受，杨坚中肯地嘉奖说："公识鉴通远，器略优深，出参戎律，廓清淮海，入司禁旅，实委心腹。自朕受命，常委机衡，竭诚陈力，心迹俱尽。此则天降良辅，翊赞朕躬，幸无词费也。"③ 高颎只好接受。一次，文帝幸巡并州，留高颎居守都城。及文帝还京，竟赐其缣 5000 匹，复赐皇帝

---

① 《隋书》卷四一《高颎传》，中华书局1973年版，第1181页。
② 《隋书》卷四一《高颎传》，第1181页。
③ 《隋书》卷四一《高颎传》，第1181页。

行宫一所作为其庄舍。高颎的夫人贺拔氏生病，文帝遣使慰问，络绎不绝。文帝驾临高颎家，赐颎钱百万，绢万匹，并赐以名贵的千里马。文帝还把长子杨勇之女嫁给颎之子，联为姻亲。

高颎之所以受到文帝如此的信赖和恩宠，一方面是因为高颎的贤明和才干。隋朝初建，百废待举，而一心想成就大业的文帝自然要倚重之。但更为重要的是他对隋文帝及隋皇朝的忠心耿耿，以及他个人的谦谨和自抑，使得文帝对他信而不疑。高颎对文帝一直忠诚不贰，文帝交代的国事，他总是小心翼翼，奉命唯谨，认真完成。但他又从不曲意奉承，文帝若有过失，他总是从隋皇朝的整体利益出发，不顾个人安危，犯颜直谏。文帝要换太子，征询其意见，高颎长跪曰："长幼有序，其可废乎！"[①]表示坚决反对。文帝要东攻高丽，高颎认为此举不当，并列举各种理由，规劝文帝不要轻易举兵。文帝每每为他的忠诚和耿直所感动。尽管文帝很尊重他，但高颎从不在君主面前表现出丝毫的张狂。对每件政事，他尽量说出自己的意见和看法，供文帝参考；文帝如与他发生意见分歧，他总是按照正常的君臣关系处理。但文帝一旦决断，不论自己同意与否，他都不折不扣地去服从执行。高颎任宰相近二十年，"政刑大小，帝无不与之谋议，然后行之"[②]。他为文帝出谋划策很多，但他从不炫耀，总是归功于文帝。这使得文帝感到他功高不震主，权大而不成威胁，所以对他的信任也历久不衰。

平定南陈后，高颎无论职位、功劳还是威望都是独一无二的，但

---

① 《隋书》卷四一《高颎传》，第1181页。
② （宋）司马光：《资治通鉴》卷一七五《陈纪九》，宣帝太建十三年，第5440页。

他从不结党营私，也从不借机抬高自己，而是上归于文帝，下推于同僚。一天，文帝让高颎与大将贺若弼谈论平定南陈之事，以定功次。高颎谦虚地说："贺若弼先献十策，后于蒋山苦战破贼。臣文吏耳，焉敢与大将军论功！"[①]文帝听后开怀大笑。文武大臣也无不称赞他的谦让。

杨坚做皇帝，是使用一系列计谋，由独揽朝政发展为取周自代的。由此，杨坚也把它作为教训，在使功臣亲信把持大权的同时，极力加强皇权的专制统治，对朝廷百官特别像高颎这样的功勋卓著的大臣，时时保持高度的警惕，对他们的言行密切注意，唯恐他们也仿照自己的做法，颠覆杨家王朝。而高颎伴杨坚数十年来，忠诚不贰，谦谨自处，赢得了君主长期的信任，实在是难得。

## — 自谦的郭子仪 —

唐朝时以"出为将，入为相"闻名于世的郭子仪，一生经历了武则天、唐中宗、唐睿宗、唐玄宗、唐肃宗、唐代宗、唐德宗 7 朝。从开元初年由武举出卫长史开始，度过了 60 多年的军政生涯，其中以一身而系天下安危达 20 余年。在平定安史之乱的战争中，他多次凭借勇智和对唐王朝的忠心，参与和指挥了历次重大的平叛战争，收复失地，击退吐蕃，为保卫唐王朝立下卓越功勋，备受唐廷的器重。朝廷每每因功为其晋官加爵。天宝十四年（755），郭子仪以卫尉卿兼灵武郡太守充朔方节度使，破史思明于河北，收复云中（今山

---

① 《隋书》卷四一《高颎传》，第1182页。

西大同）、马邑（今山西朔县）等地，擢御史大夫。肃宗至德元年（756），他又率师拔田常山（今河北正定）、赵郡（今河北赵县），升任兵部尚书、同中书门下平章事，位至宰相。至德二年（757），大破安禄山将崔乾祐于潼关，收复长安，又进位司空，充关内、河东副元帅；继又破安禄山军于陕州（今河南陕县），收复洛阳，他又以功加司徒，封代国公。使得肃宗赞叹道："虽吾之家国，实由卿再造。"[①] 郭子仪名声大震。乾元元年（758），进中书令，为宰相之首。代宗宝应元年（762），又进一步被封为汾阳郡王，出镇绛州（今山西绛县）。郭子仪为稳定唐王朝的统治，屡立丰功，官爵也随之步步升级。郭子仪虽担任军政要职，掌握重兵，但他事君忠诚，从不邀功请封，更不以功震主。

广德二年（764），唐代宗以郭子仪功勋卓著，拜其为尚书令。此为宰相职，但因唐太宗曾任此职，故一直不设此位。代宗授予郭子仪此职，表示对他信宠有加，而郭子仪惶惶然，一再恳辞。代宗下诏促其至尚书省视事，又敕射生手500骑执戟护卫，前往庆贺的官员也都到达尚书省。郭子仪仍坚决辞让，说：

> 太宗尝践此官，故累圣旷不置员，皇太子为雍王，定关东，乃得授，渠可猥私老臣，隳大典？且用兵以来，僭赏者多，至身兼数官，冒进亡耻。今凶丑略平，乃作法审官之时，宜从老臣始。[②]

---

① 《旧唐书》卷一二〇《郭子仪传》，第3452页。
② 《新唐书》卷一三七《郭子仪传》，第4605～4606页。

唐代宗无奈，便答应了他，并将此事付史官，记入国史。

在中国历史上，皇帝依靠宰辅们治理国家，巩固统治；宰辅们则要依靠皇帝的信任重用而安居高位，两者相辅相成。但同时他们又是相克相斥的关系，若宰辅的地位过尊，权力过大，必然要引起皇帝的猜疑。前举西汉第一任丞相萧何，屡遭刘邦怀疑，不得不以让封、自抑以释刘邦之疑。刘邦属于中国历史上的明君，尚且如此，若遇庸君，则会使宰辅处于两难的境地。郭子仪作为位兼将相的重臣，其功绩最大，威望最高，对朝命最顺从，然而他遭受的猜忌也最大，何况他所侍奉的后几位君主——肃宗、代宗、德宗，皆为昏庸无能者。郭子仪能屈能伸，以其对君忠，对下诚，得上下之心，故谗间不得行，安然度过一生。郭子仪曾被三次夺军权，赋闲在家。乾元二年（759），唐军由于权宦监军使鱼朝恩对军队的盲目操纵指挥，致使围攻邺城失利，肃宗李亨借机免去郭子仪兵权，因为此时安史之乱已大致平定。两年后，因另一员大将李光弼失守河阳，形势转机，他才被重新起用，出兵河东，连打几个胜仗。代宗即位后，对握重兵的郭子仪很不放心，便第二次解其兵权。郭子仪为免遭疑谤，卸职在家，并遣散所有亲兵。直至宝应二年（763），吐蕃起兵20万，攻入长安，代宗东逃陕州，郭子仪再次被起用，任关内副元帅。郭子仪临时招募20骑赴任。他收合逃散的部伍4000余人，用疑兵之计，一举收复长安，从此，他才受到代宗的重用。德宗嗣位后，将在西部边境抵御吐蕃的郭子仪诏还朝廷，免去一切军职，尊郭子仪为尚父，进位太尉、中书令。而郭子仪听顺朝命，善始善终。

值得一提的是，郭子仪大事不糊涂，小事也十分清醒。唐代宗将女儿升平公主嫁给郭子仪之子郭暧，结为儿女亲家。但是，郭子仪

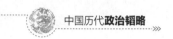

仍然谨言慎行，自我检束。一次郭暧与公主发生口角，争吵不息。郭暧一气之下，冲口对公主大叫道："汝倚乃父为天子邪？我父薄天子不为！"公主听了大怒，立即乘车回宫奏报给代宗。郭暧的话可以说是冒天下之大不韪了，它触犯了皇帝至高无上的尊严，是要严加治罪的。谁知代宗听公主诉说后不但不怒，反而责备公主说："此非汝所知。彼诚如是，使彼欲为天子，天下岂汝家所有邪？"①意思是说，凭郭氏的威势，若想当天子是完全可以做到的，只是郭家忠诚于李氏唐朝才未这样。代宗和颜安慰公主一番，就让她回郭家了。

郭子仪听说后，非但没有沾沾自喜、自以为是，反而十分生气和担心。他把郭暧捆绑起来，带他到宫殿请罪。代宗见状，说道："鄙谚有之：'不痴不聋，不作家翁。'儿女子闺房之言，何足听也！"②郭子仪带回郭暧，杖其数十大板方罢。这样，一场空前的灾难靠着忠臣明君融洽相安的关系释解了。

唐朝中期以后，藩镇割据，各地方割据势力十分猖獗跋扈，每次上表请事，一旦不准就滋事叛乱，而身为宰相又身率重兵镇守山西重镇邠州的阳郡王郭子仪却对朝廷忠诚不贰，屡屡上朝于京师，为此，代宗十分赞赏和信赖他。大历十年（775），郭子仪曾拟表上奏，请授县令一人，结果，朝廷不准。其僚佐们愤愤不平，纷纷议论说："以令公勋德，奏一属吏而不从，何宰相之不体！"郭子仪向他们解释道：

① （宋）司马光：《资治通鉴》卷二二四《唐纪四十》，代宗大历二年，第7194页。
② （宋）司马光：《资治通鉴》卷二二四《唐纪四十》，代宗大历二年，第7194～7195页。

　　自兵兴以来，方镇武臣多跋扈，凡有所求，朝廷常委曲从之；此无他，乃疑之也。今子仪所奏事，人主以其不可行而置之，是不以武臣相待而亲厚之也；诸君可贺矣，又何怪焉！①

别人都佩服郭子仪的忠诚与胸怀。

　　大历二年（767）郭子仪率军屯泾阳之时，盗贼挖掘了他父亲的坟墓，朝廷捕捉不获。当时许多人认为宦官鱼朝恩素来嫉恨郭子仪，此事很可能是他指使人所为。郭子仪心中十分生气，也明白此事发生的大致背景，但他从朝廷大局出发，忧念国是，不究仇人，并依常例入京上朝。当时，大臣们都担心他借入朝之机，举兵为变，而代宗却对郭子仪深信不疑。当郭子仪入宫见代宗时，代宗开诚相见，将此事告诉了他，他流着泪对皇上说："臣久主兵，不能禁暴，军士残人之墓，固亦多矣。此臣不忠不孝，上获天谴，非人患也。"②由此朝廷才安定下来。

　　大历八年（773），回纥请求卖给唐朝廷 1 万匹马。但因当时财政困乏，朝廷准备只买 1000 匹。郭子仪认为不妥，认为这样做会伤回纥的面子，对朝廷不利，便说："回纥有大功，宜答其意，中原须马，臣请内（纳）一岁俸，佐马直。"③郭子仪欲拿自己一年的俸禄充抵马价。在当时许多权臣千方百计地搜刮聚敛的情况下，郭子仪的这一举动无疑是忠于朝廷的无私表现，代宗也深受感动，一方面命有司买回纥马 6000 匹，另一方面对郭子仪的钱拒不接受，并对他的忠义

① （宋）司马光：《资治通鉴》卷二二五《唐纪四十一》，代宗大历十年，第7231页。
② 《旧唐书》卷一二〇《郭子仪传》，第3463页。
③ 《新唐书》卷一三七《郭子仪传》，第467页。

之举大加褒赞。

郭子仪正是以实际行动证明自己对皇帝、对朝廷的忠诚，因而也赢得了诸位皇上对他的长期信任和倚重。除个别时候唐皇帝对他的威势有猜忌和担心外，君臣之间大都保持着"君使臣以礼，臣事君以忠"的相安相得的亲密关系，直到郭子仪老死为止。

上述政治家都是中国古代政治舞台上的佼佼者，他们深谙君臣之道，恰当地把握了功高身宠时的分寸，因而，都能善始善终，保身完家。但这毕竟是政治舞台上的少数人，还有相当一批功臣权臣，利欲熏心，一叶障目，或邀功请封，或居衡骄纵，最后往往是下场可悲。正如秦相李斯在临死前对其子悲叹道："欲吾与若复牵黄犬俱出上蔡之门逐狡兔，岂可得乎？"①

西汉权辅霍光原是汉武帝宠信的官吏，武帝临终前，任以大司马大将军，封博陆侯，与桑弘羊、上官桀、金日磾同受遗诏辅佐少主昭帝。不久，他因与上官桀、桑弘羊争权，寻机将他们诛杀，从此独专朝政。昭帝死后，他迎立昌邑王刘贺为帝，不久又废之，另立宣帝。他前后专权执政20余年，族党满朝，权倾内外，宣帝如同傀儡，对他言听计从，望而生畏。宣帝谒见宗庙时，由霍光骑马护驾。宣帝因内心惧怕霍光，有如"芒刺在背"，心不自安。后来改由车骑将军张安世护驾，宣帝就感到从容安定。至霍光死后，霍氏一族全被诛杀。俗语传道："威震主者不畜，霍氏之祸萌于骖乘。"②说的是霍光权势过大，有震主威。

① 《史记》卷八七《李斯列传》，第2562页。
② 《汉书》卷六八《霍光传》，第2958页。

　　清朝功臣年羹尧（？～1762）曾事康熙、雍正二帝，他多年驰
骋疆场，为巩固安定西部边疆立下卓越功勋，深受皇上知遇。他先后
曾任内阁学士、四川总督、川陕总督、定西大将军等重职。雍正帝
又以功封他一等公，金黄服饰，三眼花翎四团龙补。其子年富封一等
男，其家仆魏之耀也赏了四品顶戴。然而"羹尧才气凌厉，恃上眷
遇，师出屡有功，骄纵"，以至于作威作福，无所顾忌。史称他平时
"凡遇出署，先令百姓填道，临时打街，各口兵丁把守，店铺关闭门
面；凡送礼与年羹尧，皆称恭进；年羹尧与人之物，皆称为赐，各属
禀谢，皆称谢恩"。①外出返京时，百官公卿跪接于广宁门外，年羹
尧视若无睹，策马而过，毫不动容。王公有下马问候者，他只颔首而
已。更有甚者，他在皇帝面前竟敢箕踞②，毫无人臣之礼。

　　年羹尧的所作所为冒犯了皇帝的尊严，超越了为臣的戒规，虽
然雍正帝表面上皆优容不计，但心里却十分不悦。年羹尧身坐虎口仍
不醒悟，依然故我。一场灾难悄悄地向他逼来。雍正三年（1725）二
月，"日月合璧，五星联珠"，是吉祥之兆，年羹尧上疏庆贺，他不
仅书写马虎潦草，而且将"朝乾夕惕"误写为"夕惕朝乾"。词序
颠倒，意思没变，然而，雍正帝看后怒不可遏，诏曰："不以朝乾夕
惕许朕，则年羹尧青海之功，亦在朕许不许之间而未定也。"其实，
"朝乾夕惕"一词顺序颠倒，并不构成什么罪过，这只不过是雍正帝
借题发挥，抓住一个惩处抑制他的口实罢了。四月，雍正帝下谕调年
羹尧为杭州将军。然而年羹尧此时不但不赶快收敛自己，小心谨慎，

① （清）萧奭撰，朱南铣点校：《永宪录》卷三，中华书局1959年版，第199页。
② 箕踞：坐时两腿前伸，形如箕，是一种倨傲无礼的表现。

以避开这场厄难，却上疏言："臣不敢久居陕西，亦不敢遽赴浙江，今于仪征水陆交通之处候旨"，拒不受命赴任，导致交发其罪，继被黜为闲散章京，职务尽削。十二月，又下刑部，被构织罪名 92 款，赐死。①

## — 不求功名的萧何 —

从中国政治史的风云变幻，不难发现，越是贤相名辅，越容易受到帝王的疑忌，越难实现君臣不疑。

就君王而言，他需要名相贤辅，需要清正廉洁者，但又担心这些人名声过重，被民众拥戴，以致危及帝位；而对于那些贪赃昏庸之人虽然有厌恶之感，却无怵惕之心，往往加以青睐。因此，那些头脑冷静的宰辅大臣为了保全自身，时而也要自污其身，以障君王耳目，释君王之疑。

汉高祖刘邦与丞相萧何历来被史家称誉为君臣相辅的典范。萧何在陈胜、吴广起义后，佐刘邦起兵响应；入咸阳后，他收取秦政府的律令图书，掌握了全国的山川险要、郡县户口等情况，对刘邦在楚汉战争中终操胜券功莫大焉。刘邦为汉王，以萧何为丞相。萧何独具慧眼，荐韩信为大将，引兵东定三秦。他留守关中，为前线的刘邦源源不断地输送士卒粮饷，对刘邦最终战胜项羽、建立汉朝起了很大作用。刘邦称帝后，论功行封，以萧何功劳为第一，封为酇侯，食邑

---

① 《清史稿》卷二九五《年羹尧传》，第10364页。

八千户，同时给予"赐带剑履上殿，入朝不趋"①的殊遇。萧何得到了最高的封赏，也担任了汉朝的最高官职——丞相，成为一人之下、万人之上的显赫要人。此时的萧何已有功高震主之嫌，所以他除继续忠心地协助刘邦治理国家外，同时也十分机警、得当地处理好他与君主刘邦的关系，以消除刘邦对他的疑虑。

刘邦是一位颇有心计且多疑多虑的君王，他对自己的臣下加以重用的同时，往往又处处施以防范。他对萧何也是如此。早在楚汉战争时期，刘邦便对坐镇关中的萧何不放心了，他常派人暗中监视萧何的举动，派使者"劳苦"萧何，实际上是观察动静。萧何明白刘邦的心意，便将自己的子孙兄弟全家全都送到前线，让他们在刘邦身边效力，实际上是让亲人去做人质。这使刘邦十分高兴，既夸奖了萧何对汉的赤诚，又消除了他对萧何的疑虑不安。高祖十一年（前196）九月，陈豨据代郡反叛，刘邦亲自率师征讨。被废为淮阴侯的韩信密谋乘机在长安发动叛乱，萧何设计将韩信诛杀。在前线指挥作战的刘邦得此信息后，立刻遣使者回京，宣布晋升萧何为相国，加封五千户食邑，并令一都尉率500士卒作为萧何卫队。臣属们纷纷前来祝贺。唯有以种瓜为生的故秦东陵侯召平忧心忡忡，他分析了当时的形势，提醒萧何"让封勿受，悉以家私财佐军，则上心悦"②。萧何认为他言之有理，便依其言而行，坚决辞让了五千户封邑，还拿出自己的全部家产捐为军费。这一行动果然消除了刘邦此次的怀疑。

但仅仅如此是远远不够的，刘邦仍然对萧何屡屡怀疑，时刻加以

---

① 《史记》卷五三《萧相国世家》，第2016页。
② 《史记》卷五三《萧相国世家》，第2017页。

提防。汉十二年（前 195）秋，黥布反汉，刘邦率师亲征，萧何仍是留镇京师。刘邦身在前方，屡次派人回京探听萧何的动向，回话是："相国为上在军，乃拊循勉力百姓，悉以所有佐军，如陈豨时。"这时，有人警告萧何："君灭族不久矣。夫君位为相国，功第一，可复加哉？然君初入关中，得百姓心，十余年矣，皆附君，常复孳孳得民和。上所为数问君者，畏君倾动关中。今君胡不多买田地，贱贳贷以自污？上心乃安。"① 萧何素以治家节俭、为人宽仁闻名，现在竟有人劝他贱价强赊民田以自污，实有违萧何本性，但是如果继续做收揽民心的事，名声过高，就会引起刘邦的疑忌，招致杀身之祸，于是，萧何采纳了"自污"之计。

刘邦在前线听说萧何强买民田，不得人心，心中大喜。当他平定黥布班师回京时，又有很多老百姓拦住御驾喊冤告状，控诉萧何"贱强买民田宅数千万"。刘邦含笑应允加以处理。在萧何上朝时，刘邦笑着对萧何说："夫相国乃利民。"并把百姓的上书交给萧何，要他向百姓谢罪。② 萧何处理此事十分得体，他让刘邦对他放心，认为他在政治上没有更多的野心，对汉廷对皇权构不成威胁。

萧何之后，曹参继为相国，他"举事无所变更，一遵萧何约束"，自己则以饮酒为乐，每日与属吏张席坐饮，呹五喝六，酩酊大醉，对政务"不事事"③。这固然是一种无为而治，但未免不是有意消除幼主惠帝及吕后对他的疑忌而做的掩饰行为。吕后时，王陵为右丞

---

① 《史记》卷五三《萧相国世家》，第2018页。
② 《史记》卷五三《萧相国世家》，第2018页。
③ 《史记》卷五四《曹相国世家》，第2029页。

相，陈平为左丞相，王陵因反对吕后封王诸吕，被迁为太傅，丧失了实权。陈平表面上顺从了吕后，被升为右相。但陈平为使机诈阴狠、素性多疑的吕后放松对自己的警觉和疑忌，便每日不理朝事，"日饮醇酒，戏妇女"，把自己装扮成一个酒囊饭袋、好色放荡之徒。这样一来，"吕后闻之，私独喜"，对他放了心。其妹婺虽屡进谗言，也无从得逞，甚至吕后让陈平"无畏吕婺之谗"。[①]这样，陈平保住了相位，为日后诛杀诸吕创造了条件。

## 5　以退为进之术

在古代政坛上，的确有烈士式的骨鲠之臣，他们可以宁为玉碎，不为瓦全；也有一些政治家善于以退为进，或以之自保，或以之达到自己的政治目的，前者如东汉李通、清初之范文程，后者如唐代之李泌，他们都是成功的实践者。

### — 激流勇退的李通、范文程 —

南阳豪族李通在西汉末年与刘秀合谋兴兵，为东汉的建立立下汗马功劳，又加之李通妻为刘秀之妹伯姬，故刘秀对李通特别亲重。刘秀每次征讨四方，常使李通据守京师，镇抚百姓，运兵运粮，起宫室，建学校，定制度。待天下略定，刘秀拜李通为大司空。然而东汉初年，光武帝刘秀为加强专制主义皇权，消除不利皇廷的隐患，极力

---

① 《史记》卷五六《陈丞相世家》，第2060页。

削弱与他一同起兵的所谓"中兴"将帅的实权，政治上实行"退功臣而进文吏"的政策，对功臣或者给以优惠待遇，让他们解甲归田；或者"不以功臣任职，至使英姿茂绩，委而勿用"。① 对于司徒、司空等丞相位及尚书令、司隶校尉、御史中丞等中央重臣的位置，多不与功臣而委以文吏。

李通多年在君王身边，深知皇权的至高无上，故受任以来战战兢兢，常欲避劳宠权势，屡屡以疾病上书乞退。刘秀不允，令他在职归第养疾。他便常年不视事，不问朝政，直至建武九年（33）去世。在随刘秀新莽末年起兵的众多将臣中，"唯（李）通能以功名终"②。

范文程，字宪斗，号辉岳，是宋代名相范仲淹的后裔。其才思敏捷，善于谋略。天命三年（1618）投奔努尔哈赤，深受信重，常随其左右。皇太极执政后，范文程更是备受信任，经常参与机密。他先后参与筹划进攻朝鲜、蒙古及东北诸军事；多次建议优待汉族地主，采用明朝封建制度。后来他被任为秘书院大学士，为皇太极起草书檄，成为皇太极谋划军国大计的左右臂膀。清初入关后，范文程又提出并实施了许多政策和主张，使清军得以顺利迅速地控制局势。

皇太极的信赖和恩宠，使范文程得以发挥其安邦定国之才，为巩固清统治立下功勋。然而，正当他乘云直上的时候，皇太极于崇德八年（1643）病死。满洲贵族内部爆发了争夺帝位的尖锐斗争，直到幼童福临即帝位，斗争方告结束，次年改元顺治，由福临的叔父多尔衮"代天摄政"。多尔衮爵位尊崇，独专朝政。范文程从大局出发，

---

① 《后汉书》卷二二《马武传》，第787页。
② 《后汉书》卷一五《李通传》，第577页。

顺应政局的变化，与多尔衮尽力配合。顺治元年（1644），多尔衮接受范文程的建议，率兵入关，占领北京，夺取全国政权。但是，功高招忌。范文程的功绩和声望，同大权独揽的多尔衮势必产生矛盾。多尔衮虽然无因由罢免范文程，但总以"今国家一应事务，各有专属"及范文程"素有疾，毋过劳"为借口，限制和削弱范文程的权力。顺治三年（1646）八月，为甘肃巡抚黄图安呈请终养一事，范文程先与郑亲王济尔哈朗商议，多尔衮怒其不先禀知自己，就以"擅自关白"为由，小题大做，将范文程"下法司论罪"。[①]虽不久获释，也未罢官，但范文程知道，只有激流勇退方能避祸，于是他以养病为由，闭门不出，自动离开了权力中心。顺治七年（1650）十二月，多尔衮因打猎跌伤致死，福临亲政，范文程再次得到重用，被任命为议政大臣。汉人受到如此的恩宠，在清史上他是第一人。这期间，他常与福临一起商讨治理国家的大事，提出许多建议和措施，并多被采纳施行。

范文程不恋高位，为人深自谦退，功高不震主。顺治十一年（1654），朝廷特加范文程少保兼太子太保，但他以年老多病为由，上书请求辞官，福临不许。经他多次乞休，福临命他"暂令解任"，一俟病痊，"以需召用"，并特加升太傅兼太子太师。然而，他却从此谢政隐退，"辟东皋为别业，稍构亭馆，植卉木，引亲故，徜徉其中"，安然度过了余生。康熙五年（1666）八月，他卒于家中。康熙帝亲笔书写"元辅高风"四字额其祠，为其立碑纪绩。[②]

---

① 王钟翰点校：《清史列传》卷五《范文程传》，中华书局2016年版，第259页。
② 《清史稿》卷二三二《范文程传》，第9355页。

## — 退以求进的李泌 —

唐中期宰相李泌既有政治谋略，又谙官场权术及伴君之道，他对退以求进的演绎堪称经典。

德宗即位后，对外政策改弦易张，转而与吐蕃和好，与回纥为敌，但吐蕃越发贪图唐朝的财富与土地。德宗兴元元年（784），吐蕃提出要割安西与北庭两镇。这两镇是唐王朝的西北屏障，两镇若失，关中与长安就直接处在吐蕃或回纥的威胁之下。唐德宗竟然答应了这一要求，并马上要将两镇守将撤回。在这种情况下，李泌没有马上反对，而是从容议论起鲜卑、回纥、突厥与吐蕃的消长变化，谈到了西域自两汉以来对中原王朝的意义。待到德宗听进了这些说法，他才切入正题，对德宗说道：

> 安西、北庭，人性骁悍，控制西域五十七国及十姓突厥，又分吐蕃之势，使不能并兵东侵，奈何拱手与之！且两镇之人，势孤地远，尽忠竭力，为国家固守近二十年，诚可哀怜。一旦弃之以与戎狄，彼其心必深怨中国，他日从吐蕃入寇，如报私雠矣。①

这样，德宗顺理成章地接受了上谏。

---

① （宋）司马光：《资治通鉴》卷二三一《唐纪四十七》，德宗兴元元年，第7442页。

这里，李泌仅仅就吐蕃而言吐蕃，并未言及回纥如何，若直接提出连回纥、拒吐蕃两个问题，德宗恐怕很难答应。所以，李泌是一步一步地实施自己的策略、逐步上谏的。

吐蕃未得两镇，自然不肯罢休，第二年便大举入寇，被李晟击退。吐蕃认为，唐之良将不过李晟、马燧、浑瑊三人，因此，千方百计予以除掉。贞元二年（786），吐蕃派兵2万到凤翔（今陕西西安）城下，声称李晟邀我们前来，为何不出城犒赏。对这种拙劣的离间计，唐德宗竟也相信。次年，便削去李晟兵权。接着，吐蕃又策划了一个更大的阴谋，准备一石两鸟，除掉马燧与浑瑊。他们先派人向马燧求和，马燧与李晟有怨，又忌其功，遂在朝中力主与吐蕃结盟。德宗派浑瑊为会盟使，前去结盟，孰料，结盟之时，吐蕃伏兵突起，袭杀前去结盟的唐朝官兵，浑瑊夺马逃回。马燧因主和议之说，被罢去天下兵马副元帅一职。对吐蕃的这一阴谋，司马光评论道：

> 初，吐蕃尚结赞恶李晟、马燧、浑瑊，曰："去三人，则唐可图也。"于是离间李晟，因马燧以求和，欲执浑瑊以卖燧，使并获罪，因纵兵直犯长安，会失浑瑊而止。[1]

吐蕃的目标是除三位大将后，即挥师直取长安，但因浑瑊逃走，未能完全如计而罢。不过，他们的这一阴谋还是取得了相当成功，使唐德宗对李晟、马燧都存有疑心，不肯放心使用，而此时西北两大势力回纥与吐蕃又都与唐王朝敌对，君臣相疑、强敌压境，唐王朝又走

---

[1] （宋）司马光：《资治通鉴》卷二三二《唐纪四十八》，德宗贞元三年，第7488页。

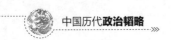
到了危机存亡之秋。在这种情况下，德宗不得不启用李泌为相。李泌上任后的第一次上谏并不是回纥与吐蕃问题，而是谏君臣和，巧妙地利用了德宗对他的倚重，达到了较好的上谏效果。

李泌为相后第一次朝见德宗，是与李晟、马燧共同入见。德宗对李泌说："卿昔在灵武，已应为此官，卿自退让。朕今用卿，欲与卿有约，卿慎勿报仇，有恩者朕当为卿报之。"李泌答道：

> 臣素奉道，不与人为仇。李辅国、元载皆害臣者，今自毙矣。素所善及有恩者，率已显达，或多零落，臣无可报也。

德宗又问："虽然，有小恩者，亦当报之。"看来，德宗对李泌肯就相位十分满意，想立即进行回报。李泌也清楚地知道这是一个难得的上谏机会，所以，就把君臣不疑这一敏感问题提了出来。他回答道："臣今日亦愿与陛下为约，可乎？"德宗此时当然是无不可，立即应允道："何不可！"李泌接着说：

> 愿陛下勿害功臣。臣受陛下厚恩，固无形迹。李晟、马燧有大功于国，闻有谗之者，虽陛下必不听，然臣今日对二人言之，欲其不自疑耳。陛下万一害之，则宿卫之士，方镇之臣，无不愤惋而反仄，恐中外之变不日复生也！人臣苟蒙人主爱信则幸矣，官于何有！臣在灵武之日，未尝有官，而将相皆受臣指画；陛下以李怀光为太尉而怀光愈惧，遂至于叛。此皆陛下所亲见也。今晟、燧富贵已足，苟陛下坦然待之，使其自保无虞，国家有事则出从征伐；无事则入奉朝请，何乐如之！故臣愿陛下勿以

二臣功大而忌之，二臣勿以位高而自疑，则天下永无事矣。①

这段上谏，风险极大，若德宗动怒，马上可以说他挑唆君臣关系，诽谤国君，以大不敬论罪。但李泌选择了恰当的时机，而在进谏时又给德宗留足了面子，一方面，点明虽有对李晟、马燧上谗者，陛下必不听；另一方面，又当面要求二人功高不自疑。所以，德宗初一听时，恐怕不能接受，但听到最后，也就认可了李泌之言。他说道：

  朕始闻卿言，莘然不知所谓。及听卿剖析，乃知社稷之至计也！朕谨当书绅，二大臣亦当共保之。②

安定了君臣关系，李泌开始实施他的下一个施政目标——和回纥。为使德宗摈弃旧怨，接受这一建议，他与德宗反复论争，从不同角度晓之以理，解除了德宗的怨结，顺利实现了既定目标。在这一过程中，他的进谏更是巧妙有方。

李泌为相三个月后，也就是贞元三年（787）九月，吐蕃仍是屡屡入寇，而边将不断报告缺乏马匹，无法补充。这时，李泌以马匹问题为引子，开始了上谏。他对德宗道："陛下诚用臣策，数年之后，马贱于今十倍矣。"德宗问："何故？"李泌并不直入主题，而是又铺垫了一步，说："愿陛下推至公之心，屈己徇人，为社稷大计，臣乃敢言。"德宗不解地说："卿何自疑若是！"这时，李泌方缓缓说道："臣愿陛下北和回纥，南通云南，西结大食、天竺，如此，则吐蕃自

①　（宋）司马光：《资治通鉴》卷二三二《唐纪四八》，德宗贞元三年，第7489～7490页。
②　（宋）司马光：《资治通鉴》卷二三二《唐纪四八》，德宗贞元三年，第7490页。

困，马亦易致矣。"德宗对于回纥仍是耿耿于怀，说："三国当如卿言，至于回纥则不可！"李泌又说："臣固知陛下如此，所以不敢早言，为今之计，当以回纥为先，三国差缓耳。"德宗坚持道："唯回纥卿勿言。"李泌寸步不让，道："臣备位宰相，事有可否在陛下，何至不许臣言！"说到这儿，德宗退了一步，解释道："朕于卿言皆听之矣，至于回纥，宜待子孙；于朕之时，则固不可！"李泌问："岂非以陕州之耻邪？""陕州之耻"是指当年德宗被回纥登里可汗辱弄之事，当时的随从药子昂、韦少华都被回纥鞭挞，韦少华当夜即死去。德宗答道："然，韦少华等以朕之故受辱而死，朕岂能忘之！属国家多难，未暇报之，和则决不可。卿勿更言！"见德宗以为韦少华报仇为理由，拒绝和回纥，李泌便开解道：

> 害少华者乃牟羽可汗（即登里可汗），陛下即位，举兵入寇，未出其境，今合骨咄禄可汗杀之。然则今可汗乃有功于陛下，宜受封赏，又何怨邪！其后，张光晟杀突董等九百余人，合骨咄禄竟不敢杀朝廷使者，然则合骨咄禄固无罪矣。

李泌解释得很有道理，杀韦少华、辱德宗者是登里可汗，而登里可汗又被今回纥可汗合骨咄禄所杀，因此，与回纥相和不存在什么障碍。但德宗又提出："卿以和回纥为是，则朕固非邪？"这实际上是顾忌自己的面子。李泌坦然答道："臣为社稷而言，若苟合取容，何以见肃宗、代宗于天上！"德宗仍不肯松动，说："容朕徐思之。"[①]

---

① （宋）司马光：《资治通鉴》卷二三三《唐纪四十九》，第7501～7502页。

　　自此开始，李泌为回纥一事15次上谏，德宗坚持不肯。李泌见事已至此，不能再拖，便以退为进，上奏道："陛下既不许回纥和亲，愿赐臣骸骨。"也就是要辞官归家。德宗问："朕非拒谏，但欲与卿较理耳，何至遽欲去朕邪？"李泌答道："陛下许臣言理，此固天下之福也。"德宗又说："朕不惜屈己与之和，但不能负少华辈。"[①]这样，又回到了老问题上，即韦少华之死与德宗个人的面子。见事情如此，李泌马上变换角度，先陈述韦少华之死是负于德宗，不必为其报仇；又阐明屈己与不屈的关系，使德宗明白与回纥相和，并不是屈己，也不失面子。

　　李泌对德宗说："以臣观之，少华辈负陛下，非陛下负之也。"德宗问："何故？"李泌对道：

　　　　昔回纥叶护将兵助讨安庆绪，肃宗但令臣宴劳之于元帅府，先帝未尝见也。叶护固邀臣至其营，肃宗犹不许。及大军将发，先帝始与相见。所以然者，彼戎狄豺狼也，举兵入中国之腹，不得不过为之防也。陛下在陕，富于春秋，少华辈不能深虑，以万乘元子径造其营，又不先与之议相见之仪，使彼得肆其桀骜，岂非少华辈负陛下耶？死不足偿责矣。

这番话打消了德宗为韦少华疚负的心理。李泌接着又说道：

　　　　牟羽身为可汗，举全国之兵赴中原之难，故其志气骄矜，

---

　　① （宋）司马光：《资治通鉴》卷二三三《唐纪四十九》，第7503页。

敢责礼于陛下；陛下天资神武，不为之屈。当是之时，臣不敢言其他，若可汗留陛下于营中，欢饮十日，天下岂得不寒心哉！而天威所临，豺狼驯扰，可汗毋捧陛下于貂裘，叱退左右，亲送陛下乘马而归。陛下以香积事观之，则屈己为是乎？不屈为是乎？陛下屈于牟羽乎？牟羽屈于陛下乎？ ①

把德宗在陕州受辱说成是"天威所临，豺狼驯扰"，李泌的确是煞费苦心，也的确达到了预期的目的。

德宗听后，对李晟、马燧道："故旧不宜相逢，朕素怨回纥，今闻泌言香积之事，朕自觉少理，卿二人以为何如？"二人自然都赞同李泌之言。李泌又进一步指陈道：

> 臣以为回纥不足怨，曩（向）来宰相乃可怨耳。今回纥可汗杀牟羽，其国人有再复京城之勋，夫何罪乎！吐蕃幸国之灾，陷河、陇数千里之地，又引兵入京城，使先帝蒙尘于陕，此乃必报之雠，况其赞普尚存，宰相不为陛下别白言此，乃欲和吐蕃以攻回纥，此为可怨耳。

李泌所说的"宰相"是指他的前任张延赏。听到这儿，德宗完全接受了李泌的上谏，但还有一点担心，便问："朕与之为怨已久，又闻吐蕃劫盟，今往与之和，得无复拒我，为夷狄之笑乎？"对此事，李泌早已成竹在胸，他明了回纥也急于与唐朝结盟，而且可以称臣称

---

① （宋）司马光：《资治通鉴》卷二三三《唐纪四十九》，德宗贞元三年，第7503页。

子，这会补上德宗失去的面子。所以，很自信地答道：

> 不然，臣曩在彭原，今可汗为胡禄都督，与今国相白婆帝皆从叶护而来，臣待之颇亲厚，故闻臣为相而求和，安有复相拒乎！臣今请以书与之约：称臣；为陛下子；每使来不过二百人；印马不过千匹；无得携中国人及商胡出塞。五者皆能如约，则主上必许和亲。如此，威加北荒，旁詟吐蕃，足以快陛下平昔之心矣。[①]

这一结果当然令德宗满意。但他又担心对方是否会如此照办，问："自至德以来，与为兄弟之国，今一旦欲臣之，彼安肯和乎？"李泌道："彼思与中国和亲久矣，其可汗、国相素信臣言，若其未谐，但应再发一书耳。"[②]

不久，回纥可汗遣使上表，称儿及臣，李泌所约五条，一一照办。此后，李泌又招抚云南，联络天竺、大食，使唐王朝保持了一段时间的安定。

---

① （宋）司马光：《资治通鉴》卷二三三《唐纪四十九》，第7503～7505页。
② （宋）司马光：《资治通鉴》卷二三三《唐纪四十九》，第7505页。

# 四　敌国权谋

作为一个政治家，既要善于处理内部事务，又要善于处理对外事务。就传统政治而言，对外事务包括邻国外交、敌方战争及其他有关的各类事务，在一定意义上说，此类事务的处理更能彰显一个政治家的能力与水平，更能奠定一个政治家的政治地位。

## 1　合纵连横之谋

"合纵连横"是战国时代两位出色的谋略家苏秦、张仪所提出的策略，两位谋略家不仅是合纵与连横这两大策略的提出者，而且也是实践者，他们分别利用这两大策略，在战国诸侯间纵横捭阖，对战国历史的进程产生了重大影响。战国后期，面对东方六国的合纵抗秦，秦相范雎又在连横策略的基础上，为秦国设计了"远交近攻"的统一方略，并得以有效地实施。

"合纵连横"与"远交近攻"是中国古代政治韬略史上的一座高峰，对后世谋略家们产生了深远的影响。

## — 列国相争与合纵连横之形成 —

说到合纵连横，我们不能不从它的起始年代——战国时代说起。

在历史进入战国时代后，战争日益频繁而剧烈，各国力量的消长发生着不断的变化。魏国是战国初年的一个强国，文侯、武侯两世，魏灭中山国；东面屡败齐人，兵锋曾一度进至齐长城（今山东汶水一带）和灵丘（今山东高唐南）；西南侵入秦之河西，一再挫败秦人的进攻；南面又占领了黄河以南的大块土地。然而，经过几十年的角逐，形势发生了很大变化。魏惠王继位后，承魏之强，十分骄横。他自恃强大，四面出击，结果受到四方夹攻，屡吃败仗。东面的齐国分别于公元前353年的桂陵（今山东曹县）之战和公元前341年的马陵（今山东菏泽东北）之战打败了魏国。公元前334年，魏惠王和齐威王在徐州（今山东滕州）相会约和，互尊为王，承认魏、齐的对等地位。西面的秦国经商鞅变法后，国势蒸蒸日上，不断东进，魏首当其冲。到公元前328年，秦既得河西全部魏地，黄河天险，在秦掌握。从此，秦不断攻夺河东魏、赵土地，主力则出函谷关攻击韩国。

魏国在败于东方的齐和西方的秦后，势力日益衰弱，代之而起的是齐、秦两国。齐、秦二强遥相对立，不断扩充地盘，危及邻国。当一强攻势凌厉时，受攻国便常常乞求另一强国出来支援和保护，或几个较弱的国联合起来共同抵抗。除齐、秦两强不断发动攻势外，其他各国之间也是连绵不断地发生争战。这样，随着形势的变化，各国之间的相互结约联盟，也在不断地变化：既没有稳固的朋友，也没有

世敌。这种错综复杂、变化多端的结构活动被称为"合纵"和"连横"。所谓合纵连横，据《韩非子·五蠹》说：

纵者，合众弱以攻一强也；而衡者，事一强以攻众弱也。[①]

从地域上说，古人以南北为纵，东西为横，所以"合纵"就是从燕到楚的东方各国，南北合成一条直线，共同反对西方的秦国；秦居西方，联合东方六国中的一国或几国，连成一条横线，进攻其余国，故称"连横"。"合纵"之术是由苏秦创立发起的，而与"合纵"相对的"连横"说则由张仪创立。

苏秦，字季子，战国时东周洛阳人，生卒年不详，早年就学于齐，与张仪一起随鬼谷子先生学游说之术。初游诸国，大困而归，为父母兄弟嫂妹妻妾所冷落嘲笑。他从此发愤读书，刺股而诵，遍观群书，得到周书《阴符》，精心研读，受益匪浅。他先后曾游说周显王、秦惠王、赵肃侯，均未得到重用。公元前334年，他又游说燕文侯，大讲合纵之利，得到其赏识和支持，燕文侯送他车马金帛，去联合各国。苏秦四处奔波，先后出使赵、韩、魏、齐、楚，竭力说服各国合纵抗秦，五国皆从。于是，六国合纵，以苏秦为纵约长。苏秦一人佩六国相印，并相六国。苏秦制定合纵的规约大致如下：

若秦攻韩魏，则楚攻秦后路，齐出兵助楚，赵、燕作声援；若秦攻齐，则楚攻秦后路，韩守成皋，魏阻秦道路，燕出兵救齐，赵作声援；若秦攻楚，则齐、魏出兵救援，韩断秦道路，赵、燕作声援；若

---

① （清）王先慎撰，钟哲点校：《韩非子集解》卷一九《五蠹》，《新编诸子集成》本，中华书局1998年版，第452页。

秦攻赵，则燕山兵救援，韩守宜阳，楚屯武关（今陕西商县东），魏驻兵黄河南岸，齐渡清河；若秦攻燕，则韩、魏出兵援救，赵守常山（今河北正定），楚屯武关，齐渡渤海援燕。①

苏秦的这个合纵规约，各国互助、互援、互利，对秦国是一大威胁。东方六国虽皆弱于秦国，但若联合起来，其土地面积是秦的 5 倍，兵力是秦的 10 倍，力量远超过秦国。如果六国坚持合纵，秦国的东进兼并战争将受到极大的影响。苏秦游说合纵成功后，回赵国，赵肃侯封他为武安君。此次六国合纵之形成，使秦兵十余年间不敢出函谷关。其后，秦使公孙衍（即犀首）约齐、魏伐赵，赵王责备苏秦，苏秦恐惧，由赵入燕。至此，纵约方解散。

既然山东六国合纵对秦国十分不利，那么踌躇满志的秦统治者是不会袖手旁观的，他们会千方百计地对合纵进行破坏、阻止，并针锋相对地施以对抗之术的。于是，与苏秦合纵主张相对的连横策略便应运而生。"连横"又称"连衡"，由秦相张仪创立、倡导并实施。那么，张仪又是何许人也？

张仪（？～前 309），为战国时魏国贵族后代，曾与苏秦同学于鬼谷子。出师后，张仪初次游说诸侯，南涉楚国，正值楚相昭阳大会宾客，席间，楚国无价国宝"和氏璧"丢失。昭阳疑为张仪穷困行窃，便对他施以鞭笞，拷打逼供。当他遍体鳞伤、跌跌撞撞地赶回家后，便张大嘴巴，询问妻子："视吾舌尚在不？"妻子不解其意，笑而答曰："舌在也。"于是他欣慰地说："足矣！"②之后他投奔故人苏

---

① 参见范文澜：《中国通史》第1册，人民出版社1978年版，第173页。
② 《史记》卷七〇《张仪列传》，第2279页。

秦。此时，苏秦正奔波于六国间，游说诸侯合纵抗秦，适逢秦国大破魏军，生擒龙贾，苏秦恐秦继续用兵，惊散列国合纵，便想派人游说秦国，使其暂缓出兵。正巧同窗来奔，便故意恶言相辱，激励张仪入秦游说。张仪入秦途中，苏秦暗中派其舍人侍奉张仪、资助张仪，直到张仪入秦为客卿后，苏秦所派舍人才露出庐山真面目，向张仪说明实情。张仪听后感叹道："嗟呼！此在吾术中而不悟，吾不及苏君明矣。"[1]其实，苏、张二人术出一辙，才能不相上下，谋略也在伯仲之间，只是两人所选择的施展才智的对象不一。也正在这方面，张仪较苏秦谋高一筹：苏秦想把一盘散沙般的东方列国强行捏合一起，对抗秦的统一，自然会是事倍功半；而张仪立足于蓬勃发展的秦国，再灵活巧妙地运用机谋权变，以实现自己的政治意图。

张仪入秦后立刻受到重用，初被任为客卿，一年后便升为秦相。此后，他便以秦国强大的政治、军事、经济力量为支点，凭借他的聪明才智、巧言善辩及多年的阅历、对列国形势的洞悉，对六国展开了旋风般的外交攻势。他不辞辛苦，游说于东方六国，或虚声恫吓，或以利相诱，最终达到"散六国之从（纵），使之西面事秦"[2]的目的。他所倡导和实行的这种策略被时人称为"连横（衡）"。

公元前324年，由秦入魏的魏相公孙衍（犀首）力主合纵抗秦，他发起魏、赵、韩、燕、中山（被魏灭后又复国）"五国相王"，其意为五国互尊为王，联合抗秦。但没有采取具体行动。与此同时，张仪便联合齐楚，与五国对抗，破坏了他们的合纵。

---

① 《史记》卷七〇《张仪列传》，第2280~2281页。
② 《史记》卷八七《李斯列传》，第2542页。

公元前 322 年，张仪精心策划，让秦王免除他的相国之职，暗中遣他去魏国活动，意在离间东方诸侯的合纵，并劝说魏、韩与秦连横，攻打楚、齐。魏惠王正在内外交困之际，对张仪的到来十分重视，并立刻任之为相。张仪对魏国内政了如指掌，再加上他的巧嘴利舌，不论是正理还是反理，他都能讲得头头是道，合情合理。他站在魏国的立场上，像是在为魏国积极谋划，他为魏王分析魏国的形势和发展策略，指出苏秦的合纵抗秦难以成事。他说："亲昆弟，同父母，尚有争钱财，而欲恃诈伪反覆苏秦之余谋，其不可成亦明矣。"并大讲背秦之危害，联秦之利处，说：

> 大王不事秦，秦下兵攻河外，据卷、衍、燕、酸枣，劫卫取阳晋，则赵不南，赵不南而梁（魏）不北，梁不北则从道绝，从道绝则大王之国欲毋危不可得也。秦折韩而攻梁，韩怯于秦，秦韩为一，梁之亡可立而须也。此臣之所为大王患也。
>
> 为大王计，莫如事秦。事秦则楚、韩必不敢动；无楚、韩之患，则大王高枕而卧，国必无忧矣……

张仪极力劝诱魏王与秦连横。为使魏王采纳，他恫吓道："大王不听臣，秦下甲士而东伐，虽欲事秦，不可得矣。"[1]

魏王不明真伪，最初采纳了张仪的主张，而且在以后的数年中，每当魏王有所动摇时，张仪便暗暗约会秦兵伐魏，予以威吓。魏国对外方针的转变，为秦国的发展及分头打击东方各国争取了时间。直至

---

[1] 《史记》卷七〇《张仪列传》，第2285～2286页。

公元前 319 年，魏国才发现张仪是为秦国活动，便驱逐张仪，以公孙
衍为相，张仪复返秦国为相。

<h2 style="text-align:center">— "合纵连横"的外交大较量 —</h2>

公元前 318 年，公孙衍联合魏、赵、韩、燕、楚五国合纵出兵
抗秦，推楚怀王为纵长。这是第一次大规模的合纵活动。但是，由于
各国利害不同，因之态度各异：楚并未出兵，出兵的主要是韩、赵、
魏，另外，燕、齐及匈奴派了少数兵参战。次年，秦军与韩、赵、魏
联军在修鱼（今河南原阳）决战，结果三晋大败，8.2 万人被消灭，
五国的合纵抗秦初举告败。此后，秦国又连连进攻韩、魏，韩、魏割
地求和，与秦结盟。秦主力南向击楚。

但是，当时楚与齐国已结成联盟，两国相约，彼此互救，共同抗
秦。秦国君臣认识到必须拆散齐、楚合纵，才能各个击破。于是秦派
张仪到楚，鼓动楚背齐联秦。张仪见到楚王说：

> 大王诚能听臣，闭关绝约于齐，臣请献商於之地六百里，
> 使秦女得为大王箕帚之妾，秦楚娶妇嫁女，长为兄弟之国。此北
> 弱齐而西益秦也，计无便此者。①

楚王利欲熏心，闻之大喜，庸碌的群臣也纷纷向楚王恭贺。唯有谋臣
陈轸等看破张仪的伎俩，奉劝楚王不要上当。他一针见血地指出：秦

---

① 《史记》卷七〇《张仪列传》，第2287页。

国目前之所以看重楚国，是因为和齐结为盟国。如果闭关绝约于齐，楚必孤立。秦国凭什么贪婪一孤国而又无端地予之六百里土地呢？一旦张仪之计得逞，返回秦国后，肯定会背负其诺言的。这样，楚国北与齐绝交，西又结患于秦国，一举而树两强敌啊！楚王不听，遂闭关绝齐，并请张仪为楚相。张仪完成使命后便返回秦国，楚王遣将军逢丑父随之到秦受地。

张仪回到秦国，便佯装醉酒失足坠车，卧病不朝三月之久。楚王猜测可能是楚绝齐不深，惹得秦国不满所至，于是便派勇士北行，去辱骂齐王。齐王大怒，遂折节而结好秦国。张仪见大功告成，便上朝理事。逢丑父前去讨地，张仪更改前言，说："臣有奉邑六里，愿以献大王左右。"楚使与之争辩，说是张仪在楚答应的是"商於之地六百里"。张仪反赖他将"奉邑六里"误听为"商於六百里"。[1]逢丑父将此讯归报楚王，楚王大怒，遂于公元前312年发兵攻秦，结果大败，死甲士8万，失汉中郡。

次年，秦为了推行连横策略，主动提出分汉中郡之半给楚，以求和好。楚王却"不愿易地，愿得张仪"[2]，以泄往日之恨。张仪闻之，主动请命出使。张仪到楚国后，楚王立刻将其囚禁，欲择日杀之。

张仪却泰然自若。他求人找来他的故友、楚王的佞臣靳尚，如此这般地授计一番。靳尚依计行事，他先去奏楚王，说："拘张仪，秦王必怒，天下见楚无秦，必轻王矣。"楚王闻此言便有所犹豫。靳尚又去见楚王宠姬郑袖，对她说："秦王甚爱张仪，而王欲杀之，今将

---

[1] 《史记》卷七〇《张仪列传》，第2288页。
[2] 《史记》卷七〇《张仪列传》，第2288页。

以上庸之地六县赂楚，以美人聘楚王，以宫中善歌者为之媵。楚王重
地，秦女必贵，而夫人必斥矣。夫人不若言而出之。"①郑袖涉身利害，
便日夜缠住楚怀王，要他放出张仪。楚王经不住两方夹攻，便赦免张
仪，且厚礼相待。张仪乘机进言楚王，他极力宣扬秦国武力的强盛以
及秦、楚交恶之害，讲述合纵不可凭恃，劝解楚王与秦结盟。他说：

> 且夫从（纵）者聚群弱而攻至强，不料敌而轻战，国贫而
> 数举兵，危亡之术也。……秦西有巴蜀，大船积粟，起于汶山，
> 浮江已下，至楚三千余里。……不至十日而距扦关。扦关惊，则
> 从境以东尽城守矣，黔中、巫郡非王之有。秦举甲出武关，南面
> 而伐则（楚）北地绝。秦兵之攻楚也，危难在三月之内，而楚
> 待诸侯之救，在半岁之外。

他进一步诱惑楚王道：

> 今秦与楚接境壤界，固形亲之国也。大王诚能听臣，臣请
> 使秦太子入质于楚，楚太子入质于秦，请以秦女为大王箕帚之
> 妾，效万室之都以为汤沐之邑，长为昆弟之国，终身无相攻伐。
> 臣以为计无便于此者。②

楚王抵不住张仪的威逼利诱，便与秦国再结盟约。

张仪离楚，顺道抵韩，他又用同样办法，使韩国与秦结盟。接

---

① 《史记》卷四〇《楚世家》，第1725页。
② 《史记》卷七〇《张仪列传》，第2290、2292页。

着，他又去赵、燕等国游说。

张仪洞悉各国形势及要害所在，又工于权变，擅长鼓动，因而每每连横破纵得手，为秦国的东进和强盛立下不朽功绩。

公元前 311 年，就在张仪返国途中，秦惠王死去。继位的秦武王一向憎恶张仪，群臣也乘机进谗，东方诸侯听说张仪与武王不和，纷纷背叛连横之约，欲复合纵。张仪恐构罪被杀，便设计离秦，入相于魏，约一年后去世。

## — "远交近攻"与合纵之策的对决 —

楚背齐被秦败后，对与谁结约一直举棋不定，一会儿投向齐，一会儿投向秦。公元前 301 年，齐联合韩、魏向与秦结约的楚发起进攻，结果三国联军大败楚军，杀楚将唐昧，给楚一沉重打击。公元前 298 年，三国联军又一鼓作气转而攻秦。这次战斗打得十分激烈，前后达三年之久，最后，三国联军攻入函谷关，秦被迫求和，并归还韩、魏的河外之地（沿黄河拐弯南岸的地区）。此次战争显示了东方诸国联合抗秦的力量。秦也深感山东诸国合纵对自己是个极大的威胁。

于是，秦采用国相范雎的"远交近攻"的策略，与齐修好，想方设法拆散合纵。此时，齐国为了灭宋，也乐于与秦结好。于是秦向韩、魏展开了大规模的进攻，结果韩、魏连败于秦，魏被迫割河东之地 400 里（今山西西南部）、韩割武遂之地 200 里（今山西垣曲附近）给秦。从此，东方能与秦抗衡的只有齐国了。

秦、齐两国把其他各国夹在中间，秦的攻势比齐更强。因而身为齐相的苏秦和赵相李兑便先后发动山东各国合纵抗秦。约在公元前

288 年，李兑发动赵、魏、韩、齐、楚合纵，以抵抗秦的东进，但由于齐国意不在秦，最后无结果而散。在此之后，苏秦又串通各国合纵抗秦，可是各国互相间存在着矛盾，目的又不相同，故心也不齐，秦又及时采取措施，破坏合纵，把所占魏国的温、轵、高平（今河南济源南）等归还魏，把所占赵的阅分、先俞（今山西代县西北）还赵。这样，合纵便告终了。

公元前 286 年，齐灭宋，各国对齐大为恐惧，秦国乘机联合韩、赵、魏、燕攻齐，以燕为主力，由乐毅率领，于公元前 284 年攻入齐国，占领了齐都城临淄及其他城市 70 余座，齐只剩下即墨和莒。虽然后来燕军被赶出齐境，但齐国却失去了强国地位。

从此，合纵愈不易成。但在秦国的统一进程中，东方诸国仍不断地用合纵相制衡。为打破这一制衡，推进统一进程，秦国范雎制定了"远交近攻"的方略。

范雎（？～前 255），一作"范且"，或误作"范睢"，字叔，战国时魏国人。早年为魏国中大夫须贾的家臣，曾随须贾出使于齐，齐襄王闻其有辩才，使人赐予他黄金十斤及牛酒诸物，遭须贾所妒。回魏国后，须贾向相国魏齐指控范雎私受贿赂，魏齐大怒，使人笞击，折胁落齿。范雎装死，被置于厕中，宾客便溺于其身，倍加侮辱。后通过守厕人相助，遂得出厕，被魏人郑安平相助，化名张禄，由出使魏国的秦谒者王稽带至秦国。他游说秦昭王，力陈贵族专权之祸，促使昭王废太后，驱逐专权的穰侯、秦相魏冉。秦昭王四十一年（前 266）范雎被任为秦相，封于应（今河南宝丰西南），称应侯。

范雎入秦时，正值秦国迅猛攻击山东六国并节节取得胜利之际，它曾屡破近邻韩、赵、魏之师，使魏、韩俯首听命；西占巴、蜀及汉

中郡、黔中郡（今湖南西部）等；南拔楚国鄢（今湖北宜城）、郢
（今湖北江陵）两座重地，幽死楚怀王于秦；东面又连败强齐。然而
当时秦国的兼并战争进程中也出现一些阻力和策略性错误：一是当时
六国往往以齐为中心结成联盟，合纵抗秦，对秦国东进造成很大的困
难。二则前任秦相魏冉曾数次用兵赵国，接连远伐齐国。前者违犯了
避实击虚的原则，因为当时赵国国力正盛，又有蔺相如、廉颇、赵奢
等杰出的政治家、军事家主持国政。后者的结果则是秦轻视韩、魏，
跨国征赵，必然招致失败，如公元前 269 年的秦赵大战，便以秦军
大败告终；对于齐国的远征，秦国更是得不偿失，既浪费了人力，
又消耗了物力，十分失策。

鉴于当时秦国所面临的形势，范雎上奏秦昭王，他指出：

> 夫穰侯越韩、魏而攻齐纲、寿，非计也。少出师则不足以
> 伤齐，多出师则害于秦……王不如远交而近攻，得寸则王之寸
> 也，得尺亦王之尺也。今释此而远攻，不亦缪（谬）乎！且昔
> 者中山之国地方五百里，赵独吞之，功成名立而利附焉，天下莫
> 之能害也。今夫韩、魏，中国之处（地处国中）而天下之枢（中
> 枢）也，王其欲霸，必亲中国以为天下枢，以威楚、赵。楚强
> 则附赵，赵强则附楚，楚、赵皆附，齐必惧矣。齐惧，必卑辞重
> 币以事秦，齐附而韩、魏可虏也。[①]

范雎在这段奏议中明确地提出了"远交近攻"的策略原则，这是范

---

① 《史记》卷七九《范雎（雎）蔡泽列传》，第2409页。

雎为秦国创立霸业、统一天下而作出的巨大贡献。这一策略，既继承了秦孝公、惠文王、秦武王以来的传统方针，又在总结前人实践经验的基础上予以理论上的升华，它无论对当时和后世都产生了很大的影响。一方面，它能使秦国兼并到手的领土不断得以牢固占有，即如范雎奏文所说的"得寸则王之寸也，得尺亦王之尺也"；另一方面，它能破坏各国的合纵，使六国的联合愈不易成。据上引范雎的"远交近攻"的具体实施方案，是对邻近的韩、魏采取打击、削弱的方针，以解除肘腋之患；而对远邦的赵、燕、楚等国则采用绥靖政策，力求稳住这几个国家，使之不能合纵抗秦，援救韩、魏；继而挟五国之重威逼齐国，最后在压倒各国的优势下，通过由近及远的蚕食办法，先灭韩、魏，尔后利用列国的矛盾，各个击破，最后统一全国。

"远交近攻"原则被确定后，嗣后秦国的行动基本上都是按照它进行的，而且还被后继的秦帝国创建者所继承和发展。

范雎不愧为中国古代史上的一位继往开来的政治家，他所力倡的"远交近攻"方针，为秦统一天下奠定了坚实的基础。

## 2 用间反间之谋

何谓用间？我国古代的"间"字，是门里一个月——閒。《说文解字》曰："閒，隙也，从门从月，会意示形。"五代宋初文字学家徐锴在其《说文解字系传》中进一步解释道："门夜闭，闭而见月光是有间隙也。"[①] 夜晚隔着门能看到月光，是因为门有缝隙。用在对敌

---

[①]（汉）许慎：《说文解字》卷一二上《门部》，中华书局1963年版，第248页。

斗争的场合，"间"就是敌方的漏缝或利用、制造这种漏缝的人。所以说用间就是利用敌人内部矛盾，寻找缝隙，巧妙地制造假象或假情报，以使敌人互相猜忌，甚至互动干戈；而我方则坐山观虎斗，尽收渔翁之利或乘隙攻击。古人云："一间能顶百万兵。"这种从内部进攻敌人堡垒的方法往往能取得千军万马难奏之效，因而中国古代许多政治家都十分重视或喜用离间之术。

## — 秦赵大战中的用间 —

秦国吞并赵国，在很大程度上即得益于秦相范雎和后继者李斯的离间谋略。

秦在战国后期灭赵的过程中，曾先后向赵国发动了三次大规模的进攻。一次是在秦昭王四十五年（前262），秦包围韩国的上党郡（今山西长治南），上党郡守冯见上党难保，即以该郡献给赵国。赵孝成王命大将廉颇率兵4万，驰援上党，与秦军相遇于长平关（今山西高平西北）。廉颇根据秦军远离国土、意在速决的特点，采取坚壁固守的战术，坚守长平近三年之久，使秦军陷入求战不得、退则失守的两难境地。可是赵孝成王却看不到廉颇用兵的机宜，认为廉颇怯战，对他大加责怪。这时，秦相范雎乘机使用离间计，派人携千金到赵国用间。秦间谍在赵国到处散布谣言，说："秦之所恶，独畏马服君赵奢之子赵括为将耳。"[1]赵括虽为赵国名将赵奢之子，从小学习兵法，谈起来头头是道，但他只会纸上谈兵，实际上不会指挥作战。而赵孝

---

① 《史记》卷八一《廉颇蔺相如列传》，第2446页。

成王却听信谣言，中了秦的反间计，不顾蔺相如等人的反对，强行罢免廉颇之将位，改派赵括为将。赵括就职后，一改廉颇坚壁固守的战术，贸然大举进攻秦军，结果为秦军所败，赵括被杀，赵降卒 40 余万人也被秦坑杀。从此，赵国元气大伤，国都邯郸暴露在秦军的刀锋之下。直到此时，赵王也感到后悔，重新任命廉颇为将，保卫京都。次年，秦军乘胜长驱直入，很快兵临邯郸城下。廉颇亲率军民顽强固守，最后在魏、楚的援助下，粉碎了秦军的第二次进攻。

秦始皇二年（前 245），赵孝成王卒，其子赵悼襄王继位。赵悼襄王也由于听信秦国间谍的离间之言，罢廉颇职。正在前线督军奋战的廉颇，一气之下，离开赵国，南奔魏国。廉颇离赵后，赵国多次遭秦军进攻。危难之中，"赵王复思得廉颇，廉颇亦思复用于赵"。然而赵王担心廉颇年老，不堪任用，便派使者到魏国看其是否能披甲出征。廉颇闻讯，十分高兴，热情款待来使，他当着使者的面，一顿就吃了一斗米的饭、十斤肉，然后又披甲上马，操练一阵，以示尚可率军出征。但这位使者是早已被秦国重金收买的赵王信臣郭开所派，他回到邯郸后，报告赵王曰："廉将军虽老，尚善饭，然与臣坐，顷之三遗矢（去厕所）矣。"[1]赵王以为廉颇老了，遂不召其回国。一句诬陷，使廉颇有国难归，眼见赵国河山日益被人削割，不能施展报国之志。

秦始皇十八年（前 229），秦军对赵国发动了最后一次大规模的进攻。这次进攻，秦军兵分两路：北路由大将王翦率领，直趋井陉（今河北井陉西）；南路由将领端和率领，指向邯郸。赵国则遣大将

---

① 《史记》卷八一《廉颇蔺相如列传》，第2448～2449页。

李牧和司马尚分别率军阻敌于北路和南路。在李牧和司马尚的正确指挥下，赵军连连得胜，使秦军南北攻势均受阻遏。在这种形势下，李斯又继续实行前任丞相范雎的离间计谋，派人携重金到赵国，又一次收买了当年曾诬陷廉颇的郭开。他们利用郭开之口，在赵国散布谣言，说李牧、司马尚欲反。昏庸的赵王不察真伪，乃罢免了李牧、司马尚之职，改用无能之辈赵葱及颜聚为将军。李牧悲愤交集，不肯受命，赵王派人将他处死。公元前228年，在秦军强大攻势下，赵葱被杀，颜聚被俘，赵王也做了阶下囚，建国200多年的赵国至此灭亡。

秦国丞相范雎、李斯成功地施行了离间计谋，利用敌方郭开之手，先后剪除了赵国大将廉颇、李牧、司马尚等重要对手，从而为秦军进攻赵国大开方便之门。

## ── 楚汉相争中的反间计 ──

汉相陈平在楚汉战争中，因隙设计间离项羽与谋士范增之事也十分典型。

汉三年（前204），刘邦被项羽围困在荥阳城内，粮草匮乏，兵力难支，十分危急。刘邦惶恐，欲割让荥阳以东与楚媾和，但项羽却不答应。刘邦不禁对陈平叹道："天下纷纷，何时定乎？"陈平从容地为刘邦分析了项羽集团内部的情况，建议刘邦使用反间计，调拨项羽的群臣关系，以便从中渔利。他献策道：

> 顾楚有可乱者，彼项王骨鲠之臣亚父、钟离昧、龙且、周
> 殷之属，不过数人耳。大王诚能出捐数万斤金，行反间，间其君

臣，以疑其心，项王为人意忌信谗，必内相诛。汉因举兵而攻
之，破楚必矣。

刘邦认为十分有理，于是慨然拿出黄金 4 万斤，交与陈平，"恣所为，
不问其出入"。陈平用重金收买楚军中的一些将士，使他们四处散布
流言，说钟离眛等将臣有功不得封王，因而对项羽不满，并将与汉军
联合反楚，消灭项羽，分占项羽的国土。项羽听了这些谣言，果然对
钟离眛等产生了怀疑，遂遣使者至汉军，探察真伪。陈平指使侍从以
隆重精美丰盛的食品宴请使者。及见楚使，却故作惊讶道："吾以为
亚父[①]使，乃项王使！"随即撤去美食，换上粗糙的食物。楚使不胜
其忿，回去后即将此情况汇报给项羽，项羽从此大疑范增。这时的范
增还蒙在鼓里，他向项羽建议乘胜速取荥阳，项羽置之不理，拒不听
从。范增得知项羽怀疑自己之后，十分愤怒地对项羽说："天下事大
定矣，君王自为之！愿请骸骨归！"[②]项羽竟准其所请。在回故乡的路
上，这位项羽集团的主要谋臣和将领且忧且恨，结果背生痈疽，一病
不起。范增死后不久，项羽便与汉王刘邦讲和，约定以鸿沟为界，中
分天下。汉军从此转危为安，并为灭楚的准备工作赢得了时间。

　　陈平利用反间计，借项羽之手，将楚军的头号谋臣范增除掉，使
楚军遭受到一个不可估量的损失。此后，大将周殷在汉将英布引诱下
叛楚；钟离眛遭项羽忌疑，得不到重用。项羽真正成了孤家寡人。

---

　　① "亚父"是项羽对范增的尊称。
　　② 《史记》卷五六《陈丞相世家》，第2056页。

## ── 汉末动荡中的离间除恶 ──

东汉末年，丞相王允和杨彪、朱俊也是利用离间计谋除掉了窃权乱世的董卓以及帮凶郭汜、李傕的。

东汉末年，西北军阀并州牧董卓领兵入京师洛阳，他性情粗野，残酷暴虐，刚一入京，便废少帝刘辩，另立献帝刘协为傀儡皇帝；又自称相国，控制朝中军政大权；还胡作非为，滥杀无辜，致使天下共愤。但是，由于他擅专朝政，又有勇猛无敌的义子吕布相助，朝中大臣都惶恐不安，敢怒不敢言。唯有司徒王允、司隶校尉黄琬等忧心如焚，密谋杀除董卓。他们决计利用董卓和吕布之间的矛盾，因隙间亲，假借最能亲近董卓的骁将吕布之手除掉董卓。吕布，字奉先，为五原九原（今内蒙古包头西北）人。他善弓马骑射，膂力过人，时人号之为"飞将"。董卓十分亲信吕布，视为父子，并以吕布为贴身护卫，整日不离其左右。但董卓性情暴烈，刚愎无礼。一次，吕布小失董卓之意，董卓则投手戟刺向吕布，幸而吕布眼疾手快，躲了过去，事后吕布又反复谢罪，董卓才算罢休。吕布因此内心暗暗怨恨董卓无情无义。吕布因常随侍董卓左右，有机会和董卓左右侍女妓妾接触，不免有男女间不正当的私通关系（后来罗贯中在《三国演义》中加以渲染，演义出吕布戏貂蝉的故事）。吕布恐怕这事传到董卓耳里，常常惴惴不自安。

王允了解到吕布与董卓间的矛盾，便有意结交吕布，遇之甚厚。吕布便把心中的苦恼说给王允听，请王允出主意。这正中王允心意，于是王允乘机为吕布如此这般地传授计谋，要他里应外合密诛董卓。

最初，吕布碍着与董卓的父子关系迟疑不决，王允再三怂恿说："君自姓吕，本非骨肉。今忧死不暇，何谓父子？"①一番话将吕布对董卓的"火"点了起来，王允见吕布中计，便向他传授具体计谋。

初平三年（192）四月，献帝大病初愈，于未央宫大会群臣，董卓入见。董卓令吕布带兵随侍左右，士兵夹道，自卓营至宫，左步右骑，屯卫周匝。王允、吕布也做好安排，在北掖门内埋伏下勇士，俟董卓入宫时与吕布同时下手。董卓此时全然没有察觉，他刚入北掖门，吕布的同党骑都尉李肃持戟刺向董卓。董卓内穿护甲，刺之不入，但被刺倒车下，董卓惊慌，大呼："吕布何在？"吕布应声而出，吼道："有诏讨贼臣！"②遂以矛刺卓，埋伏的兵士也蜂拥而上，杀死了董卓。

诛除了董卓，东汉王朝暂时解除了危机，此后又在军阀混争中苟延残喘了十几年。

董卓被杀，引起了屯驻陕（今河南陕县）一带的董卓部将的不安。于是，以郭汜、李催为首的将卒们发动暴乱，几天之间，攻下长安城，杀死王允，控制了汉献帝，把持了朝政。随后，李、郭在长安放纵兵士大肆抢掠，居民死伤数万。以相臣杨彪、朱俊为首的元老重臣们图谋除掉二人，但由于二人勾结甚密，势大难图。朱俊认为："催、汜小竖……无他远略，又势力相敌，变难必作。吾乘其间，大事可济。"③原来，李催、郭汜都是无文化、无教养的武夫，愚昧无知，

---

① 《三国志》卷七《魏书·吕布传》，第220页。
② 《后汉书》卷七二《董卓传》，第2331页。
③ 《后汉书》卷七一《朱俊传》，第2312页。

他们之间既联合勾结，又相互猜疑；并且二人往来密谋总在夜间进行，李傕又常留郭汜在家中住宿，因而李傕总担心郭汜与自己的婢妾有染。了解到这些情况，杨彪、朱俊便让人给郭汜妻传言，说郭汜与李傕婢妾有染。郭汜妻果然中计。她便想方设法离间郭、李二人，阻止二人往来。一次，李傕派人给郭汜送来美酒佳肴，郭妻"乃以豉为药"，郭汜刚要进食，其妻连忙阻止曰："食从外来，倘或有故。"于是便将菜中的药豉挑出来给他看，并调唆他："一栖不二雄，我固疑将军之信李公也。"自此郭汜与李傕有隙，而李傕却丝毫没有察觉。又过几日，李傕又宴请郭汜。郭汜大醉，十分不适。"汜疑傕药之，绞粪汁饮之，乃解。"这件事促使郭汜更加痛恨李傕。这样，郭、李二人联盟被拆散，二人"治兵相攻"。①

## — 无中生有的离间 —

利用敌人之间固有的矛盾进行离间，以隔岸观火、坐收渔翁之利，达到消灭或控制对方的目的，这是十分明智的谋略。然而，还有许多政治谋略家在没有发现敌人内部矛盾的情况下，充分发挥自己的聪明才智，无中生有，制造出敌人的内部矛盾。曹操抹书间韩遂，便是典型的一例。

曹操在赤壁之战失败后，认真总结经验教训，认识到短期内取荆州、下江南已不可能，遂将目光转向关中地区。一则关中诸将势力分散，取之较易；二则取得关中，既巩固了中原，进而为将来取汉中、

---

① 《三国志》卷六《魏书·董卓传》裴松之注引《典略》，第183页。

益州奠定了基础，也为将来再取荆州、江南免除后顾之忧。当时，关中的地方势力不下十多股，其中马超、韩遂是最大的两股。建安十六年（211）七月，曹操亲率大军西征，讨伐马超、韩遂；八月，曹操至潼关，与马超等夹潼关而军。

韩遂与马超之父马腾是故交，马腾死后，超、遂二人相处十分和睦，加上同处关中，利益攸关，所以二人相结，联合起兵反曹。但是，曹操与韩遂父是同岁孝廉，同韩遂也是旧相识，过去两人常有些往来。曹操与马超在潼关相持的同时，暗中却亲率大军自潼关北渡黄河入河东，再由蒲陂过河至河西，然后沿河而南。马超发觉后，立刻从潼关撤兵，退守渭口（渭水入黄河的地方）。九月，曹操军又强渡渭水，并且派徐晃率一支军队屯驻河西，使马超处于腹背受敌的境地。马超见战事不利，便向曹操求和，求送质子。曹操最初不允，后来考虑到马、韩二人的关系，认为最好智取，不以力争，便满口同意了。

既然同意和好，曹操与韩遂又是旧相识，曹、韩两人便在阵前聊起天来。他俩有时低声像密谈，有时又仰头大笑，谈了很久，且"不及军事，但说京都旧故，拊手欢笑"①。马超看在眼里，疑在心里。

阵前相会后，曹、韩两人各自回营，马超问韩遂和曹操谈了些什么，韩遂只是说"无所言也"。马超遂起了戒心。几天后，曹操派人送给韩遂一封信，信中在关键的地方"多所点窜"，就像被韩遂改过一般。②马超果然中计，以为信是经韩遂涂改过的，有意掩盖真情，因而对韩遂更加怀疑。从此二人有隙。曹操知道离间成功，遂发起

---

① 《三国志》卷一《魏书·武帝纪》，第35页。
② 《三国志》卷一《魏书·武帝纪》，第35页。

进攻。由于马、韩二人不能协同作战，不久，就被曹操打得大败。关中被曹平定。

曹操离间马超与韩遂，可以说是他军事权谋运用得十分成功的一次。他仅凭一次闲谈和一封信，就无中生有，制造了马、韩间的隔阂，激化了敌人内部的矛盾，从而坐收渔翁之利，真可谓谋略得体，实施有方。

## 3　纵横捭阖之谋

在中国古代史上，许多政治家又是外交家，他们凭着出色的辩才、睿智与气节，奉命出使他国，纵横捭阖，不辱使命。

### —— 晏婴的不辱使命 ——

春秋时期的齐国相晏婴，不仅是一位杰出的政治家，同时也是一位名闻遐迩的国务活动家，他曾多次代表齐国出使各诸侯国，或婉辞谦语，从容谈笑；或理直气壮，措辞激烈，以过人的智敏、胆识和口才，捍卫齐国利益。《晏子春秋》中记载了晏婴出使楚、吴、鲁等国的生动情景。他常能凭他凛然的正气，内刚外柔地应付出使国君臣的挑衅与问难，最后从容取胜。他虽然每次在他国君臣面前自谦"辞令不审，讥于下吏，惧不知所对"，但每每直刺对方要害，使之"忿然作色"，折服对方。①

───────────────

① 张纯一校注，梁运华点校：《晏子春秋校注》卷四《内篇问下》，第193～194页。

一次，齐王派晏子使楚，楚王及其群臣挖空心思地想侮辱晏婴。楚人见晏婴身材矮小，就特地在大门之侧建造小门，请他由此进城以辱之。晏婴机智地说："使狗国者从狗门入。今臣使楚，不当从此门入。"[①]接待者只好引其进大门。

晏婴面见楚王时，楚王故意问道："齐无人耶？使子为使？"晏婴依然从容不迫，明知故问道："齐之临淄三百闾，张袂成阴，挥汗成雨，比肩继踵而在，何为无人？"楚王藐视着他的身体，又问道："然则何为使之？"晏婴答道："齐命使各有所主。其贤者使使贤王，不肖者使使不肖王。婴最不肖，故宜使楚也。"[②]说得楚王如同哑巴吃黄连，有苦难言。

楚王设宴招待晏婴，当酒喝得正高兴时，两名小吏押着一个绑着的人来见楚王。楚王问："缚者曷为者也。"回答说："齐人也，坐盗。"于是楚王紧盯着晏婴问道："齐人固善盗乎？"晏婴心里知道这是事先设好的圈套，便离开座席，理直气壮地答道："婴闻之，橘生淮南则为橘，生于淮北则为枳，叶徒相似，其实味不同。所以然者何？水土异也。今民生长于齐不盗，入楚则盗，得无楚之水土使民善盗耶？"楚王听后十分尴尬，只好自我解嘲说："圣人非所与熙（嬉）也。寡人反取病焉。"[③]结果在谈笑风生间，使辱人者自辱。

在个人功利问题上素以谦恭辞让而闻名的晏婴，在捍卫国家尊严方面，却义正词严，寸步不让，出色地完成了出使任务。

---

① 张纯一校注，梁运华点校：《晏子春秋校注》卷六《内篇杂下》，第287～288页。
② 张纯一校注，梁运华点校：《晏子春秋校注》卷六《内篇杂下》，第288～289页。
③ 张纯一校注，梁运华点校：《晏子春秋校注》卷六《内篇杂下》，第290～291页。

## — 蔺相如的完璧归赵 —

战国时期的赵国相蔺相如"完璧归赵"的故事，更是千百年来有口皆碑的佳话。

赵惠文王时，得到楚国的"和氏璧"，视为国宝。秦昭王听说后，便写信给赵国，愿用十五城换璧。时秦强赵弱，赵王感到左右为难：若给秦国，秦国不给十五城，赵国就受秦的欺负；若不给，又怕秦兵来攻打赵国。此时，赵国大臣蔺相如请求赵王派他前往，说："王必无人，臣愿奉璧往使。城入赵而璧留秦；城不入，臣请完璧归赵。"蔺相如奉璧向西入秦。秦昭王见"和氏璧"，大喜，与美人及左右臣下相互传视，众人兴奋得皆高呼"万岁"。蔺相如见秦王无意偿城给赵，于是对秦王说："璧有瑕，请指示王。"[1]秦昭王信以为真，就把"和氏璧"交给蔺相如。蔺相如持璧，倚柱而立，怒发冲冠，指责秦王不讲信用，表示若秦不予赵国城池，强行夺璧，他就要持璧撞于柱上，与璧同归于尽。若秦王想得到"和氏璧"，必须斋戒五日，设九宾之礼，这样他才献璧。秦王被迫遵行。蔺相如猜度秦王最终是不会给赵十五城的，回到客馆后，就急忙遣随从将璧藏在身上，换上平民的衣服，走小路逃回赵国，使"和氏璧"完好无损地归还于赵王。秦王斋戒五日后，在朝廷上设九宾之礼延请蔺相如，要其交出宝玉。蔺相如告诉秦王说：秦国做事一向不讲信用，臣恐被欺骗，故令人持璧先归。秦国若真心想得到宝玉，请先割十五城给赵，赵国

---

① 《史记》卷八一《廉颇蔺相如列传》，第2440页。

绝不敢得了城池又不给"和氏璧",因此而得罪大国。不然,请大王治我欺罔之罪。秦国君臣们听完蔺相如的话,面面相觑,无言以对。秦王知道相如软硬不吃,奈何不得他,便依照礼节把相如送回赵国。

赵惠文王二十年(前279),蔺相如陪同赵王相会秦王于渑池。在酒宴上,秦王对赵王说:"寡人窃闻赵王好音,请奏瑟。"赵王奏罢一曲,秦御史便记下:"某年月日,秦王与赵王会饮,令赵王鼓瑟。"想借秦国威势,侮辱赵王。蔺相如见状,针锋相对,对秦王说:"赵王窃闻秦王善为秦声,请奏盆缻秦王,以相娱乐。"秦王恼怒,不答应。相如又拿着盆缻,跪请秦王击缻,秦王仍不肯。蔺相如便威胁道:"五步之内,相如请得以颈血溅大王矣!"秦王左右护从欲杀相如,相如张目叱之,无人敢动。于是秦王无奈,只好击缻。蔺相如令赵国御史记道:"某年月日,秦王为赵王击缻。"秦国群臣不甘心,又提出:"请以赵十五城为秦王寿。"蔺相如也不示弱,更提出:"请以秦之咸阳为赵王寿。"[①]结果,秦王始终未能侮辱赵王。

春秋战国时代的这些使节的确是纵横捭阖,挥洒自如,是这一纷呈多彩的历史时期的一大人文景观,令后人仰止。自秦以后,随着大一统局面的出现,较少见到政治家使外者。南北朝时,方间接可见。隋唐时代,又不多见。至两宋时代,由于对辽、金、夏、元关系的要求,重臣出使,方较为常见,出使诸人中,多也能上承晏婴、蔺相如之余绪,角智斗勇,不辱使命,多可称道。

---

①《史记》卷八一《廉颇蔺相如列传》,第2442页。

## ── 北宋使节的忍辱负重 ──

北宋时期，北部、西北部边境不宁，辽、西夏不断骚扰，寇掠边民，宋王朝与契丹族的辽、党项族的西夏间的摩擦日益增多，外交往来也日益频繁。在强劲的对手面前，有的政治家在出使时能保持气节，凛然难犯；有的则不辱国格，不辱使命；也有一些使节能审时度势，把握大局，在对外谈判中确定利于本朝的政策，减少损失。

宋真宗时，西北地区的党项族日益强大，其首领李德明曾向宋求粮百万斛，许多大臣不知如何是好，宰相王旦胸有成竹，一方面请敕有司备粟百万于京师，另一方面又诏李德明来京城取粮。李德明闻后无地自容，告诉左右说："朝廷有人。"[1] 遂不敢再提要粮之事。

包拯曾奉命出使辽国，辽国故意刁难他，问他："雄州新开便门，乃欲诱我叛人，以刺疆事邪？"包拯不卑不亢，义正词严地据理以争："涿州亦尝开便门矣，刺疆事何必开便门哉？"[2] 辽人听后张口结舌，无言以对。回国后，包拯立刻将在辽国的所见所闻报告给朝廷，甚得皇上褒赞。

景德元年（1004），辽兵深入宋境，包围瀛州（今河北河间），中外震骇。参知政事（副相）王钦若是江南人，主张迁都金陵（今江苏南京）；陈尧叟是蜀人，主张暂避成都。真宗犹豫不决，询问宰相寇准，寇准心知王、陈二人皆为自己打算，便佯装不知道，说：

　　① 《宋史》卷二八二《王旦传》，第9547页。
　　② 《宋史》卷三一六《包拯传》，第10316页。

谁为陛下画此策者，罪可诛也。今陛下神武，将臣协和，若大驾亲征，贼自当遁去。不然，出奇以挠其谋，坚守以老其师，劳佚之势，我得胜算矣。奈何弃庙社欲幸楚、蜀远地，所在人心崩溃，贼乘势深入，天下可复保邪？[①]

于是请求皇上起驾亲征。听了寇准的话，真宗勉强答应。

宋真宗率大队人马，驻扎在澶州（今河南濮阳西），远远望见辽军阵容甚是盛大，未免心中胆怯，大臣们也劝皇帝暂且驻扎，以观军势。寇准一再请求说："陛下不过河，则人心益危，敌气未慑，非所以取威决胜也。且王超领劲兵屯中山以扼其亢，李继隆、石保吉分大阵以扼其左右肘，四方征镇赴援者日至，何疑而不进？"众臣皆惧，皇帝不决，寇准乃厉声对皇上说："陛下不以臣言为然，盍试问琼等。"[②]高琼任殿前都指挥使，是军事总指挥，此时他也一再坚请，并指挥卫士赶快备好车辇，宋真宗于是勉强渡过黄河，来到北城门楼。远近的宋军望见帝辇的华盖，一时都踊跃起来，欢呼万岁，声闻数十里。辽军见状惊恐万分。不久，契丹数千骑兵逼近城下，寇准令士卒出击，斩杀活捉大半。辽军引军退去。

辽军士气因此大受挫折，且孤军深入，给养困难，处境不利。因此，辽军谋求议和，派遣大臣韩杞和宋以前派往辽国的使臣曹利用一起携书信来到宋营。真宗厌战，这一行动正好迎合其愿望。而寇准坚决反对议和，宋真宗不加理睬，派曹利用多次使辽和谈。辽方竟提出

① 《宋史》卷二八一《寇准传》，第9530页。
② 《宋史》卷二八一《寇准传》，第9530页。

要宋朝把关南割让给他们。宋真宗认为割地不可，若要金银玉帛，对朝廷大休无甚伤害。但是，寇准却不愿输给辽人金帛，而且提出契丹辽要向宋朝称臣，并献上幽、蓟二州之地。并向真宗进言，说只有这样，才可保边境百年无事。不然数十年之后，戎狄又起贪心了。真宗却认为：数十年后自有守土尽责之人，我不忍百姓生灵涂炭，姑且按照契丹的条件讲和算了。寇准无可奈何。真宗即令曹利用前往辽营谈判。曹利用问真宗，到底允许给辽多少银绢，宋真宗表示："百万以下皆可许也。"寇准听说后，召曹利用到帷幄之中，对他说："虽有敕，汝所许毋过三十万，过三十万，吾斩汝矣。"[①] 曹利用到辽，最终以 30 万成约而还。契丹遣阁门使丁振携带盟誓条约来宋，以兄礼事宋真宗，辽军罢军回北方。这一次，寇准虽未能彻底改变宋朝输送银币的结局，但却保住了北方领土，而且使损失控制到一定程度。

此次宋辽和议历史上称之为"澶渊之盟"。当和议刚达成时，内侍误传输银绢 300 万，真宗大吃一惊。后来听说是 30 万，真宗又沾沾自喜，认为是宋朝谈判的"胜利"，还写诗令大臣们唱和，以示庆祝。从此点也可看出："澶渊之盟"既是北宋王朝软弱无能的结果，又是最高统治者昏庸腐败的表现。由于寇准的坚决抗战，宋朝避免了更大的失败，宋真宗也认为寇准劳苦功高，对之特别厚爱。但原来主张逃跑的王钦若却在真宗面前挑拨离间，说寇准劝皇帝亲征，是把皇上当赌注，孤注一掷，是国耻。真宗听后愀然不乐，回想起在澶州的情景，心有余悸，不由得怨恨寇准，不久便罢了其宰相之职。

宰相富弼也曾出使契丹。富弼，字彦国，洛阳人。历任开封府推

---

① 《宋史》卷二八一《寇准传》，第9531页。

官、知谏院、枢密副使等职，后召拜为相。辅仁宗、神宗二帝，时称"贤相"。庆历三年（1043），契丹主大兵压境，并遣使臣萧英、刘六符索求关南地。朝廷选择谁可使辽进行协商谈判，诸大臣皆以辽方情况叵测，莫敢受任。富弼却挺身而出，主动要求出使。他对皇上说："主忧臣辱，臣不敢爱其死。"仁宗为之动容。先遣其至境迎接对方使者。辽使萧英等入境后，富弼代表中原朝廷表示欢迎和慰问，而傲慢的萧英却托病不予回拜。富弼义正词严地指责道："昔使北，病卧车中，闻命辄起。今中使至而君不拜，何也？"萧英听后矍然起拜。富弼开诚布公地与之交谈，使萧英感动，遂不复隐其情，密将其主的意图一一告知富弼，并对他嘱咐道："可从，从之；不然，以一事塞之足矣。"①富弼将了解到的情况一一汇报给仁宗。仁宗遂遣他出使辽国，正式谈判。

富弼到辽后，为维护宋朝的利益和尊严进行了不懈的努力，表现了无所畏惧的英勇气概和雄辩的才智。契丹主一见富弼，就摆出一副不可一世的架势，以出兵相威胁，索要北周周世宗时所收复的关南地。富弼却慷慨陈词，坚执不可，只许以增岁币。他说：

> 北朝忘章圣皇帝之大德乎？澶渊之役，苟从诸将言，北兵无得脱者。且北朝与中国通好，则人主专其利，而臣下无获；若用兵，则利归臣下，而人主任其祸。
>
> 今中国提封万里，精兵百万，法令修明，上下一心，北朝欲用兵，能保其全胜乎？就使其胜，所亡士马，群臣当之欤，抑

① 《宋史》卷三一三《富弼传》，第10250页。

人主当之欤？若通好不绝，岁币尽归人主，群臣何利焉？

富弼以契丹主的切身利益相谈，不卑不亢，打动了契丹主，使其"首肯者久之"。富弼赢得了第一轮谈判的胜利。

但契丹主仍不甘心，又派刘六符提出新的要求：索要十县地。富弼毫不退让，坚定地告诉他：

> 本朝皇帝言，朕为祖宗守国，岂敢妄以土地与人！北朝所欲，不过租赋尔。朕不忍多杀两朝赤子，故屈己增币以代之。若必欲得地，是志在败盟，假此为词耳。澶渊之盟，天地鬼神实临之。今北朝首发兵端，过不在我。天地鬼神，其可欺乎！

次日，契丹主邀富弼一同打猎，富弼知道其醉翁之意不在酒。果然，契丹主在打猎时引马靠近富弼，又言割地一事，说只有这样方可保持双方长久的和好。富弼仍然是寸土不让，并且说：

> 北朝既以得地为荣，南朝必以失地为辱。兄弟之国，岂可使一荣一辱哉？

契丹主见割地无望，便又提出与宋联姻。对此问题，富弼不好直接回绝，只得委婉地以利相劝："婚姻易生嫌隙。本朝长公主出降，赍送不过十万缗，岂若岁币无穷之利哉？"[1]契丹主不复求婚，只求增币。富弼圆满地完成了使命。

---

[1] 《宋史》卷三一三《富弼传》，第10252页。

在双方最后订立盟约之时，契丹主要求宋朝所给岁币必须以"献"或"纳"的名义写在条约上。为了维护宋王朝的国格与尊严，他又与契丹主展开了一场激烈的舌战。契丹主强硬地说："南朝既惧我矣，于二字何有？若我拥兵而南，得无悔乎！"富弼声色俱厉："本朝兼爱南北，故不惮更成，何名为惧？或不得已至于用兵，则当以曲直为胜负，非使臣之所知也。"契丹主反诘道："卿勿固执，古亦有之。"富弼反唇相讥说："自古唯唐高祖借兵于突厥，当时赠遗，或称'献'、'纳'。其后颉利为太宗所擒，岂复有此礼哉！"契丹见富弼凛然难犯，志不可夺，便遣刘六符出使到宋廷，以求达到目的。富弼上奏仁宗曰："臣以死拒之，彼气折矣，可勿许也。"① 要求皇上一定不予妥协。但昏庸的仁宗竟痛快地许以"纳"字。富弼听后捶胸顿足，万般无奈。富弼在奉命出使契丹的年余间，竭诚报国，其间有一女死、一子生，他都未顾及回家料理。

---

① 《宋史》卷三一三《富弼传》，第10252页。

# 五　为政之则

孔子曾言："政者，正也，其身正，不令而行；其身不正，虽令不行。"[①]这自然是古代政治家为政的重要前提，但若仅仅拥有这一点，还远远不够。一个政治家，必须同时拥有"在其位，谋其政"的责任以及与职位相匹配的才气和能力，才有可能成为真正的政治家。比如，对其执掌的事务恰当把握与运用，做到不滥权、不越位；又如，对于前任或同僚的调谐与合作，做到和衷共济；再如，对属下的管理与使用，做到宽严相济，等等，这些都是不可缺少的为政守则。具备了这些，方可成为君主不可或缺的股肱栋梁。

## 1　"在其位，谋其政"

"在其位，谋其政"，为孔子所立明训，亦被后世政治家奉为圭

---

① （南朝梁）皇侃撰，高尚榘点校：《论语义疏》卷七《子路》，中华书局2013年版，第331页。

臬。诸葛亮之前后《出师表》与鞠躬尽瘁、死而后已的行动，堪称楷模。此后之效法者，或尽心尽职，精心政务；或引咎自责，以一身而谢天下，皆可称道。当然，也有些尸位素餐、碌碌无为者，当引以为戒。

## ── 勤恳敬业 ──

"在其位，谋其政"，首先是要兢兢业业，勤勤恳恳。在这一点上，隋代的高颎、宋代的王旦、清代的张廷玉都颇具诸葛亮遗风。

开皇元年（581），杨坚登上皇位，称文帝，正式建立隋王朝。文帝任北周时相府司马高颎为尚书左仆射兼纳言（侍中），即宰相。高颎甚被文帝倚重，凡军国要政、大小政事，文帝皆与之谋议。隋朝初建，百废待举，政权要进一步巩固，政治、法律、军事、经济、文化等制度都需要改革或重建，生产、经济也面临着如何进一步恢复发展的问题；另外，还必须北服突厥，南平陈朝，特别是平陈、统一天下，是以文帝、高颎为主的隋朝君臣们所经常考虑谋划的问题。由于政务繁多，高颎每日孜孜不息，夙夜匪懈，国家大事时刻在他脑子里徘徊，即便退朝后在家里也不停地思考。他常常用盘子装一些粉，置于床边，夜里想到一件该办的公事，就用手指记在粉盘上，天亮后就笔录下来，入朝处理。

宋相王旦对朝廷政务也是兢兢业业，勤勤恳恳。他退朝归家时还常常惦记朝政，专心思考。王旦有一马夫，岁满辞归，王旦问道："你控马几时？"答："五年矣。"王旦曰："我不省有汝。"马夫转身欲去，王旦急忙叫住他问："你乃某人乎？"于是厚赐之。原来此夫每日为王旦赶车御马，王旦在路上只是想着政事，从未注意过马夫是何模样，也从未与之交谈过，故只识其背，不识其面。①归家后，王旦往往不去冠带休息，却入静室默坐，家人每每惶恐不安，不敢惊扰，也不明白是何道理。后来，王旦的弟弟去问副相、参知政事赵安仁，说："家兄归时一如此，何也？"赵安仁告诉他："方议事，公不欲行而未决，此必忧朝廷矣。"②

　　清代张廷玉辅相康熙、雍正、乾隆三朝，备受三帝倚重。为相二十多年来，他裁拟谕旨，订立规制，筹划机务，批览文书，每天焚膏继晷，日理万机。张廷玉自幼体弱多病，精神疲短，步行里余则困惫不堪，其父母尊长颇以为忧。他自己也因此谨慎起居、饮食，时时惕惕然。其年三十方开始做官，气体稍壮；嗣入值南书房，参与国家的机要政务，他每日早入晚出，岁无虚日。他还经常扈从皇上出巡，夏则避暑热河，秋则随猎于边塞辽阔之地，乘马奔驰，饮食失节。但由于经过长期的锻炼，其身体却日渐健壮，日益辛苦而不觉其劳。康熙四十六年（1707），康熙帝巡视外藩，车驾远临，遍历蒙古各部落，张廷玉珥笔以从，百余日不离鞍马，栉风沐雨，可谓疲困之至，但他从不敢有丝毫懈怠。雍正时，委任更重。他以大学士兼吏部、户部并掌翰林院；雍正七年（1729）设立军机处，他又与允祥、蒋廷锡共同主持。所任皆极其繁要重大之职。他每日勤勤恳恳，不辞劳苦，晨夕入内当直，皇帝宣召不时。当时正值西北军事初兴，他经常奉密谕筹

---

　　① （宋）司马光撰，邓广铭等点校：《涑水记闻辑佚·附录一》，中华书局1989年版，第336页。
　　② 《宋史》卷二八二《王旦传》，第9545页。

划机要重务，收阅密奏，草拟谕旨，递传羽书，忙得片刻不稽。偶至朝房或公署听事，则诸曹司官吏便怀抱案牍，环立于其旁，以待裁决，常达数十百人。即便在车中马上，也要不停地披览文书，吏人多随行于后，等候定夺。

此外，张廷玉还总裁史馆书局 10 余处，任《明史》监修总裁官，诸纂修们常以疑难相质问，他也总能从容论定。傍晚回家后，其宾客门生车驾杂沓，门庭若市，张廷玉则谈笑风生，送往迎来，不急不迫。待夜深人静时，他又点燃双烛，处理政事。有时就寝后，若思及某疏某折尚欠妥当，即披衣起床，操笔予以改正，黎明时上朝进呈。尽管他每日如此操劳辛苦，但身体却健于少壮时期。为此，他在自己的文集《澄怀园全集》中写道：

> 自来天生命世，固多付以龙马之精神，用能为国家任重致远。然中年以还，谨身节欲，戒慎恐惧之一念，实足以后天补先天之阙。

## —— 救时救世 ——

"在其位，谋其政"，还要兴利除弊，救时救世，如唐中期的名相姚崇即被称为"救世宰相"。

姚崇历仕唐武则天、睿宗、玄宗诸朝。他"明于吏道，断割不滞"，"善应变以成天下事"，为相期间，恪尽职守，勤政爱民，政绩卓著，被时人誉为"救世宰相"。武则天时期，他因富于才干，被破格提拔为兵部侍郎、同中书门下平章事（宰相）。当时武则天重用酷吏，告密者蜂起，酷吏来俊臣、周兴等大兴冤狱，许多朝臣和李氏宗族被无辜杀死，因此，朝臣人人自危。刚上任的姚崇认为自己有责任改变这种局面。于是他直率而诚恳地劝谏武则天，说服她改变酷治，以保持政局的安定和统治的长久。武则天为之所动，于长安二年（702）修正来俊臣等酷吏造成的冤假错案，为受害的官员"伸其枉滥"。武则天赞赏他道："以前宰相皆顺成其事，陷朕为淫刑之主。闻卿所说，甚合朕意。"①

唐睿宗时期，身居相位的姚崇极力革除弊政。当时官僚机构臃肿，百官泛滥，铨官制度紊乱。尤其是公主、后妃们大搞"斜封官"，为害尤深。按正常程序，应是吏部先用赤笔注官之状，门下省审批，皇帝授旨任官，称"赤牒授官"。"斜封官"则是皇帝受公主、后妃的请谒，用墨笔敕书任命官员，用斜封交付中书省。她们利用斜封，鬻法徇私，进而搞裙带关系，各树朋党，扰乱吏治，致使政府机构的工作难以正常开展。姚崇则联合宋璟等上言，要求停废"斜封官"制度。睿宗采纳了他们的建议，"罢斜封官数千人"。同时，姚崇又不畏强御，大力整顿吏治，使唐政府很快出现了"赏罚尽公，请托不行，纲纪修举"的清新局面。②

姚崇为玄宗辅政时期，继续大力整肃吏治。严格铨选制度，对于以请托等不正当手段谋取官职的，无论是谁，姚崇都坚决予以制止。开元二年（714）二月，申王李成义向玄宗请托，要求将他府中的阎

① 《旧唐书》卷九六《姚崇传》第3022页。
② （宋）司马光：《资治通鉴》卷二〇九《唐纪二十五》，睿宗景元元年，第6652页。

楚珪破格晋升，玄宗答应照顾。这种做法违反了官吏提拔的正常程序，姚崇坚决反对。他和另一丞相卢怀慎上书，反对因亲故而升官晋爵。姚崇的力争，迫使玄宗收回成命。自此，向皇帝请谒讨官的情况大为收敛。

唐中宗时，佛教盛行，公主、外戚皆奏请度民为僧尼，以求福禳灾；富户强丁也多削发以避赋税徭役，破坏了政府的正常赋税征发及农业生产的发展。姚崇再居相位后，义无反顾地上书玄宗，说："佛不在外，求之于心……但发心慈悲，行事利益，使苍生安乐，即是佛身。何用妄度奸人，令坏正法？"唐玄宗采纳了姚崇的建议，命有司检括天下僧尼，以伪滥还俗者1.2万人左右。又规定"自今所在毋得创建佛寺"，"禁百官家毋得与僧、尼、道士往还"，"禁人间铸佛写经"。① 这些措施扩大了政府的税源，促进了农业经济的发展。

玄宗开元四年（716），山东蝗虫大起，当时百姓迷信，不敢捕杀，而在田旁设祭、焚香。姚崇派遣御史分道捕杀。汴州刺史倪若水拒绝御史入境，认为蝗虫是天灾，自宜修德，以感动上天。姚崇得知大怒，牒报倪若水说："古之良守，蝗虫避境，若其修德可免，彼岂无德致然！今坐看食苗，何忍不救？因以饥馑，将何自安？幸勿迟回，自招悔吝！"此时，包括卢怀慎在内的朝中大臣多认为驱蝗不便，玄宗也有所怀疑，姚崇说："今山东蝗虫所在流满，仍极繁息，实所稀闻。河北、河南，无多贮积，倘不收获，岂免流离。事系安危，不可胶柱……若除不得，臣在身官爵，并请削除。"结果玄宗被说服。排除各方阻力后，姚崇全力督察捕蝗工作，并且还亲自设计捕

---

① （宋）司马光：《资治通鉴》卷二一一《唐纪二十七》，玄宗开元二年，第6703页。

蝗办法："蝗既解飞，夜必赴火，夜中设火，火边掘坑，且焚且瘗，除之可尽。"① 结果颇见成效，蝗灾逐渐止息，当年农业取得了较好的收成。

姚崇一生为政，以身作则，兴利除弊，救世治国，尽责尽职，深得诸帝及同僚们的推许，并对后世产生了很大影响。

## — 政务为先 —

"在其位，谋其政"，又要真正地以政治为己任，以政务为先，以为政绩效为目的，特别是文人为官者，不可因个人才名而偏忽政务。

北宋的欧阳修为政一向严肃认真，一丝不苟，即使与人言谈，也多谈吏事。有人曾不理解：像他这样名冠天下的大文学家，应该谈论的是文章诗赋、古往今事，而他却多讲为官之道，故发问道："学者见公，莫不欲闻道德文章，今先生何教人以吏事？"欧阳修回答道：

> 吾子皆时才，异日临事当自知之。大抵文学止于润身，政事可以及物。吾昔贬官夷陵，彼非人境也。方壮年未厌学，欲求《史》《汉》一观，公私无有也。无以遣日，因取架陈年公案，反复观之，见其枉直乖错，不可胜数：以无为有，以枉为直，违法徇情，灭亲害义，无所不有。且以夷陵荒远偏小，尚如此，天下固可知矣。当时仰天誓心：自尔遇事，不敢忽也。迄今三十余

---

① 《旧唐书》卷九六《姚崇传》，第3024页。

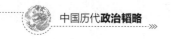

年，出入中外，忝尘三事，以此自将。①

在中国古代，士大夫们往往恃才倨傲，以学问、文章矜夸，而视政事为俗流、浊流，不肯尽心尽责。而欧阳修作为一代文宗，为官30余年，无论是被贬为地方小官，还是在中央为相，处理政事都勤恳认真，从不疏忽大意，这是难能可贵的。

— 国是至上 —

"在其位，谋其政"，也要以国是为重，当失职或尸位、无以辅政时，当激流勇退，以避贤路。

石庆是汉武帝时丞相，一生以醇谨闻名。他任太仆时，为武帝驭马驾车。武帝曾问驾车的共有几匹马，他举鞭——点数，然后恭敬地报告："六马。"其谨慎如此。后为丞相，并封为牧丘侯。当时汉武帝正胸怀韬略，用兵连年，大建功业。而石庆身为丞相却谨言慎行，瞻前顾后，对皇帝只是唯言是从，俯首听命，居相位九年，竟无所建树。元封四年（前107），关东地区出现流民200万，其中有40万口为无户籍可核的农民。石庆认为自己身居丞相之位，每日餐位尸禄，自惭形秽，便上书引咎辞职。他说：

> 庆幸得待罪丞相，罢驽无以辅治，城郭仓库空虚，民多流亡，罪当伏斧质，上不忍致法，愿归丞相侯印，乞骸骨归，避

_____

① （宋）吴曾：《能改斋漫录》卷一三《记事》，中华书局1985年版，第343页。

贤者路。①

武帝未许。两年后，石庆在不安中去世。

西汉时的丞相多是终身制，许多丞相老死于相位。汉宣帝时丞相韦贤即打破了这种不成文的惯例。韦贤为西汉鲁国邹（今山东邹城东南）人，为人笃朴，笃志于学，兼通儒经《周礼》《尚书》《诗经》，号称"邹鲁大儒"。曾教授昭帝《诗经》，后迁为光禄大夫詹事、大鸿胪。昭帝死时，他参与定册立宣帝，被赐爵关内侯。本始三年（前71）为丞相，封扶阳侯，当时年已70余岁，为丞相五年间，他老骥伏枥，呕心沥血，忠于职守，但毕竟年老体弱，难以应付繁重的政务，于是经过再三考虑，认为不能谋其政，便不在其位。所以，他向皇帝请求以老病免，最后获准。丞相致仕（即退休）之例自韦贤开始，以后渐成制度。

前述唐代名相姚崇也曾请让相位。姚崇的两个儿子不肖，"广通宾客，颇受馈遗，为时所讥"；姚崇平日所信重的中书省主簿赵诲也"受胡人赂"。②这两件事使姚崇感到自己失职，再居相位对国对民皆不利，于是，开元四年（716），他举荐广州都督宋璟替代自己。对此，宋人洪迈在其《容斋随笔》卷五中评赞道：

> 姚崇避位，荐宋公自代。唯贤知贤，宜后人之莫及也。③

① 《汉书》卷一〇三《万石传》，第2768页。
② （宋）司马光：《资治通鉴》卷二一一《唐纪二十七》，玄宗开元四年，第6723页。
③ （宋）洪迈撰，孔凡礼点校：《容斋随笔》卷五《汉唐八相》，中华书局2015年版，第46页。

　　然而，中国历史上也有一些政治家在风云变幻的宫廷政治中，苟且偷安，明哲保身，成为反面典型。东汉丞相胡广即是一例。胡广，字伯始，南郡华容（今湖北潜江南）人。少孤贫，后举孝廉，历任尚书仆射、汝南太守、大司农，汉安元年（142）迁司徒，为丞相。熹平元年（172）卒，年82岁。胡广居宰辅要职30余年，历事6帝。在他当政时期，政治黑暗腐朽，各种社会矛盾日益激化，而统治集团内部则陷入激烈的争权夺利斗争中，出现外戚、宦官相继专政的局面。胡广为政中庸，处事多随声附和，曲意奉迎，对朝廷大计少有建树；对人又温顺谨慎，常恭色逊言，模棱两可，无謇直之风。他处世圆滑，左右逢源。既与宦官丁肃联姻，结为亲家，又附和外戚梁冀；同时又与名士相交结，他荐举及辟用者，均天下名士，如陈蕃等。他既熟悉朝廷典章，有办事经验；又柔媚谦恭，不抵触任何一派势力、任何人。所以，尽管他每日如履薄冰，小心翼翼，但却安然无恙，稳居高位。对此，京、洛一带曾流传这样一句谣谚："万事不理问伯始，天下中庸有胡公。"①

## 2　"不在其位，不谋其政"

　　官场中人对于孔子所说的"在其位，谋其政"极易遵循，但对于孔子接着说的"不在其位，不谋其政"则颇难做到。因为对权力的看重，使得抓权者多，弄权者多，而放权者甚少；再加之中国传统政治中人治因素的厚重，职责与权力的界限，往往难以把握。就政治

---

　　① 《后汉书》卷四四《胡广传》，第1510页。

家们对待其职掌的把握而言，陈平以"丞相主臣"为原则，而诸葛亮则是"事必躬亲"。优劣得失，不一而论。

## 一　设官分职，各有所司　一

汉文帝登基后，以周勃为右丞相，位居第一；以陈平为左丞相，位居其次。一日，文帝临朝，询问周勃："天下一岁决狱几何？"周勃回答："不知。"又问："天下一岁钱谷出入几何？"周勃仍不能作答，自愧不能应付，顿时汗流浃背，狼狈不堪。文帝又以同样的问题问陈平。陈平平静地回答："有主者。"文帝紧问道："主者为谁乎？"答曰："陛下即问决狱，责廷尉；问钱谷，责治粟内史。"文帝听后有些不满，略带愠怒地说："苟各有主者，而君所主何事也？"陈平从容地说：

> 主臣！陛下不知其驽下，使待罪丞相。宰相者，上佐天子理阴阳，顺四时，下育万物之宜，外填抚四夷诸侯；内亲附百姓，使卿大夫各得任其职焉。

陈平这番话，不仅表明他富有机智，擅长辞令，更反映他把握了丞相从政的要领：总理大政，把握关键。文帝听后，大为赞许。退朝出宫后，周勃责备陈平为什么不教他这样回答，陈平笑道："君居其位，独不知其任邪？且陛下即问长安盗贼数，又欲强对邪？"[①]周勃无言以

---

① 《史记》卷五六《陈丞相世家》，第2062页。

对，自知其能远远不如陈平。

汉宣帝时丞相丙吉，对其职责也把握得十分得体。一次，他出门巡视，体察民情。一路上，他曾看见打架斗殴者，死伤横道，他默默走过去，如同视而不见，不闻不问。又往前走，看见有人所驱之牛喘息吐舌，则停车使人问："逐牛行几里矣？"其手下属吏对他前后处理问题的态度和方式感到不解，丙吉向他们解释道：

> 民斗相杀伤，长安令、京兆尹职所当禁备逐捕，岁竟丞相课其殿最，奏行赏罚而已。宰相不亲小事，非所当于道路问也。方春少阳用事，未可大热，恐牛近行，用暑故喘，此时气失节，恐有所伤害也。三公典调和阴阳，职当忧，是以问之。①

唐代名相封德彝与狄仁杰也认为君与臣、相与诸僚都各有职分，应各司其职，不该互相超越。

唐太宗贞观元年（627），一次上朝，御史大夫杜淹上奏请曰："诸司文案恐有稽失，请令御史就司检校。"请求查验各部门文件、档案的纰漏。太宗便询问宰相封德彝。封德彝答曰：

> 设官分职，各有所司。果有愆违，御史自应纠举；若遍历诸司，搜摘疵颣，太为烦碎。

他认为御史的职责在于纠劾百官的违法乱纪行为及官场流弊，而检查文件、档案则超出了监察官御史的职责范围，所以他不同意杜淹的要

----

① 《汉书》卷七四《丙吉传》，第3147页。

求。杜淹听完封德彝的话，一时默然不语。太宗却追问道："何故不复论执？"杜淹如实答道："天下之务，当尽至公，善则从之。德彝所言，真得大体，臣诚心服，不敢遂非。"听到臣下的议论后，太宗高兴地说："公等各能如是，朕复何忧！"①

武则天称帝后，专制朝政，大小之事皆出己手，即使太学生有事告假，也要经武则天批准。狄仁杰便寻机劝告她，说：

> 人君惟生杀柄不以假人，至簿书期会，宜责有司。尚书省决事，左、右丞不句杖，左、右丞相不判徒，况天子乎？学徒取告，丞、簿职耳，若为报可，则胄子数千，凡几诏耶？为定令示之而已。②

也就是说，至高无上的君皇，只需牢牢掌握生杀定夺之柄，其他方面则可委任责成各有司衙门；至于宰相，只要协助君主出谋划策、把握大政也就可以了；至于学子请假、簿书期会之类的常事，应归有司僚臣。

## — "吕端大事不糊涂" —

宰相主臣，一方面要"设官分职，各有所司"；另一方面，也要求宰相把握朝政大局，理大事，治难事，不拘泥于烦琐细务。在后一

---

① （宋）司马光：《资治通鉴》卷一九二《唐纪八》，太宗贞观元年，第6032页。
② 《新唐书》卷一一五《狄仁杰传》，第4209页。

点上，北宋宰相吕端与王旦把握得比较恰当。

著名思想家郑观应曾写有一联句："诸葛一生惟谨慎，吕端大事不糊涂。"①意在借诸葛亮和吕端的为政行事风格勉励自己。史事的确如此。宋相吕端为政特点是"小事糊涂，大事不糊涂"，理事稳重，识大体，以清简为务。淳化四年（993），拜参知政事，为副相。至道元年（995），宋太宗欲用吕端代吕蒙正为相，有人曰："端为人糊涂。"太宗心中有数，说："端小事糊涂，大事不糊涂。"②决意用吕端为相。起用后果然如此。他为政着眼大局，办事稳重，深得上下称道。当时，宋军俘获以宋朝为敌、时常骚扰边境的西夏国王李继迁之母，宋太宗想斩杀她为快，吕端极力奏请勿斩，以招抚西夏，后来，李继迁果然归附北宋。

太宗病危，内侍王继恩、参知政事李昌龄等图谋另立楚王赵元佐，被吕端及时发觉，他秘密地让太子入宫侍奉皇帝。皇帝死后，皇后令王继恩召吕端来见，吕端知道其中一定有变，就先骗王继恩入书阁，将其锁在里面，自己去见皇后。皇后试探吕端的态度，吕端力主立太子为帝。皇后见吕端不同意废太子，只好奉太子即位于福宁殿，即宋真宗。真宗即位之日，垂帘以见群臣，吕端恐其中有诈，立殿下不拜，奏请卷帘升殿而见。然后登上玉阶审视一番，确定确为真宗，方降阶率群臣拜呼万岁，庆贺皇帝登基。吕端理政只着眼于大是大非问题，对小事不予过问。

宋相王旦为政也是细事不理，只抓关键，曾被宋真宗誉为"真

① 郑观应著，夏东元编：《罗浮偫鹤山人诗草·训子》，中华书局2013年版，第444页。
② 《宋史》卷二八一《吕端传》，第9514～9515页。

宰相"。如玉清宫初成时，丁谓曾令属下大备酒肴，以供来游者饮食。后来，随着游历者日益增多，饭食质量下降，有人向丁谓投诉曰："玉清宫饮食官视不谨，多薄恶，不可食。"丁谓便到中书省，向王旦汇报此事，王旦不答，丁谓又反复说了三四遍，王旦仍埋头理事，不予理会。丁谓为之色变，生气地问："相公何以不答？"王旦说："此地不是与人理会馒头、夹子处。"[①] 而对决断国家大事他则毫不推卸，积极参与。马军都帅张耆，遵旨选兵，法令十分严峻，兵士惧畏，欲谋哗变，朝廷震动。宋真宗于是召枢密院、中书省二府议之。诸臣对此问题感到棘手："若罪张耆，今后帅臣何以御众？捕之，则都邑之下或至惊扰，尤为不可。"一时间谁也没有万全之计，谁也不愿惹是生非。此时，一向沉稳的王旦经过深思熟虑后挺身提议：擢用张耆。认为这样做，既可借机解除其兵柄，又可稳定军心，使谋变者自安。于是，进张耆为枢密副使，谋变者也果然安定下来。真宗对辅臣们夸赞王旦说："王某善镇大事，真宰相也。"[②]

## — 鞠躬尽瘁与事必躬亲 —

"宰相主臣"，即宰相督率群臣，总理大政。这种为政作风有利于宰相对国家全局作出合理的统筹安排，有利于发挥百官群僚的集体才智，使得君王、宰相、百僚均各居其位，各谋其政，各司其职；使得整个王朝运作自如，有节有制，井然有序。然而，中国历史上最使

① （宋）张耒：《明道杂志》，中华书局1985年版，第16页。
② （宋）王素：《王文正公遗事》，中华书局1991年版，第12页。

人赞不绝口的却还是那种勤于王事、事必躬亲、死而后已的相臣，在这方面最为突出的便是妇孺皆知的三国蜀相诸葛亮。

诸葛亮毕生以"兴复汉室"为己任，自他毅然对刘备许身驱驰以来，他一直忘身忧国，殚精竭虑，为蜀汉政权竭尽了股肱之力。尤其是刘备死后，他受托辅政，"摄一国之政，事凡庸之君"①，"政事无巨细，咸决于亮"②。他执政十余年，出将入相，呕心沥血，负担甚重：军政要务，他要亲自筹划谋略；定法制科，他要亲自参与；同时他还亲自治戎讲武，率三军南征北战。除了处理国家大事外，许多看来十分琐碎的事，他也要亲自过问。对于属僚所做的簿书，他往往也不辞劳苦，亲自校对，唯恐有错。对此，他的主簿杨颙曾劝谏道："为治有体，上下不可相侵……今明公为治，乃躬自校簿书，流汗竟日，不亦劳乎！"③诸葛亮谢之。后来杨颙死，诸葛亮为之垂泣三日。诸葛亮不但与法正等人一起共制《蜀科》，建立法制，而且对于杖二十以上的处分他都要亲自审察，以免处分不当。他对工作勤勤恳恳、兢兢业业，从不敢有任何懈怠。他一反秦汉丞相"坐而论道"的传统，大事小理一把抓，事事包办，对于交付下级执行的事情，也要一问到底。

他这种对工作认真负责的精神，令人敬佩，但这种事必躬亲的为政方法却未必恰当。管得太多、太细，势必影响对军国大事的考虑，影响属僚才能的有效发挥，也影响对新人的选拔；当然，这也是造成

---

① 《三国志》卷三五《蜀书·诸葛亮传》裴松之注引《袁子》，第934页。

② 《三国志》卷三五《蜀书·诸葛亮传》，第918页。

③ 《三国志》卷四五《蜀书·王元泰传》裴松之注引《襄阳记》，第1083页。

他因过度劳累导致早逝的原因。

公元 234 年，诸葛亮率 10 万大军出斜谷，北伐曹魏，扎营于渭水南岸，司马懿率军与蜀军隔水相峙。诸葛亮率军远来，后方悬远，10 万大军的军需补给十分困难，故其战利在于急战、速决。对手司马懿老谋深算，采用持重策略，坚壁不出，虽然诸葛亮一再挑战，他却严令部属，不许应战。诸葛亮无奈，又使人送司马懿一套妇人首饰，借以讥笑司马懿胆怯得如妇人一样，欲用此计激怒魏军出战。司马懿识破诸葛亮的用心，不但没有上当，反而心平气和地询问蜀军使者：诸葛亮的寝食如何，日常处理事务之繁简，等等。使者对答曰："诸葛公夙兴夜寐，罚二十以上，皆亲览焉；所啖食不至数升。"[①] 使者本意是赞美丞相为国操劳、事必躬亲的品德，但却为司马懿提供了重要情报。他对将佐们说："进食不多而事繁不息，人岂能堪。诸葛孔明其能久乎！"[②] 正如司马懿所料，诸葛亮与魏军相拒六个月，日夜操劳，最后累得吐血，终因积劳成疾，病死于渭南的郭氏坞中，年仅54 岁。"兴复汉室"的夙愿成为一个永远无法实现的遗憾。

在中国传统官场中，类似诸葛亮这种勤勤恳恳、鞠躬尽瘁、死而后已的政治家比比皆是。比如南朝梁武帝的大臣徐勉为官也勤于公事，他日夜在官署办公，埋头处理大小政务，经常数十天不回家。梁朝军国大事，他要运筹；朝仪典章、婚冠吉凶等礼制，他皆参与制定。由于他常不回家，家中豢养的狗都不认识他了。所以，每当他回家，群犬惊吠，见此状，徐勉本人也叹道："吾忧国忘家，乃至于

---

① 《三国志》卷三五《蜀书·诸葛亮传》裴松之注引《魏氏春秋》，第926页。
② 《晋书》卷一《宣帝纪》，第9页。

此。"①

"鞠躬尽瘁"与"忧国忘家"应是备受称道的，但事必躬亲、不捐细务，对于一位贤辅良相来说，未必有益于治政。

## 3  和衷共济之政

政治家们在处理与前任或同僚的关系上十分敏感，成功的政治家多以国事为重，把握得当，收和衷共济之功，但也有因私废公者。

### —"萧规曹随"—

所谓"萧规曹随"，是指汉初丞相萧何定下政策法规，继任的曹参因循不变，保持了汉初政策的连续性和国家的安定。当时的民歌为之唱道：

> 萧何为法，颟若画一；曹参代之，守而勿失。载共清净，民以宁一。②

西汉末年思想家扬雄也评论道：

> 萧规曹随，留侯画策，陈平出奇，功若泰山。……或问萧

---

① 《南史》卷六〇《徐勉传》，中华书局1975年版，第1478页。
② 《史记》卷五四《曹相国世家》，第2031页。

曹，曰："萧也规，曹也随。"①

"萧规曹随"之语从此而来。

　　萧何被刘邦拜为丞相后，恪尽职责，经邦定国，安抚天下，为新兴的汉朝制定了一系列政策措施。刘邦初入关中时，"诸将皆争走金帛财物之府分之"②，而唯独萧何先到秦的丞相府、御史府，把遗存的法律、制令、图书等各种档案材料收集起来保存好。这一行为展现了萧何的远见卓识，为后来刘邦平定天下、治国理政打下了良好的基础。根据这些，朝廷可以"具知天下厄塞，户口多少，强弱处，民所疾苦"，从而制定新的律令制度。刘邦入关中后虽然宣布了"约法三章"，但过于简疏，要治理国家、安定社会，还需要更具体的条文。因此，萧何将秦朝的法律条文进行整理改造，编定出汉律九章，制定了各种规章制度以及减轻剥削维护社会安定的法律措施。萧何的这些免除秦朝严刑苛法的宽刑措施，起到了很好的效果，使后方社会很快安定下来。另一方面，萧何还推行对人民减轻赋税和发展生产的政策，曾几次颁布有利于发展经济、促进生产的法令。如：汉高祖二年（前205），宣布故秦之林苑之地，令民得田之。次年二月又宣布，巴蜀、关中人民军役过重，特准免租税二年；关中地区家有从军者免租税一年，等等。总之，萧何实行的是对内宽松、与民休息、恢复国力的方针。

　　惠帝二年（前193）二月，萧何病危，临死之前，他向惠帝推荐

---

　　①（汉）扬雄撰，汪荣宝注疏：《法言义疏》卷一七《渊骞》，《新编诸子集成》本，中华书局1987年版，第460页。
　　②《史记》卷五三《萧相国世家》，第2014页。

了汉朝的元勋旧臣、相齐九年的曹参。而远在齐国的曹参听到萧何病逝的消息后，也立即让手下人整理行装，说："吾将入相。"① 尽管萧何与曹参曾因论功排位而结隙，可是在汉朝丞相继承人问题上，两人却不谋而合。对于萧何来讲，他了解曹参，相信他任丞相后能继续采取宽松的"无为而治"、与民休息的政策；而曹参本人也自信，凭自己治齐九年的政绩、凭自己的元老资格及在群臣中的威望，继任相国人选，非他莫属。这说明曹、萧二人在国家大事上，都能抛开个人恩怨和成见，共同一致地从汉王朝的长治久安、从地主阶级的整体利益出发来考虑、处理问题。

不久，汉朝廷果然有使者前来召曹参。曹参继萧何为相后，继续奉行萧何制定和推行的与民休息的政策，实行"无为而治"。所谓"无为"，实际上就是守成，就是不创设新的设置与举措。史载曹参"举事无所变更，一遵萧何约束"②。他专门任用那些不善言辞的忠厚长者；他日日饮酒，不听政事，大臣与属吏想来禀报事情的，他一定要把对方灌醉，让对方无法开口。与曹参居所仅一墙之隔的丞相属吏们也日夜饮酒，醉歌欢呼，曹参听到后，不但不禁止，反而命令从吏也张席坐饮，高声吆喝，与毗邻的呼声相应。看到他人有过错，即为其掩盖，不加深究。他一切以萧何时代的政策为准，因而丞相府清静无事。

惠帝对曹参的做法十分不解，便让曹参之子、中大夫曹窋回去问曹参：为什么不以天下事为忧？曹窋一问，不想被曹参怒笞二百，并

---

① 《史记》卷五四《曹相国世家》，第2029页。
② 《史记》卷五四《曹相国世家》，第2029页。

训斥道："趣入侍，天下事非若所当言也。"惠帝忍不住亲自询问曹参，曹参问惠帝："陛下自察圣武孰与高帝？"惠帝说："朕乃安敢望先帝呼！"又问："陛下观臣能孰与萧何贤？"答曰："君似不及也。"曹参于是说："陛下之言是也。且高皇帝与萧何定天下，法令既明，令陛下垂拱，参等守职，遵而勿失，不亦可乎？"惠帝被他说服，连声说："善，君休矣！"①

　　曹参为相，不欲创新，一味守成，以特有的方式保持萧何以来政策的连续性，既稳定了汉初的政局，又为日后西汉的繁荣提供了最重要的条件，其功绩是不可磨灭的。前引民谚对他的歌颂是公正的评价。

## —— "房谋杜断" ——

　　"萧规曹随"，是政治家们为政的一种方式，但作为同僚又是如何斡旋各种关系、处理国政的呢？在中国古代政坛上，同居相位而又和谐一致、相辅相成者，当首推唐太宗时的两位名相房玄龄与杜如晦，对这两位名相的为政，史家称为"房谋杜断"。

　　房玄龄和杜如晦私交很深，杜如晦就是房玄龄发现并推荐给李世民的。后来，房、杜二人跟从李世民征战，出谋划策，运筹帷幄。唐王朝建立后，最高统治集团之间争权夺利的斗争异常激烈，主要表现为皇位之争。唐高祖的长子李建成立为太子，次子李世民因战功显赫，也给予特殊礼遇，加号"天策上将"，位在一切王公之上。双方

---

　　① 《史记》卷五四《曹相国世家》，第2030页。

矛盾日益尖锐激化。武德九年（626）的一天夜里，太子召秦王世民饮酒，酒中放了毒药，世民饮了之后，腹痛吐血。秦府僚属十分恐惧。于是秦王便召房玄龄、杜如晦等谋划，二人共劝秦王诛太子。太子建成知道了秦王府的密谋，对房、杜二人特别忌恨，便用计使太祖把房、杜逐出秦府。此年六月初，李世民得知太子密谋杀他的消息，决定先发制人。李世民密召房、杜二人至秦王府，经过细致谋划，于六月四日发动了"玄武门兵变"，将太子李建成及李元吉（太祖四子）斩杀，李世民即太子位，不久又即帝位，改元贞观。

　　李世民即帝位后，正式以房玄龄为左仆射，以杜如晦为右仆射，即左、右丞相。房、杜共掌朝政，引贤士，去不肖；"孜孜奉国，知无不为"，"明达吏治"，"务为宽平"；台阁典章制度，皆二人所定，有人反对房、杜包揽朝廷大权，唐太宗辩护道："朕以至公治天下，今用玄龄、如晦，非为勋旧，以其有才故也。"① 二人相辅相成，为实现"贞观之治"作出了很大贡献。杜如晦善于判断，房玄龄则长于谋划，史称他们"时军国多事，剖断如流，深为时辈所服"②。对一些国家大事，房玄龄常常和太宗预先作出谋划，等待杜如晦作出判断，用房玄龄的话说："非如晦莫能筹之。"结果杜如晦来到后，听了他们的议论，又总是认为房玄龄的谋划最好。正如史家所说："房知杜之能断大事，杜知房之善建嘉谋。"二人互相了解，配合默契，所以，人们称他俩是"房谋杜断"。③

---

① （宋）王溥：《唐会要》卷五三《委任》，中华书局1960年版，第915页。
② 《旧唐书》卷六六《杜如晦传》，第2468页。
③ 《旧唐书》卷六六《杜如晦传》，第2472页。

— "元祐更化" 的教训 —

　　"萧规曹随"与"房谋杜断"可以说是中国古代政治家们在处理前任或同僚关系的典范。在这种为政形式下，往往能使王朝转入一新的历史时期或开创新的政治局面。然而中国历史上却又有一些政治家不能很好地把握这种关系，往往因私废公，或者将前任所作所为全盘否定，或者与同时为宰者不共戴天。宋朝时的"元祐更化"便是一例。

　　元祐（1086 ~ 1093）是宋英宗年号。英宗继帝位时，年仅 10 岁，高太后临朝听政。她对前任皇帝——神宗及其宰相王安石所主持的变法运动一向不满，因此，她刚一执政，便以保守派首领司马光为相，对新法进行全面的否定。史称"元祐更化"。早在王安石变法期间，司马光就极力反对王安石变法，认为祖宗之法不可变，治理天下譬如居室，有残破即维修，不到万不得已则不必重建。并因与王安石政见不合，辞官隐退。他曾恨恨地说："四患未除，我死不瞑目矣。"[①] 司马光为相后，对王安石为首的变法派疾恶如仇，把神宗熙宁（1068 ~ 1071）、元丰（1078 ~ 1085）时期王安石所擢用的诸官员相继贬黜，排挤出朝，大力扶植和任用了刘挚、范纯仁、范祖禹、吕大防、李常、苏轼、苏辙等一大批保守派。他甚至不顾宋朝的利害，凡是王安石实行的新法，都必求罢废而后快。在他执政到死前一年左

---

　　① 《宋史》卷三三六《司马光传》，第10768页。按，"四患"指王安石新政中的青苗、免役、置将法及对夏作战。

右的时间里，王安石所实行的各项新法，几乎全被罢废了。有的新法十分有利于国家，即使一些保守派对之废除也感到痛心，有人曾对司马光进行劝说，但司马光一意孤行，一概不听，全部废掉。如青苗法罢后，司马光的好友范纯仁因国用不足，建言再立散钱出息之法，即恢复青苗法。司马光坚决反对，高太后只好下诏："青苗钱更不支俵（散发）。"[1] 司马光欲废免役（雇役）法、恢复差役旧法时，不但变法派章惇等再三反对，即使保守派也认为不妥。如苏轼对司马光说：差役、免役各有利害。要骤罢免役而行差役，怕不容易。范纯仁也劝道：差役一事，尤当熟讲而缓行。然司马光坚持己见，最终恢复了差役法。

王安石时在江宁（今江苏南京），听说罢新法，他默不作声；直到传来罢雇役、复差役的消息，他再也禁受不住，愕然失声叹道："亦罢至此乎？""此法终不可罢！安石与先帝议之二年乃行，无不曲尽。"[2] 王安石忧心如焚，不久便含恨而死。王安石呕心沥血所取得的变法成果，就这样葬送在后继任者手中。

## — 水火不容的"共济" —

和衷共济并非放弃原则，在事关国运的大是大非面前，有责任感的政治家们往往会坚持正义，与奸恶势力水火不容，这也是同在一个

---

① 《宋史》卷一七六《食货志上四》，第4288页。
② （宋）朱熹：《三朝名臣言行录》卷六《丞相荆国王文公》，上海商务印书馆1936年版，第25页。

君王下的"共济"。如清朝乾隆时的宰辅和珅与同僚刘墉、王杰、董诰等就是清、浊二道，水火不容。

和珅（1750～1799），清满洲正红旗人，字政斋。初在銮仪卫当差，因善于逢迎献媚，为乾隆皇帝所宠，屡擢为户部侍郎兼军机大臣、侍卫内大臣、理藩院尚书、文华殿大学士，封一等公。任职期间，他擅权纳贿，贪赃枉法，网罗亲信，祸国殃民，控制朝政达20余年。而与他同为宰相的几位同僚则清正廉明，并对和珅的胡作非为进行纠正与抗争。大学士刘墉为官清介持躬，名播海内，时人以包拯比之。他作为学政、知府，谢绝贿赂。遇事敢作敢为，无所顾忌。而和珅则相反，他利用职权假公济私，向地方各级官员索贿受贿，地方官员也上行下效，乘机向自己的下级敲诈勒索，造成官吏贪污成风，结成互相包庇纵容的关系网。

刘墉对此曾进行了针锋相对的斗争。乾隆四十七年（1782），刘墉与御史钱沣弹劾和珅的同党、山东巡抚国泰及布政使于易简贪污巨款。乾隆命和珅与刘墉往山东办理此案，又令钱沣随行。至良乡（今属河北），见有强悍仆役，催索人夫，暗中访察，知为和珅派往山东的送信者。钱沣记其容貌，封锁路口，待其回还，立即逮捕。搜其身，得国泰私书一封，言已借款填库备查，且有许多暗语。钱沣奏明乾隆，扣留了送信仆役。待和珅、刘墉、钱沣到了山东济南，盘查银库，审讯国泰。国泰由于有和珅当后台，根本不把刘墉、钱沣放在眼里，受审时竟当面辱骂钱沣等。刘墉拿出皇帝钦差之招牌，又命人打了国泰几耳光，才压下国泰的嚣张气焰。查库时，和珅有意蒙混视听，只让抽查几十封预先备好的库银，就要宣布收场。但刘墉坚持各库都查，结果查明其他所有库房的银子全是国泰从商人处借来以充数

的驳杂散碎银子，以应付检查。于是，国泰、于易简均被处死。

在其他方面，刘墉也与和珅不相谐。如和珅尚奢华，翰苑部曹多效仿之，衣圭袍褶争妍斗奇，其朴素无华者皆视为充物，不屑一顾。唯刘墉敝衣恶服，徜徉于朝堂中，并对同僚说："吾自视衣冠礼貌无一相宜，乃能备位政府不致陨越者，何也？寄语郎署诸公可以豁然矣。"[①] 人们对其言点头称是。和珅生性聪敏，博闻强记，他经常延请吴省钦诸公到家，给他讲论古今，故对诗文亦有粗解。每有所作，又私下请纪昀、彭元瑞为之润色。纪、彭二人虑龉龊，总是不得已而为其捉刀。独刘墉与之对抗。刘墉为当时著名书法家，兼通经史，诗也遒劲清雄，题跋尤为古雅，但刘墉性喜诙谐，每当和珅向他求笔时，他总是以谑语讽刺和珅，和珅恼羞成怒，饰词以向皇帝诉说。乾隆亦知两人不和，每每以温言化解之。

王杰在清朝中枢机构中十几年，他为官清正，敢于直言。当时和珅劣迹昭彰，朝野上下怨声载道，但朝中官员因害怕和珅的权势，有的巴结献媚，有的敢怒不敢言，王杰却敢于挺身而出，在朝廷上同他当面争辩，揭露其罪恶。有一次，和珅想羞辱王杰，拉着他的手说道："何柔荑乃尔？"王杰正言厉色地回答："王杰手虽好，但不能要钱耳！"[②] 和珅听后面红耳赤，无言以对。虽然和珅对王杰怀恨在心，但由于王杰正直清廉，和珅抓不住陷害他的把柄，也就无可奈何。

---

① （清）昭梿撰，何英芳点校：《啸亭续录》卷二《刘文清语》，中华书局1980年版，第423页。

② 《清史稿》卷三四〇《王杰传》，第11086页。

## 4　宽严相济之方

如何管理和对待属下，是传统政治家们施政优劣的重要依据。政治家之待下，其成功之准则大略有三：一曰依法治吏，一曰宽厚待下，一曰杜绝谄谀。总而括之，即宽严相济。具体到各位人物，则又各有优劣。

### ── 依法治吏 ──

依法治吏者，指对百官科教严明，赏罚必信。在这方面，尤以诸葛亮最为突出。陈寿在《三国志·蜀书·诸葛亮传》中评价他："科教严明，赏罚必信，无恶不惩，无善不显，至于吏不容奸，人怀自厉。"[1]张裔也称颂他对百官"赏不遗远，罚不阿近，爵不可以无功取，刑不可以贵势免，此贤愚之所以佥忘其身者也"[2]。事实上也是如此，他诛刘封、废李平、罢廖立、斩马谡等都体现了以法治吏、赏罚公允的原则。

刘封为刘备养子，任副将军，关羽兵围樊城、要他发兵相助时，他寻找借口，袖手旁观；关羽兵危时，他也不去解救，结果关羽被杀，荆州失陷。刘封又依势侵凌宜都太守孟达，迫使他投曹。对此，诸葛亮不因刘封为皇族而宽恕之，而是严加制裁，建议刘备将其处死。马谡是诸葛亮非常器重的人，但后来马谡在街亭作战时违背诸葛

---

[1] 《三国志》卷三五《诸葛亮传》，第930页。
[2] 《三国志》卷四一《蜀书·张裔传》，第1012页。

亮节度，造成严重失利，诸葛亮不因马谡是亲信就有所宽容，而是坚决依法从事，忍痛斩了马谡，并且上表自贬三等。李平当初也很受诸葛亮信任，刘备临终前曾托孤于诸葛亮和李平，让他们共同辅佐后主。李平很有才干，诸葛亮让他担当重任，北伐时，李平负责粮运。时逢天雨路险，粮运不继，他不但不设法解决困难，反而假传圣旨，通知诸葛亮退军。当诸葛亮退军后，李平又佯为惊讶，说是粮运充足，何故退还。诸葛亮因此表请处分李平，将他削职为民，贬逐不用。廖立于刘备死后被任为水长校尉，他自命不凡，不可一世，认为自己应当掌管朝政；他还诽谤先帝，疵毁众臣，挑拨群臣不和。诸葛亮知道后，也将廖立贬黜流放。

但对于有功于蜀汉的官吏，诸葛亮则予以奖赏、提拔。如：诸葛亮外出征战，蒋琬经常能够"足食足兵，以相供给"①，被诸葛亮选为自己的继承人；邓芝能很好地完成联吴的使命，故加以提拔。由于诸葛亮以法治吏，赏罚得当、公允，虽严而人心服。李平、廖立都受到很重的惩罚，但诸葛亮死后，二人都为之痛哭。他们认为，自己虽因过受罚，但还可能受到诸葛亮的赦免和起用；诸葛亮既死，便没什么希望了，李平甚至因忧伤致死。受罚人有如此表现，足见诸葛亮执法之公平，使受罚人心悦诚服。诚如陈寿所言：

> 诸葛亮之为相国也，抚百姓，示仪轨，约官职，从权制，开诚心，布公道；尽忠益时者虽雠必赏，犯法怠慢者虽亲必罚，服罪输情者虽重必释，游辞巧饰者虽轻必戮；善无微而不赏，恶

---

① 《三国志》卷四四《蒋琬传》，第1057页。

无纤而不贬……刑政虽峻而无怨者，以其用心平而劝戒明也。①

由于诸葛亮赏罚必信，使蜀汉政权中所有的官吏都兢兢业业，不敢疏忽懈怠。

宋朝第一任宰相赵普对官吏的任用、升降总从国家利益出发，依法而行，即便皇上不同意，他也每每坚持己见。一次，赵普荐某人为官，宋太祖不许；翌日复奏，仍不许；后日又奏，宋太祖勃然大怒，撕碎其奏章，掷之于地。然而赵普仍镇静自若，默默地跪于地上，将残牍一一拾起，像往常一样退朝回家。改日，他补缀好旧牍，复奏如初。宋太祖感悟前失，遂任用所荐之人。

赵普对臣僚中有治迹、有才能的一定依章升迁。一次，他把几位应当升职臣僚的情况写成公牍，呈给太祖批阅。谁料太祖对这几位一向厌恶，因此不予批准。赵普毫不气馁，再三请命，太祖甚不高兴，冷冷地说："朕固不为迁官，卿若之何？"赵普脸不变色，振振有词地说：

    刑以惩恶，赏以酬功，古今通道也。且刑赏天下之刑赏，非陛下之刑赏，岂得以喜怒专之。②

太祖听后怒火万丈，起身到后宫，赵普也紧跟不舍。太祖入寝宫，赵普恭立于宫门外，久之不去。太祖为之所动，遂谕允其请。

南宋初年，吕颐浩做相。他对下属十分严厉，如有工作疏忽或

---

① 《三国志》卷三五《蜀书·诸葛亮传》，第934页。
② 《宋史》卷二五六《赵普传》，第8940页。

违忤其意者，动辄训斥，甚至捆其面颊。有的臣僚官品很高，惭于同列，便叩头请曰："故事，堂吏有罪当送大理寺，准法行遣。今乃受辱如苍头，某辈贱役不足言，望相公少存朝廷体面。"吕颐浩大怒，斥责他们说："今天子巡行海甸，大臣著草履行沮洳间。此何等时，汝辈要存体面！俟大驾返旧京，还汝体面未迟。"[1]群臣本来一怀怨屈，现在听后却相顾而视，纷纷称善，又默默地回到各自的位子上。

## — 宽厚待下 —

在中国古代官场中也有许多大臣，虽为百僚之长，居高临下，却能宽厚待下，或好申下人之善，为之扬善隐过，借以和睦关系，取信于臣僚。这大概也是政治家们驭臣治国的一种高明手段吧。

张安世，字子孺，杜陵（今西安东南）人。汉昭帝时，任右将军、光禄勋，封富平侯。昭帝死，他与霍光共拥立昌邑王，后昌邑王淫行无道，又与霍光定策废立，迎立宣帝。他多年职典枢密，治政谨慎，为人宽容。曾有郎饮酒大醉，溺于殿堂，有司奏请以法惩治，他却袒护道："何以知其不反水浆邪？如何以小过成罪！"又有属吏挑戏官婢，婢之兄长告于张安世，他又回护说："奴以忿怒，诬污衣冠。"[2]并将这奴婢另作安排，以防因她碍其属吏升迁。

北魏时的大臣高允，曾前后历事五帝，出入三省，掌握中枢50余年。他平易近人，善待属下。他90余岁时，一次孝文帝元宏与文

---

① 丁传靖辑：《宋人轶事汇编》卷一四《吕颐浩》，中华书局2003年版，第769页。
② 《汉书》卷五九《张安世传》，第2650页。

明太后以御马车迎接他，不料马惊车翻，把他摔伤。他听说为他驾车的司驾将被处以重刑，便立刻启奏皇上，说自己安好无恙，请赦免司驾之罪。

盛唐名相韩休对有过之属下采取先除大奸、宽容小臣的做法。当时万年尉李美玉有罪，唐玄宗敕令将他流放到岭南。韩休认为不妥，辩解道："美玉卑位，所犯又非巨害，今朝廷有大奸，尚不能去，岂得舍大而取小也！臣窃见金吾大将军程伯献，依恃恩宠，所在贪冒，第宅舆马，僭拟过纵。臣请先出伯献而后罪美玉。"玄宗不允。韩休进一步争辩说："美玉微细犹不容，伯献巨猾岂得不问！陛下若不出伯献，臣即不敢奉诏流美玉。"[①] 面对韩休的公正无私，玄宗终于听从了韩休的意见。

裴度为唐宪宗时宰相，他对自己的属僚一向是惩恶扬善。他为御史中丞时，宣徽院五坊小使每年秋天在京城附近检阅鹰犬，所至之处，必索重饷厚礼，官府与百姓皆受其害。下邽县令裴寰对他们的所作所为深恶痛绝，待这帮害群之马到来时，公馆之外，一无供奉，小使们恼羞成怒，便诬陷裴寰慢待他们，且口出谩言。宪宗闻后大怒，促令捕裴寰下狱，欲以大不敬治罪。宰相武元衡等以理相谏，宪宗犹怒不解。裴度入殿奏事，极言裴寰无罪，宪宗更加愤怒地说："如卿之言，寰无罪即决五坊小使；如小使无罪，即决裴寰。"裴度反问宪宗："按罪诚如圣旨，但以裴寰为令长，忧惜陛下百姓如此，岂可加罪？"[②] 宪宗无言以对，心中怒火逐渐缓和下来。次日，遂下令释放裴寰。

---

① 《旧唐书》卷九八《韩休传》，第3078页。
② 《旧唐书》卷一七〇《裴度传》，第4414页。

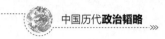

## — 诏谀者止 —

在中国传统政治中，朝中卿相重臣们处于万人倾慕的尊位，群僚中难免会有一些趋炎附势、阿谀奉承者。面对顺耳的诏谀如何处理呢？一些贤明正直的大臣多采取"杜绝"的方式或鄙视的态度。

唐朝宋璟为宰相后，有人推荐一隐士范知璇为官，夸赞他如何有文才，并呈献其所做文章。宋璟看后却十分反感，评论道："观其《良宰论》，颇涉佞谀。山人当极言谠议，岂宜偷合苟容！文章若高，自宜从选举求试，不可别奏。"[①]建议他参加科举考试，以求官禄。

宋相李沆居位缜密，虑事有远见，有"圣相"之称。宋真宗曾问他治政所先，李沆曰："不用浮薄新近喜事之人，此事为先。"平时理事，专以方严厚重镇服浮躁，尤其不乐臣僚曲意阿附自己，论说他人短长。胡旦，曾与李沆同为知制诰，后因罪被谪贬商州，很久没有召还擢用，当他听说李沆被拜为副相参政后，便致以书信贺之。在信中，他历诋前居副相职而已被罢去者，写道："吕参政以无功为左丞；郭参政以失酒为少监；辛参政以非材谢病，优拜尚书；陈参政新任失旨，退归两省。"同时，又极力称誉李沆，并表示以后会附靠他。看过信后，李沆却怏怏不乐，一边命小吏将信封置箧中，一边口中喃喃道："吾岂真有优于是者，亦适遭遇耳。乘人之后而讥

---

① （宋）司马光：《资治通鉴》卷二一二《唐纪二十八》，玄宗开元六年，第6733页。

其非，吾所不为。况欲扬一己而短四人乎？"①李沆老死于相位，一直没有再起用胡旦。

北宋中叶名相韩琦对臣僚一向宽厚，但若遇谄媚者也会毫不客气地置之门外。有一次，一位幕僚前来拜见韩琦，韩琦一见，蹙然不乐，凡数月未尝与此人交谈一句。有人问他："幕官者公初不识之，胡然一见而不乐？"韩琦说："见其额上有块隐起，必是礼拜所致，当非佳士。恁地人缓急怎生倚仗？"②

① （清）潘永因编，刘卓英点校：《宋稗类钞》卷三《厚德》，书目文献出版社1985年版，第181页。

② 周继赓：《历代笔记选注》，北京出版社1983年版，第217页。

# 六　用人之道

　　中国古代政治自战国时代始，就带有明显的官僚政治色彩，君臣之间存在着一定意义上的选择与被选择、雇佣与被雇佣的关系。如韩非子所言，君臣之间"非有骨肉之亲"，而犹主仆关系，并举例云："夫卖庸而播耕者，主人费家而美食，调布而求易钱者，非爱庸客也，曰：'如是，耕者且深，耨者熟耘也。'庸客致力而疾耕耘者，尽巧而正畦陌畦畴者，非爱主人也，曰：'如是，羹且美，钱布且易云也。'"[1] 在这种情况下，用人和被用之间便有了很大一个回旋余地，而自战国始，政治家们都认识到了人才的重要性，"夫贤人在而天下服，一人用而天下从"[2]。因此，如何选官用人，便成为中国古代政治的一项重要内容。

　　① （清）王先慎撰，钟哲点校：《韩非子集解》卷一一《外储说左上》，《新编诸子集成》本，中华书局1998年版，第274页。
　　② 何建章注释：《战国策注释》卷三《秦策一》，第75页。

## 1    择长而用的艺术

中国古代一些政治家在选用人才问题上独具慧眼，知人善任。对有一技之长的人才，不计贤与不肖，便可为我所用。他们选用人才往往能"因其才以取之，审其能以任之。用其所长，舍其所短"[①]。"尽可随才任使，效一节之用。"[②] 这种用人之能、扬长避短、各尽其才的政治家，在早期以战国时齐相孟尝君最为典型。

— "鸡鸣狗盗"之徒的作为 —

孟尝君，即田文，战国时齐人，因继承父之封地，封于薛（今山东滕州南），称薛公，号孟尝君。孟尝君在齐湣王时为相国，曾一度入秦和魏国为相。其为人礼贤下士，是战国时著名的四公子之一，所养士人达数千人。他招揽人才，不分贵贱，不计其短，择长而用。当时有两士人欲投之于孟尝君门下，孟尝君问其所长，一个答曰：善学鸡鸣；另一个答曰：能为狗盗（即披狗皮作狗形以盗物）。孟尝君亦将二人收入门下，但众宾客却对新来的"鸡鸣狗盗"之徒十分轻视，经常嘲笑和羞辱他们。秦昭王时，孟尝君曾入秦，被拜为相。众宾客随行，"鸡鸣狗盗"之徒自然也在其中。不久，秦昭王受众臣建言，将孟尝君囚禁，并欲杀之，以防后患。孟尝君

---

[①]（清）董浩等编：《全唐文》卷一三九《魏徵一》，中华书局1983年版，第1416页。

[②]（明）张居正：《张文忠公全集》中册《奏疏十二·论时政疏》，商务印书馆1934年版，第176～177页。

派人向秦昭王宠姬求救，该姬提出要其价值连城的白狐皮大衣为条件，但此物已献给秦昭王，并且独此一件。孟尝君焦急万分，问计于众宾客，但个个面面相觑，无计可施。这时那位能"狗盗"者站起来，从容地告诉主人，他能拿到白裘衣。到夜间，他扮作狗，进入秦宫中，窃取了那件白狐裘，献给了昭王宠姬。宠姬为其向秦昭王求情，秦昭王释放了孟尝君。孟尝君立即换名改姓，更换出关用的"封传"，连夜驰奔函谷关。关上规定，必须到鸡叫时才放客出入。孟尝君料定昭王要后悔，会派兵追赶，因而急于出关。在这关键时刻，那位善仿鸡鸣者学了几声鸡叫，周围的鸡也都跟着叫了起来，于是关吏开门放行。孟尝君等出关不久，秦昭王派的追兵也赶至关口，他们望着齐人东去的尘烟，只得叹息作罢。

孟尝君养士用人不拘一格，择其长而用之，结果自己也得益于各方士人的助力。这种用人之道，在西汉丞相丙吉身上也曾发生。

汉宣帝时丞相丙吉曾被皇上赞为"知人"者，他对属下总是"务掩过扬善"，用其所长。他的驾车之吏不拘小节、嗜好饮酒，经常喝得酩酊大醉，呕吐于车上。相府的人事总管西曹主吏欲将他辞退，丙吉却不同意，说："以醉饱之失去士，使此人将复何所容？西曹地忍之，此不过污丞相车茵耳。"遂将驭吏留下。此驭吏是边郡之人，熟习边郡备警之事。有一次出门时，他见有持赤白囊的边驿骑士奔驰而过，知是边郡有急报警，便随骑了解情况，得知是匈奴兵犯北部边疆。他速返相府，告知丙吉，并让他预先做好军事布置，选择官吏应变。不久，宣帝果然召问边防事务。丙吉胸有成竹，应对得宜，皇上十分满意，称其"忧边思职"；而御史大夫等人因知之不详，被皇上斥责。丙吉由此叹息道："士亡不可容，能各有所长。向使丞相不先闻驭吏言，何见劳勉之有？"①

## — 曹操的"举贤勿拘品行" —

曹操为了完成统一大业，对人才的任用更是不拘品行，专任其长。他力矫时弊，曾三次下令求贤，以求招揽各方人才。其中第二、三道求贤令直接以《敕有司取士毋废偏短令》《举贤勿拘品行令》为标题，要求选拔有所作为的"进取之士"，指出："士有偏短，庸可废乎！"即不要因他们品德上的缺点而抛弃、不用。令中列举了历史上管仲、吴起、曹参、韩信、陈平等许多著名人物，指出他们当中有的出身贱微，有的社会名声不好，但这些人都有济世之才，一经录用，最终都能发挥自己的才能，都能"成就王业，声著千载"。②他要求主管部门对那些文俗之吏"高才异质，负污辱之名，见笑之行，或不仁不孝而有治国用兵之术，其各举所知，勿有所遗"。在这里，曹操以"取士毋废偏短""举贤勿拘品行"为口号，公开地向封建的德行、孝义、名节等用人观念进行挑战，并深刻地揭示出"夫有行之士，未必能进取，进取之士，未必能有行"的道理。③正因为曹操选用人才不求全责备，能够扬长避短，因而许多出身微贱或"负污辱之名、见笑之行"④，但有一技之能的人都能被吸收到曹操周围，形成"猛将如云，谋臣如雨"的盛况。

---

① 《汉书》卷七四《丙吉传》，第3146页。
② 《三国志》卷一《魏书·武帝纪》，第49页。
③ 《三国志》卷一《魏书·武帝纪》，第44页。
④ 《三国志》卷一《魏书·武帝纪》裴松之注引《魏书》，第49页。

　　三国蜀相诸葛亮在治蜀过程中，对人才的选拔与曹操的原则异曲同工。在他罗织的人才群中，有不少是才德兼备之士，但也有一些是品行不肖而各有所长者。如何祗，最初只是一郡中书佐，出身贫寒，平日"又能饮食，喜好声色，不持节俭"，被人鄙视。诸葛亮闻其"游嬉放纵，不勤所职"，殆于公事，便亲往勘验。结果他发现此人"有才策功干"，善于察奸除弊，便提拔他为成都县令，同时兼领郫县县令。此二县人口众多，为豪族奸猾聚居地，奸秽、积弊甚多。何祗到任后，锄强扶弱，惩恶伐邪，使二县很快得以治理。诸葛亮因其政绩和所长，又升迁他为汶山太守，结果"民夷服信"，遂又升其为广汉太守。①

　　诸葛亮北伐时向后主所推荐的费祎，原本放荡不羁，为官时"常以朝晡听事，其间接纳宾客，饮食嬉戏，加之博弈，每尽人之欢"②。但诸葛亮却十分赏识他，因为他天资聪敏，才华过人，读书数行俱下，过目不忘。诸葛亮南征归来时，举朝官员前来迎接，而他特邀年少、职低、名微的费祎同载而行，"由是众人莫不易观"③，改变了对费祎的偏见。后来，诸葛亮因其才能，遣他出使东吴，重结盟好。当时，吴主孙权对他嘲啁备至，诸葛恪、羊衜等则论难锋至，费祎则不卑不亢，辞顺义笃，据理以答，令人为之折服，最后出色地完成出使任务，成为干国人才。许靖，是汝南名士，刘备对他的节操品行十分鄙薄，不予任用。诸葛亮乃劝谏刘备曰："靖，人望，不可失也。借

---

　　① 《三国志》卷四一《蜀书·杨洪传》，第1014页；《蜀书·杨洪传》裴松之注引《益部耆旧传·杂记》，第1014～1015页。

　　② 《三国志》卷四四《蜀书·费祎传》裴松之注引《费祎别传》，第1061页。

　　③ 《三国志》卷四四《蜀书·费祎传》，第1060页。

其名以竦动宇内。"[①]刘备纳其言，遂任许靖为左将军长史。

东晋相国刘裕在用人上也如曹操、诸葛亮。义熙九年（413），刘裕灭掉荆州刺史刘毅后，遣诸军灭蜀，刘裕认为朱令石有武干，任他为元帅，统率大军西征。诸将对刘裕的决定大出所料，十分惊讶。因为朱令石自幼喜好武事，行事轻佻恶劣，名声十分不好。比如，他曾让其舅蒋某卧床，将一寸方纸贴在蒋某枕头之上，以刀掷之，百发百中。蒋某吓得心惊肉跳，但畏惧朱令石，始终不敢动弹。蒋某头上生一毒瘤，朱令石趁他睡熟时，将毒瘤割了下来，其舅因此而死。诸如此类，也难怪世人对他有偏见。而且诸将认为，自古平蜀，皆委任雄杰重将，朱令石资名轻微，必不能成功，便纷纷上谏刘裕，劝他审时度势，另谋元帅。刘裕坚信不疑，分大军一半给朱令石，猛将劲卒都归他调遣，甚至资位在他之上的将领也由其节度。结果朱令石率军入蜀，一战克捷，平定了蜀地。刘裕以功封他为丰城县侯。后来又让他替刘义真督关中诸军事，为右将军、雍州刺史。

## — 魏徵的"用其所长，舍其所短" —

唐代名相魏徵明确提出了"因其材以取之，审其能以用之；用其所长，掩其所短"[②]的用人原则，在用人实践中，他也采用这一原则。如贞观十一年（637），有人告发凌敬私自放债，太宗闻知，怪

---

① （三国）诸葛亮著，段熙仲、闻旭初编校：《诸葛亮集》卷二《文集·称许靖》，中华书局1960年版，第49页。

② （唐）吴兢撰，谢保成集校：《贞观政要集校》卷三《论择官》，第167页。

罪魏徵保举枉滥。魏徵却对太宗说：

> 臣等每蒙顾问，常具言其长短，有学识，强谏诤，是其所
> 长；爱生活，好经营，是其所短。今凌敬为人作碑文，教人读
> 《汉书》，因兹附托，回易求利，与臣等所说不同。陛下未用其
> 长，惟见其短，以为臣等欺罔，实不敢心服。[①]

太宗听后觉得有理，便接受了他的意见。

明代宰辅张居正对人才的铨选也是如此。他鲜明地提出了"立贤无方，唯才是用"的用人原则，认为只要有能力，即使是和尚道士、衙卒皆可拔擢，不必受资历、毁誉和爱憎的影响。他曾总结道：

> 用舍进退，一以功实为准，毋徒炫于虚名，毋尽拘于资格，
> 毋摇之以毁誉，毋杂之以爱憎，毋以一事概其生平，毋以一眚掩
> 其大节。

特别是后面的"两毋"之语，表明了他使用人才的原则是扬长避短，而不是求全责备。他认为：

> 事无全利，亦无全害，人有所长，亦有所短。要权利害之
> 多寡，酌长短之所宜，委任责成，庶克有济。[②]

---

[①]（唐）吴兢撰，谢保成集校：《贞观政要集校》卷二《纳谏》，第139页。
[②]（明）张居正：《张文忠公全集》上册《奏疏一·陈六事疏》，第2页。

这段话的意思是说，对人才要善于使用，发挥其长处，不能因人有缺点而不选拔。张居正是这样认识的，也是这样实行的。他对于那些"虽越在万里，沉于下僚，或身蒙訾垢，众所指嫉，其人果贤，亦皆剔涤而简拔之"①，"尽可随才任使，效一节之用。"②因而，在他主政期间，从上到下，各方人才济济一朝。

## 2　内举与外举的艺术

《左传》记载了一个动人的佳话：襄公三年（前570），晋国掌管军政的长官——中军尉祁奚请求告老退休，晋悼公准请，并询问祁奚谁可接替他任中军尉。祁奚推荐解狐。解狐是祁奚的仇人，但因解狐可胜任这一职务，所以祁奚荐举了他。不巧，解狐未等拜官上任就病死了。所以悼公再次问祁奚时，他提出自己的儿子可以接任。于是悼公任命祁午为中军尉。荐贤必须出于公心，祁奚从当时实际情况出发，以能否胜任中军尉这一要职为标准来举荐人才，根本没有考虑过是亲是仇。这种毫无忌妒之心、又不怕有人议论的做法，表现出祁奚认真求实地荐举人才的精神。因而，他被时人誉为：

称其仇，不为谄；立其子，不为比；举其偏，不为党③。

---

① 张舜徽主编：《张居正集》第2册《书牍七·答刘虹川总宪》，湖北人民出版社1994年版，第566页。

② （明）张居正：《张文忠公全集》中册《奏疏十二·论时政疏》，第176～177页。

③ （清）洪亮吉：《春秋左传诂》卷一二《襄公三年》，《十三经清人注疏》本，中华书局1987年版，第496页。

孔子闻之，也大加称赞：

> 外举不避仇，内举不避子，祁黄羊（祁奚的字）可谓公矣。①

"内举不避亲，外举不避仇"之所以成为春秋时代选人、用人的佳话，是由于自此时起，中国古代的用人制度进入了一个新的历史时期。此前的西周时代，实行的是世卿世禄制，官位、秩位世袭，无所谓选与不选、贤与不贤，自然也没有举亲、举仇的问题，春秋时代，随着社会的变革，新的官僚制度开始萌生。在官僚制度下，官员与君主的关系，具有了韩非所说的那种主家与佣耕者之间的意味，因此，也就有了选官任官，有了荐贤、举贤，而且，从祁奚的这则故事，我们还可以看到，在封建官僚制产生之初，人们就开始把选举的公平无私作为重要准则，这是一种历史的进步。

正因为如此，以后的政治家们便往往以此为标榜，留下了不少"内举不避亲，外举不避仇"的佳话。

## — "内举不避亲" —

"内举不避亲"的例子以谢安最为典型。谢安，是东晋孝武帝时的宰相。当时东晋偏安江南，北方依然处于十六国割据的时期。其中

---

① （秦）吕不韦编，许维遹集释：《吕氏春秋集释》卷一《孟春纪》，《新编诸成集成》本，中华书局2009年版，第31页。

割据关中的前秦势力发展最为迅速，到孝武帝宁康元年（373），它已吞并了前燕、前凉、仇池和代四个政权，统一了北方，并且占领了东晋的梁（州治今陕西汉中）、益（州治今四川成都）二州。整个黄河流域及江、汉上游均在其控制之下。秦军拥有骑兵近30万，步兵可征集六七十万。与江南的东晋相比，无论在地域、军事实力等方面均占优势。

前秦的强大，严重威胁着东晋王朝的安全。太元二年（377），晋帝颁诏，征选文臣武将可以镇御北方者。宰相谢安不避嫌疑，"违众举亲"，力荐其侄儿谢玄。

谢玄，字幼度，自幼丧父，跟随叔父谢安长大。他天资聪慧，勤奋好学，深得谢安器重。有一天，谢安把子侄们召集在一起，问他们：做父母的为何期望儿孙们都能出类拔萃呢？众人闷不作声，谢玄却脱口而出："譬如芝兰玉树，欲使其生于庭阶耳。"[①]即希望子弟们像香花佳木一样，茂生于堂阶之前，光耀门庭。谢安听了此话，十分满意，对其充满厚望。成人后，谢玄才略出众，日渐成熟。

谢安荐举谢玄时，谢玄年仅34岁。孝武帝拜其为建武将军、兖州刺史、广陵相，负责长江以北征讨诸事。消息传出，朝中议论纷纷。中书郎郗超素与谢安不睦，然听说谢安举谢玄为将，也叹服道："安违众举亲，明也；玄必不负举，才也。"[②]认为谢安敢于违背一般人的意志，推举自己的亲人，这是深明大义的表现。谢玄之所以能不负其举，是由于他有着出众的才能。但是由于谢玄一向不愿做官，官

---

①《晋书》卷七九《谢安传》，第2080页。

②《晋书》卷七九《谢安传》，第2080～2081页。

府屡征不就，只是后来在桓温府中做过幕僚，因而朝中许多人不了解谢玄的才识，故听了郗超之言后都不以为然。郗超于是以自己亲眼所见向众臣解释道："吾尝与玄共在桓公府，见其使才，虽履屦间亦得其任，所以知之。"[①]他通过谢玄在桓温府中量才用人的情况，说明谢玄的才能，将会不负众望。群臣听后才信服不疑。

谢玄在叔父的荐举下，受命于危难之际。就职后，他驻军广陵（今江苏扬州）。他在当地招募勇士，组建了一支强劲的"北府兵"。太元四年（379）谢玄率兵连败来犯的前秦将领俱难、彭超。太元八年（383）八月，前秦王苻坚发兵90万，号称百万，兵分三路，东下攻晋。苻坚十分骄狂，扬言："吾强兵百万，资仗如山。""以吾之众旅，投（马）鞭于（长）江，足断其流。"其军队"东西万里，水陆齐进，运漕万艘"，大有席卷江南之势。[②]东晋政府令谢石为征讨大都督，谢玄为前锋都督，率"北府兵"8万屯扎洛涧（今安徽怀远西南）东岸，与洛涧西岸的秦军梁成所部隔水列阵。谢玄对于秦军的进攻态势作了冷静地分析和周密地措置。他先派精兵5000夜袭洛间，获得大胜，杀死了前秦士兵1.5万余人；然后率大军8万向前推进，直逼淝水（寿阳东北瓦埠湖至淮水的一段）。时苻坚布置前锋军20多万把守淝水，谢玄利用苻坚希图速战速决的心理和前锋刚败、兵心不稳的机会，故意遣人对苻坚说希望秦军暂时后退，让晋军渡过淝水，双方决一胜负。苻坚认为：当晋军渡过一半时，使精锐骑兵冲杀，必可稳得胜利，遂下令退兵。秦军不退尚可，一退阵势大乱，失

---

① 《晋书》卷七九《谢安传》，第2081页。
② 《晋书》卷一一四《苻坚载记》，第2912、2917页。

去控制，以为前线秦军战败，遂争相奔逃。身困秦营的晋将朱序，又乘机在秦军阵后大声呼喊："秦兵败矣！"秦军信以为真，个个争先逃命，致使全线大溃。谢玄等率精兵 8000 人渡过淝水，迅速追杀而来。结果前秦军队完全溃败，大将苻融被杀，苻坚带伤逃走。秦军人马自相践踏及投水溺死者"蔽野塞川"，不可胜计，"死者十七八"；逃者"闻风声鹤唳"，心惊胆战，以为晋兵追至，故昼夜不敢停步。待苻坚逃至洛阳时，百万大军仅剩十几万人了。①

淝水之战，晋军以少胜多，以弱胜强，彻底粉碎了苻秦大举灭晋的企图，扭转了晋军被动的局面，为稳定江南局势，收复江北失地，起到了重要作用。而这一战的取胜，关键得力于谢玄的运筹和指挥。谢玄用事实证明了自己的才干，证明了其叔父荐举的公正得当。

## — "外举不避仇" —

谢安"内举不避亲"，可以说是比较典型的任人唯贤的事例。但是，翻检一下中国古代的用人史，我们不难发现，"外举不避仇"的例子比较多见，而"内举不避亲"的事例却比较少见。是不是中国古代的政治家们果然这么公正无私，甚至到了矫枉过正的地步，宁可用仇者也不用亲属？非也。个中原因可以从两方面看：一方面，中国古代政治虽然有着比较浓重的官僚政治色彩，但贵族政治的影响也十分强烈，门荫一直是仕宦的重要途径，而任人唯亲也是古代政治的一个重要侧面。因此，他们不必标榜什么"内举不避亲"。另一方面，

---

① （宋）司马光：《资治通鉴》卷一〇五《晋纪二十七》，孝武帝太元八年，第3312页。

"外举不避仇"是对裙带姻亲政治的反叛，而这一举动在中国古代社会是不合常理的"阳春白雪"。因此，一些有作为的政治家每每以此相比，史家笔下也屡屡记下这些惊世之举。当然，对于古代官场来说，这还是一股清流、一种进步。下面，我们可以看一下"外举不避仇"的典型事例。

宋朝宰相王旦，德高望重，大度宽容，能知人荐人。寇准屡屡在皇帝面前诋毁并经常挑剔、顶撞王旦，然王旦知其才，不但不耿耿于怀，而且竭力保护这个刚直、贤能的同年。他曾多次向真宗褒扬寇准，说他"对陛下无所隐，益见其忠直"，屡屡向皇上荐举他。寇准曾被罢枢密使，托人告王旦欲求为使相。王旦惊曰："将相之任，岂可求耶！吾不受私请。"寇准为此衔恨在心。及宋真宗令与寇准一小官做时，王旦却极力荐举他，说："（寇）准有才望，与之使相，其风采足为朝廷争光。"于是真宗任用寇准为武胜军节度使、同中书门下平章事（即宰相）。寇准受任后，入宫谢真宗，说："非陛下知臣，安能至此？"[①]真宗如实地将王旦荐举他的事情讲给他听，寇准知后既惭愧又叹服，认为自己的气度远不及王旦。天禧元年（1017），王旦病危，宋真宗将王旦抬入宫中，征询国家要事，其中问道：万一爱卿身体有不测，朕将天下托付于谁呢？王旦费力地举起笏板，奏道："以臣之愚，莫若寇准。"[②]并叮嘱皇上宜早召寇准为相。后来真宗果然任寇准为相。

在用人问题上，像王旦这样大度豁达、容人之过，不以私怨党

① 《宋史》卷二八二《王旦传》，第9547页。
② （宋）司马光撰，邓广铭等点校：《涑水纪闻》卷六，中华书局1989年版，第117页。

同伐异的政治家，中国历史上还有不少。如唐朝武则天时的大臣狄仁杰学识渊博，很有作为，的确是位人才，可他与宰相娄师德长期以来不和睦，狄仁杰因为一些意见分歧经常排斥娄师德。假若德高望重的娄师德也采取手段报复或压制狄仁杰的话，恐怕狄仁杰的历史就得改写了。但是娄师德没有这样做，而是顾全大局，宽宏大度。他十分看重狄仁杰的长处，接连向则天皇帝上了十几道推荐书，保举狄仁杰为相，与自己一起共谋国是。新上台的狄仁杰不知内情，依然不与娄师德合作，与之嫌隙很深。一天，武则天问狄仁杰：你知道我为什么重用你吗？狄仁杰答道：我靠文章和道德取得官位，不是那种碌碌无为、依赖他人的平庸之辈。武则天沉吟许久，说：最初，我并不了解你，你之所以受到重用，全靠娄师德的推荐。于是她让身边的侍从拿来装文件的筐箧，找出十几篇娄师德的保荐书，递给狄仁杰。狄仁杰一看，十分内疚，深感惭愧。武则天也未责怪他。狄仁杰走出皇宫，深有感触地说："吾不意为娄公所涵，而娄公未尝有矜色。"[①]不由从内心里敬佩和感谢娄师德。

明朝宰辅张居正在用人上不凭个人好恶或与自己亲疏为标准，而是"立贤无方，唯才是用"。他曾郑重声明：

> 自当事以来，谆谆以此意告于铨曹，无问是谁故乡党，无计从来所作眚过，但能办国家事，有礼于君者，即举而录之。[②]

---

① （宋）王谠撰，周勋初校正：《唐语林校证》卷三《雅量》，中华书局2008年版，第235页。

② （明）张居正：《张文忠公全集》下册《书牍一·答阃卿李渐庵论用人才》，第298页。

张居正的政敌高拱被逐下野后，他对高拱所任用的阁僚官吏，只要其才当其位、能付其职者，一概不排除，予以留用。如张佳胤为当时有名的能臣才子，但他曾是高拱的僚属，并且与之过从甚密。张居正并不因此疏远排挤他，而是鼓励他"努力勋名，以副素望"，予以厚待。

当然，中国古代这种荐人公正无私、宽容大度的政治家们，归根结底都是为了王朝利益，都是为了维护王朝统治，使国家机器得以正常运转。明代宰辅杨溥所荐的范理用一句话道破机关。杨溥执政时，曾推举对家人不礼不尊的天台人范理为德安府知府，后又擢升他为贵州布政使（一省长官）。有人劝告范理应致书杨溥以示谢意，范理却义正词严地说："宰相为朝廷用之，非私于理也。"①即杨溥推荐他是为朝廷。此话与狄仁杰的名言"荐贤为国，非为私也"②，如出一辙。

当然，中国历史上的这种出于公心选拔任用人才的政治家受到历史的局限而并不常见，更多的政治家们则是对触犯过自己、反对过自己的人睚眦必报，一旦抓住对方的把柄，必置对方于死地而后快。

## ── 公举不避嫌 ──

所谓公举就是出于公心荐举人才。一些有作为的政治家总能不遗余力地荐才举贤，而不计较是否会有嫌疑。如唐朝之狄仁杰是武则天

---

① （清）吴肃公撰，陆林校点：《明语林》卷四《方正》，黄山书社1999年版，第60页。

② （宋）司马光：《资治通鉴》卷二〇七《唐纪二十三》，则天后久视元年，第6552页。

十分信任重用的贤相，利用这层关系，狄仁杰向武则天推荐了许多人才，诸如姚元崇、桓彦范、敬晖、张柬之等数十人，这些人大多成为朝中名臣。尤其是对张柬之的推荐，意义尤为重大。

在一次谈话中，武则天要求狄仁杰推荐一位"佳士"。狄仁杰问道："不知陛下欲何所用之？"武则天说："欲用为将相。"[①]狄仁杰回答道：文学造诣很深、为人又不浅露的有苏味道、李峤，都可以选用。若一定要取超绝常人的奇才，荆州长史张柬之可以为相。并向武则天介绍说："其人虽老，真宰相才也。且久不遇，若用之，心尽节于国家矣。"[②]于是武则天提拔张柬之为洛州司马。过了几日，武后又让狄仁杰荐贤，狄仁杰说："前荐柬之，尚未用也。"太后曰："已迁矣。"狄仁杰又对曰："臣所荐者可为宰相，非司马也。"[③]武则天便提升张柬之为秋官侍郎，后来终于任用他为宰相。张柬之为相不久，便发动政变，立太子李显为帝，打破了武后侄武承嗣阴谋篡位的企图，保全了李唐江山。

狄仁杰为武则天荐选了大批的人才，有人赞叹狄仁杰说："天下桃李，悉在公门矣。"而狄仁杰堂堂正正地答道："荐贤为国，非为私也。"为了王朝统治的兴盛，狄仁杰秉公选贤荐贤。所以在他去世时，武则天泪流满面，感叹道："朝堂空矣！"[④]

唐宪宗元和二年（807）任命李吉甫为宰相。李吉甫，字弘宪，赵郡（治今河北赵县）人。初为太常博士，后历明、忠、郴、饶等

---

① （宋）司马光：《资治通鉴》卷二〇七《唐纪二十三》，则天后久视元年，第6551页。

② 《旧唐书》卷八九《狄仁杰传》，第2895页。

③ （宋）司马光：《资治通鉴》卷二〇七《唐纪二十三》，则天后久视元年，第6551页。

④ （宋）司马光：《资治通鉴》卷二〇七《唐纪二十三》，则天后久视元年，第6551页。

州刺史，宪宗即位后，为翰林学士。他被任为相后，曾对中书舍人裴垍说："吉甫流落江淮逾十五年，一旦蒙恩至此。思所以报德，惟在进贤，而朝廷后进，罕所接识，君有精鉴，愿悉为我言之。"①之后，裴垍果然写了一张30余人的名单，交给了李吉甫。几个月的时间内，这些人基本上被选用，受到群臣的一致推赞。

宋太宗时宰相吕蒙正识才爱才，他推荐人才，公道正派，坚持原则，只要他看准了确实是个人才，哪怕皇上不同意，他也坚持要推荐；如果不是人才，即使是自己的儿子，也不予重用。宋太宗曾要遣人出使北方辽国，谕中书选一个能胜任的人才。吕蒙正推荐一个，太宗不甚满意。他日，宋太宗三问此事，吕蒙正三以其人上报。太宗生气地说："卿何执也？"吕蒙正曰："臣非执，盖陛下未谅尔。"并一再坚持己见："其人可使，余人不及。臣不欲用媚道妄随人主意，以害国事。"同僚吓得低头屏气，默不作声。宋太宗退朝后，对身边的人说："蒙正气量，我不如。"②后来，宋太宗终于任用吕蒙正所荐举的人出使辽国，此人果然称职。

景德二年（1005）春，即位不久的宋真宗问吕蒙正："卿诸子孰可用？"吕蒙正公正地回答说："诸子皆不足用。有侄夷简，任颍州推官，宰相才也。"③后来，吕夷简果然受到重用，成为宋朝名相。

吕蒙正曾询问他的儿子："我为相，外议如何？"儿子云："大人为相，四方无事，蛮夷宾服，甚喜。但人言无能为事，权多为同列

---

① （宋）司马光：《资治通鉴》卷二三七《唐纪五十三》，宪宗元和二年，第7639页。

② 《宋史》卷二六五《吕蒙正传》，第9147页。

③ 《宋史》卷二六五《吕蒙正传》，第9148页。

所争。"吕蒙正说:"我诚无能,但有一能,善用人尔,此诚宰相之事也。"[①] 吕蒙正随身总带有一册子,每有人拜谒,他必问其有何才能,人离去,他便随即记之,并将搜罗的人才分门别类。假若有一人被数人称之者,必视之为贤才。朝廷求贤时,他就将册子中所记的人才呈报上去。故吕蒙正为相期间,文武官能够各称其职。

## 3 不拘一格的艺术

中国历史上许多政治家在选拔人才时,能够不拘资历地位,任官使能,选贤举才。

### ── 改造旧制度的不拘一格 ──

春秋时期的齐相管仲十分重视人才的发现、培养和使用,对传统的"世卿世禄"的选官制度进行了大胆的改革。他主张按"德""功""能"三条基本标准选拔人才,尤其强调要"察能授官,班禄赐予","其绩多者其食多,其绩寡者其食寡,无绩者不食",认为这是用人的关键"使民之机"。[②] 为了遴选天下的英才贤士,他创设了"三选制",规定:首先要求各乡把那些有才德武功的人士推选给国家;国家有关部门再对乡选人士进行一段时间的试用考核,择其优异者上荐给国君;最后由国君亲自审核使用。这是古代用人问题

---

① (明)李贽:《藏书》卷一〇《大臣传》,中华书局1959年版,第176页。

② (清)黎翔凤撰,梁运华整理:《管子校注》卷一《权修》,《新编诸子集成》本,中华书局2004年版,第51页。

上的一大突破，这种制度以德、功、能为标准，量能以授官，注重从社会的基层而不是从显贵势族中选用人才，打破了传统的贵族垄断官职的世卿世禄制度，使大批有实践才干、有真才实学的人能脱颖而出，为国效力。如当时齐国的大司田宁戚，原本出身低下，曾是为商旅赶牛车的车夫，但由于他擅长"垦草入邑，辟土聚粟，多众，尽地之利"[①]等农业方面的管理工作，于是管仲将其破格擢用。其他的诸如大司理宾胥无、大谏官东郭牙、大行隰朋、大司马王子城父等都是管仲不拘一格、量才任用的。正是由于推行了这种开明、务实的选用人才方针，才使得管仲在齐国进行的一系列改革得以顺利贯彻施行，齐国日益强大。

## — 冲破门第观念的不拘一格 —

曹操在中国历史上素以不拘一格、知人善任而著称。东汉以来，选拔官吏的权力为豪强世族把持，用人只重门第、"德行"，不重视真才实学。曹操置东汉以来的门第观念于不顾，再三颁布求贤令，宣称要"不拘微贱"，"明扬仄陋，唯才是举"。要求有关官吏"举贤勿拘品行"，"取士勿废偏短"，对那些即使不懂儒术的"文俗之吏"，甚至"不仁""不孝"但有"治国用兵之术"的人也要大胆起用。在实践中，曹操也是坚决贯彻"唯才是举"的用人路线的，他十分注意从基础或实际斗争中发现和提拔人才，特别是出身微贱而有才干的人，让他们担任要职，参与军政大事。荀彧，仅为小小县令，

---

① （清）黎翔凤撰，梁运华整理：《管子校注》卷八《小匡》，第447页。

但他才智过人，有"王佐之才"，投奔曹操后，曹操大喜，说："吾之子房也。"[1]把他比作汉高祖刘邦得到的谋臣张良，并立刻委任为司马，参与军机要事。这年荀彧仅29岁。在曹操的统一战争中，荀彧果然不负所望，多次出奇谋，献良策，成为曹操信赖的良佐。还有许多文臣武将，诸如郭嘉、荀攸、杜袭、赵俨、满宠、贾诩、刘放、孙资、于进、乐进等，或出身贱微，或为一般小吏士兵，都被曹操发现并提拔重用，在曹操的统一事业中发挥了重要作用。

## — 不循资历的不拘一格 —

与曹操同时期的名相诸葛亮在治蜀的过程中，也十分注重不拘一格、人尽其才地选拔官吏，他的特点是不讲资历、年龄，只要有真才实学，便委以重任。他曾总结历史上的经验教训，认为西汉之所以强盛，是因为当权者能任用贤臣，疏远小人；而东汉后期之所以衰亡，是由于当权者排斥贤人，重用佞幸。因而他用人不重门第、地位，不拘资历、亲疏，而是任人唯贤、唯才。他说："柱以直木为竖，辅以直士为贤。直木出于幽林，直士出于众下，故人君选举，必求隐处。或有怀宝迷邦，匹夫同位；或有高才卓异，不见招求；或有忠贤孝悌，乡里不举；或有隐居以求其志，行义以达其道；或有忠质于君，朋党相谗。"[2]对于上述隐埋在民间或基层的贤能之士，他主张要尽量

---

① 《三国志》卷一〇《魏书·荀彧传》，第308页。

② （三国）诸葛亮著，段熙仲、闻旭初编校：《诸葛亮集》卷三《文集·便宜十六策》，第65页。

选拔录用。

诸葛亮在实践中也确实提拔了不少德才兼备的人士。李严为犍为太守时，其属下一小吏名为杨洪，为人刚直不阿，处世沉稳有方，曾因劝谏李严受到诸葛亮的注意。刘备与曹操争汉中，急书发兵，诸葛亮询问杨洪，杨洪果断地答道："汉中则益州咽喉，存亡之机会。若无汉中则无蜀矣，此家门之祸也。方今之事，男子当战，女子当运，发兵何疑？"①诸葛亮认为杨洪的看法很有见地，而且具有清晰的战略头脑，可以委以一方重任。于是先让他代理蜀郡太守，以试其实际才能，结果"众事皆办"，政绩斐然，便予以正式任命。不久，又提拔他为益州治中从事。

诸葛亮北伐前，曾向后主刘禅推荐了蒋琬、费祎、向宠、郭攸之等人，以主持后方的军政事务。其中蒋琬本是一州中负责文书缮写起草诸事的书佐，随刘备入蜀后被任为广都长。有一次，刘备、诸葛亮因游观奄路经广都（今四川成都南），见蒋琬众事不理，又沉醉不醒，刘备大怒，欲杀之。诸葛亮见蒋琬不事逢迎，不同流俗，心中很是欣赏，便向刘备说："蒋琬，社稷之器，非百里之才也。其为政以安民为本，不以修饰为先，愿主公重加察之。"刘备一向敬重诸葛亮，听了此番话，只好作罢，但免了蒋琬的官职。刘备死后，诸葛亮开府治事，辟用蒋琬为丞相府东曹掾，后又升之为长史，成为诸葛亮的得力助手。诸葛亮数年南征北伐，"琬常足食足兵以相供给"，诸葛亮高度推赞他"托志忠雅，当与吾共赞王业者也"，

---

① 《三国志》卷四一《蜀书·杨洪传》，第1013页。

并向后主保举他为自己的接班人。①向宠，原来只不过是一牙门偏将，夷陵之战时，刘备大败于吴将陆逊，各部军队损失惨重，而向宠由于沉稳冷静，指挥得当，结果只有他的营垒完好无损，军队临危不乱。诸葛亮经过考察，认为他品德优良，办事公允，又通晓军事，可以委以重任，故封之为都亭侯，升为参军，北伐时，将后方的军务完全交付给向宠。

"能安天下者，惟在用得贤才。"②唐高宗一语道中人才与治国安天下的关系。事业成功与否，关键在于能不能有一批贤能的人才云集于周围。唐中期宰相刘晏是中国史上赫赫有名的理财家，他之所以能灵活自如地管理庞大的理财系统，之所以能使许多经济改革措施得以很好地付诸实施，除了他自己的决心大、能力强、措置得宜外，他不讲资历，择能任贤，也是一重要因素。刘晏深知"办集众务，在于得人"，没有合适的、有能力的人，事情是办不好的。因而他"通拥滞，任才能"③，十分注意用人问题。刘晏任人，"必择通敏、精悍、廉勤之士而用之"④，即通达事务、精明强干、忠于职守、廉洁奉公是他用人的德才标准。因而，为了做好工作，刘晏对属吏的挑选毫不马虎。但他在选拔人才时并不注重资历，而是大胆起用有才能的年轻人和低职小吏。史称他"凡所任使，多收后进有干能者"⑤或"皆新进锐敏"⑥、富有朝气的新秀。刘晏主管东南财政之初，曾利用"停天下摄

———————————

①《三国志》卷四四《蜀书·蒋琬传》，第1057～1058页。

②（唐）吴兢撰，谢保成集校：《贞观政要集校》卷七《论择官》，第165页。

③《旧唐书》卷一二三《李巽传》，第3523页。

④（宋）司马光：《资治通鉴》卷二二六《唐纪四十二》，德宗建中元年，第7285页。

⑤《旧唐书》卷一二三《刘晏传》，第3515页。

⑥《新唐书》卷一四九《刘晏传》，第4795页。

官""独租庸得补署"的机会，选择了当时"能任繁剧事务、有才能干"的"补署为官，积数百人"。当时朝内官员，"经晏辟署者，皆用材显"。如包佶，为进士及第，是朝中低品官员，因罪贬岭南，刘晏对他的才干很是欣赏，便起用他为汴东两税使。其余如韩洄、裴腆、李衡、卢征、元琇、李若初等，也都是刘晏因才而录用的，并皆"有名于时"。①

正因为刘晏拥有了这一支人才济济的人才队伍，"趣督倚办，故能成功"；并且还为以后的理财工作培养了骨干，"故晏没之后掌财赋有声者，多晏之故吏也"。②

北宋寇准在相位时，一向举贤任能，破格用人，从不依资历晋升臣僚。对此，许多同列不满。一次又任用官员，其僚属拿着官吏名册，拟依次晋升。寇准却说："宰相所以进贤退不肖也，若用例，一吏职尔。"③即宰相的职责就是提拔忠良贤才，罢黜奸邪不肖之徒，如按名册先后用人，一个小小的属吏即可办到，还要我宰相作什么。

清朝宰辅阿桂，字文廷，号云岩，曾历任伊犁将军及工部、兵部尚书等职，累官至武英殿大学士兼军机大臣，甚为乾隆帝所倚任。阿桂知人善任，极为重视在他的部属中拔擢人才，常常因某个部属说了一两句有见地的话而上书推荐，提拔重用。所以，人们喜欢在他手下做事，为其所用。如其部属兴奎以将校从事，阿桂发现他是个将才，便任命他率军攻克某岭，结果，即日克捷。后来，兴奎终于成为名

---

① 《新唐书》卷一四九《刘晏传》，第4795页。
② （宋）司马光：《资治通鉴》卷二二六《唐纪四十二》，德宗建中元年，第7285页。
③ 《宋史》卷二八一《寇准传》，第9531页。

将。与之经历相似的还有王昶、韩鄑、百龄等，皆因阿桂的推荐，而以微员致司寇、协办大学士等显贵要职。

## ― 不限其方的不拘一格 ―

有远见的政治家，往往能不限于一方，而是从不同方面网罗人才，甚至在敌国、敌方中的人才，也尽量做到为我所用，具有这种魄力者多可成为成功的政治家。

曹操提拔重用人才，以统一大业为重，不念旧恶，不记私仇，对过去在敌对势力中反对过自己、但又投奔他的帐下的人才，他同样能予以重用。如著名文人陈琳，在官渡之战前曾经为袁绍写檄文痛骂曹操。檄文中除了诋毁曹操是"赘阉遗丑"、其父曹嵩是曹腾"乞丐携养"[①]外，还列举曹操忘恩负义等种种罪状；最后斥责曹操劫持献帝，意图篡位。并号召上下一心，共同消灭曹操。文章写得淋漓尽致，气势逼人。当时曹操看了檄文十分恼火，但气愤之余，又很欣赏陈琳的文才。后来，曹操打败袁绍，捉到陈琳。曹操当面责怪他一番，陈琳惶恐请罪，认为必死无疑。但曹操并没有处分他，反而任用他做司空军谋祭酒，负责掌管文书工作。后来，曹操的许多军政文告都出自陈琳之手。

三国时的名将张绣，本属董卓系统，英勇善战，曾是曹操的死敌，与曹操多次交战，曹操的儿子曹昂和侄子曹安民都死于张绣之手。后来，为了统一的需要，曹操不计前嫌，在官渡之战前与他握手

---

① 赘阉遗丑，指宦官的儿子。乞丐携养，指因家贫被宦官曹腾收为养子。

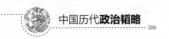 

言欢，重归于好。为了消除张绣的疑虑，曹操还娶张绣之女为儿媳，以安其心。后来在官渡之战和征讨袁谭等战役中，张绣奋力作战，立下汗马功劳，并被封为列侯。其他诸如张辽、徐晃、张郃、高览、许攸等人，也是曹操"取于亡虏之内，皆佐命立功"①，或列为名将，或列为谋士。正由于曹操在用人上能够罗织、重用敌方人才，使得许多过去反对过他、或正服务于敌方的文臣将士们，都能消除顾虑，纷纷投奔到他的帐下。

在用人问题上，蜀相诸葛亮从不分亲疏，不问来自何方。在蜀汉政权中，既有刘备的旧臣故属，也有荆益士人和西北降将。刘备初入蜀时，为取得刘璋的旧属及益州本地士人的支持，诸葛亮不分亲疏，都量才加以重用。刘璋的军议校尉法正最早加入刘备集团，因而被委任为蜀郡太守，扬武将军；益州太守董和，为官正直清廉，诸葛亮让他与自己一起管理将军事务，官职掌军中郎将；刘璋的广汉长黄权，曾劝刘璋不要请刘备入蜀，后来又坚决抵抗过刘备的军队，诸葛亮仍让刘备封他为偏将军。还有李严、马忠、张嶷等刘璋的大员以及关壹、费观、庞羲等刘璋的姻亲，也"皆处之显任"。即使被刘璋排挤打击的人，也一一加以录用。如刘巴，诸葛亮称赞他说："运筹策于帷幄之中，吾不如子初（刘巴字）远矣！"②对他委以重任。对于死敌曹魏方面投降过来的人，诸葛亮同样予以重用。姜维，原是魏国低级将领，诸葛亮第一次北出祁山伐魏时，取天水郡（郡治今甘肃天水），姜维投降。诸葛亮见他"忠勤时事"，且"有胆义，深解

---

① 《三国志》卷一《魏书·武帝纪》裴松之注引《魏书》，第54页。
② 《三国志》卷三九《蜀书·刘巴传》裴松之注引《零陵先贤传》，第982页。

兵意"①，就提拔他为奉义将军，封当阳亭侯，后又迁中监军、征西将军。其后还让他承担了北伐中原的重任。诸葛亮死前遗嘱姜维代其统军。其他的西北骁将如马超等在投靠蜀汉后也都被诸葛亮委以重任。

由于诸葛亮十分注意从各集团、各阶层中选用人才，所以在他周围聚集了一大批治国人才，为其治理蜀国及实现统治权力有秩序地过渡奠定了组织基础。

在不拘一方、广用人才的事例中，唐武则天时宰辅狄仁杰与清初宰辅范文程也都颇具代表性。

武则天时代，东北一带的契丹部落虽然早在唐王朝的一统之下，但常常侵扰内地，掠取财货。当时，李楷固、骆务整都是契丹首领李尽忠部的别帅，骁勇善战。李尽忠寇掠内地时，二人数挫唐军。后来兵败投降，法司请依法论罪。宰相狄仁杰认为，他们二人骁勇善战，假若能宽恕他们，免于一死，他们肯定能感恩效节，尽力于我朝。又奏请武则天授其官爵，委以重任。武则天下诏从之，赦免了他们，并封李楷固为左玉钤卫将军，赐如武；封骆务整为右武威卫将军。命他们率军消灭契丹残余。圣历三年（700），二人讨契丹余众，破之，献俘于含枢殿，武则天十分高兴，举杯劝酒于狄仁杰，赏其知人。

清初辅臣大学士范文程在清兵入关、挺进中原的过程中，特别注意延揽、招降明朝文武官员，早在天聪五年（1631）大凌河之役，他就因招降明朝守将而立功。天聪七至八年（1633～1634）间，他曾受皇太极委派对来降明将孔有德、耿仲明、尚可喜等进行联络和安抚。崇德七年（1642）二月，明朝大将洪承畴在松山战败被俘，清

---

①《三国志》卷四四《蜀书·姜维传》，第1063页。

人极力劝其投降，但洪承畴誓死不降，骂不绝口。范文程前去劝降，"以善言抚之，因与谈论古今事"，解除洪承畴的思想顾虑。交谈中，时有梁上积尘飘落于洪承畴的衣襟之上，洪屡屡拂拭之。机敏的范文程见此情景，断定洪承畴必可说降，他即告皇太极："承畴不死矣，其敝衣犹爱惜若此，况其身邪？"[①] 不久，他又经过巧妙而耐心地劝说，一向表示要以死报国的洪承畴，果然如范文程所料，终于乖乖地降服了。

清军入京后，范文程为进一步争取汉族地主阶级的支持和合作，更是"安抚孑遗，举用废官，搜求隐逸"[②]。故明尚书倪元璐的家人投牒范文程，请允请扶丧南归，范文程热心帮助，并遣骑兵持令箭护送。于是许多殉难诸臣之丧都次第南归。范文程此举赢得亡明官僚的感激，对以后汉族官僚入仕清朝起到了很大作用。

## 4　礼贤下士的艺术

周文王之遇姜太公，可以看作是礼贤下士的开端，中国历史上礼贤下士之风的形成，则是春秋战国时代。在列国纷争中，能才贤士对于一国兴衰起着极为重要的作用，如王充所言："六国之时，贤才之臣，入楚楚重，出齐齐轻，为赵赵完，畔魏魏伤。"[③] 在这种情况下，

---

① （清）昭梿：《啸亭杂录》卷八《洪文襄之降》，中华书局1980年版，第249页。
② 《清史稿》卷二三二《范文程传》，第9352页。
③ （汉）王充著，黄晖校释：《论衡校释》卷一三《效力》，《新编诸子集成》本，中华书局1990年版，第586页。

那些一心争霸、"庸敢傲霸王"的君主们，便会千方百计地礼贤下士，善待人才，齐国的高士王斗才会宣称"斗趋见王为好势，王趋见斗为好士"，齐宣王也"趋而迎之于门"。[①]一些有公心的相臣也常常为君主延揽人才，甚至一些诸侯国的执政重臣自己也都纷纷养士，齐之孟尝君、赵之平原君、魏之信陵君、楚之春申君、秦之吕不韦，所养士人食客都在 3000 人以上。

## — 孟尝君的厚禄养士 —

孟尝君养士的特点在于一个"养"字，不计当时才能如何，不计当时是否可用，一概以厚禄养之，而且是无微不至，从而充分换取人心。他接待宾客时，往往遣人事先躲在屏风之后，暗中记下与宾客谈话的内容及宾客父母所在，待宾客离去时，孟尝君早已派人去慰问宾客的父母家人。他为了表示自己对宾客的诚心，甚至与他们一起吃饭。在一次他与宾客一起用晚餐时，因一人挡住火光，其中一食客十分不满，以为彼此饭菜质量不等，便起身辞去，孟尝君亲自将自己的饭菜与其对比，结果一样。那宾客感到羞惭而自杀。诸侯宾客因此纷纷归附孟尝君。孟尝君对所养宾客士人不分贵贱，皆加以厚待。齐国有位叫冯谖的人贫穷得无以自存，便去投靠孟尝君，当孟尝君问他有何爱好和才能时，他竟坦然地答道："客无好也"，"客无能也"。尽管如此，孟尝君仍然是"笑而受之"。这种情况下，冯谖本应安于现状，为能做孟尝君的门客而心满意足。然而，冯谖却似乎没有注

① 何建章注释：《战国策校释》卷一一《齐策四》，第404页。

意到自己仰人鼻息的处境，反倒对自己所受的待遇一再公开表示不满，而且要求越来越高。有一天，他靠着柱子弹着他的剑，高声唱道："长铗归来乎！食无鱼。"孟尝君左右办事的人把这件事告诉了孟尝君，孟尝君答应了他的要求。不久，冯谖又弹剑唱道："长铗归来乎！出无车。"孟尝君的门客们都讥笑他，但孟尝君还是满足了他的要求。谁想不几日，冯谖又弹剑唱起他新的要求来："长铗归来乎！无以为家。"左右的门客们对他一再无理的要求都开始厌恶起来，责怪他太贪得无厌。可孟尝君却关心地询问冯谖："冯公有亲乎？"对曰："有老母。"孟尝君得知后立刻派人供给他的老母衣食所用，不使之缺乏。[①] 从此，冯谖不再弹剑作歌，而是竭力为自己的主子出谋划策，奔走效劳。

一次，冯谖到孟尝君的封地薛（今山东滕州）去收债，冯谖假借孟尝君的名义，把收债债券全部当众烧毁，以笼络人心。回去告诉主人，说是为他烧券市义。孟尝君见他空手而回，心中不悦。后来孟尝君被齐湣王罢官，回到薛地，老百姓感恩戴德，扶老携幼，远道前来迎接，这时孟尝君才真正意识到冯谖为自己市义的重要意义，了解到冯谖是个有政治远见、才能卓越的人，对他愈发尊重和信任。冯谖告诉孟尝君："狡兔三窟，仅得免其死耳。今君有一窟，未得高枕而卧也。请为君复凿二窟。"于是冯谖又为其出使魏国，请魏王以厚金高位礼请孟尝君。齐湣王惧孟尝君为邻国所用，便收回成命，恢复了孟尝君的相位，并由此大大抬高了他的身价，使齐王有所顾忌而不敢对孟尝君轻举妄动。这是冯谖为孟尝君凿的第二窟。接着他又向孟尝

---

① 何建章注释：《战国策校释》卷一一《齐策四》，第381页。

君献计："请先王之祭器，立宗庙于薛。"以使孟尝君的封地不受侵犯。宗庙建成后，冯谖说："三窟已就，君姑高枕为乐矣。"[①] 孟尝君为相数十年，果然再无祸患，这都靠了冯谖的计谋。当然，归根结底，主要是靠了他的礼贤下士、厚待宾客的做法。

## — 曹操的礼贤下士 —

曹操为实现统一大业，求贤若渴，礼贤下士，特别是对那些谋臣猛将，倍加礼遇。如东汉末名士荀彧前来投奔他时，他欣喜万分，兴奋地说："吾之子房也。"把得到他比作汉高祖得到谋臣张良（字子房），并立即委任为司马，这年荀彧年仅29岁。后来荀彧又向曹操举荐侄子荀攸，曹操大喜，当即亲自写信给荀攸，请他出山相助，言语十分恳切动人。信中说："方今天下大乱，智士劳心之时也，而顾观变蜀汉，不已久乎！"荀攸欣然应命，被任为尚书要职，两人一番促膝谈论后，曹操知其确有大才，甚为高兴，对谋臣们说："公达（荀攸字），非常人也，吾得与之计事，天下当何忧哉！"[②] 于是，又任命他为军师，付以谋划军机要任。官渡之战中，袁绍谋士许攸来降，曹操听到门人报讯后，惊喜不已，连鞋都顾不上穿，就"跣出迎之"，见了他，拉着他的双手笑道："子远，卿来，吾事济矣！"[③] 许攸来前对曹操是否能礼遇自己一直忐忑不安，看到如此情景后，便放

① 何建章注释：《战国策注释》卷一一《齐策四》，第382页。
② 《三国志》卷一〇《魏书·荀攸传》。
③ 《三国志》卷一《魏书·武帝纪》裴松之注引《曹瞒传》，第21页。

下心来，密报曹操说，袁绍派淳于琼等率军万余，护送运粮车，屯于乌巢（今河南延津东南），并建议前往偷袭。此计如同釜底抽薪，能从根本上削弱袁绍，但是众人皆疑，不敢轻信，而曹操则果断地采纳许攸的建议，亲率精骑五千，连夜袭击乌巢，大破袁军，袁军军心动摇，土崩瓦解。

　　建安五年（200），曹操破刘备于小沛（今江苏沛县东），又破关羽于下邳（今江苏睢宁西北），刘备之妻和关羽都被曹操俘虏。曹操待关羽礼遇甚厚，拜为偏将军。但关羽"身在曹营心在汉"，无意久留曹方。曹操对他十分器重，千方百计想留住他，于是就让张辽去试探一下关羽。关羽对张辽说："吾极知曹公待我厚，然吾受刘将军厚恩，誓与共死，不可背之。吾终不留，吾要当立效以报曹公乃去。"① 张辽将关羽的话转告给曹操，但又担心曹操听后发怒，将关羽杀掉。谁知曹操听后却赞叹道："事君不忘其本，天下义士也。"② 不久，袁绍派大将颜良围攻曹东郡太守刘延于白马（今河南滑县东），曹操使张辽、关羽前往救援，关羽策马刺杀颜良于万众之中，白马之围遂解。曹操又表封关羽为汉寿亭侯，重加赏赐。关羽认为他已向曹操报了恩，便留下书信一封与曹操告别，到袁绍处寻找刘备去了。曹操手下人要去追赶，曹操说："彼各为其主，勿追也。"南朝刘宋人裴松之在《三国志·蜀书·关羽传》注中对曹操的这种做法大加褒赞：

　　　　臣松之以为曹公知羽不留而心嘉其志，去不遣追以成其义，

---

　　① 《三国志》卷三六《蜀书·关羽传》，第940页。
　　② 《三国志》卷三六《蜀书·关羽传》裴松之注引《傅子》，第940页。

自非有王霸之度，孰能至于此乎？斯实曹公之休美。①

　　曹操礼贤下士，善待人才，使得当时天下许多人士纷纷投奔他来，曹操的周围形成了"猛将如雨，谋臣如云"的盛况。

　　诸葛亮对于人才也同样是礼遇备至。许靖是汝南名士，刘备鄙视他的节操，不予任用。诸葛亮爱其才，便"亲为之释"②，他对刘备谏曰："靖，人望，不可失也，借其名以竦动宇内。"③并事之以长辈之礼。杜微是益州德高望重的学者，常称聋不仕。诸葛亮以杜微为主簿，请他出仕。其推辞不就，诸葛亮就用车请他到官府；其耳聋交谈不便，就当面与之笔谈。诸葛亮恳切地向他说："君但当以德辅时耳，不责君军事，何为汲汲欲求去乎！"④杜微被他的诚意和尊重所打动，便出山为官，任谏议大夫。

## 5　进退贬抑的艺术

　　中国古代有一些政治家，对于人才的选拔、推荐与管理，总是以皇帝利益为重，以国家的长治久安为前提。如果发现一人才对治国有用，可以不惜一切将之简拔于卒伍之中；但一旦发现此人的存在与行为已经对皇帝或国家构成威胁，纵使他是天下奇才，也将其杀之而不痛惜，真正做到了进退自如。当然，能做到这一点者在中国古代是屈

---

① 《三国志》卷三六《蜀书·关羽传》，第940页。
② 《三国志》卷三八《蜀书·许靖传》，第965页。
③ （三国）诸葛亮著，段熙仲、闻旭初编校：《诸葛亮集》卷二《称许靖》，第49页。
④ 《三国志》卷四二《蜀书·杜微传》，第1020页。

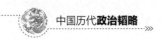

指可数的，著名者有萧何、诸葛亮等人。

## ——"成也萧何，败也萧何"——

楚汉战争中，汉相萧何恪尽职责，他从战争需要出发，特别注意为刘邦物色访察引荐贤能人才。历代传为美谈的"萧何月下追韩信"即是突出一例。韩信出身贫贱，且有"寄食漂母""胯下之辱"的坏名声，故不为人所重。曾投奔项梁、项羽，未被重用。刘邦进入巴蜀时，他弃楚归汉，但刘邦开始也未重用他，只让他担任管理粮食的治粟都尉。韩信觉得在此地也难以施展自己的才能，且重用无望，便不辞而别。在此之前，萧何曾与韩信接触并交谈过，断定他是一个智勇双全、出类拔萃的帅才，只是还未来得及向刘邦推荐。萧何得知韩信出走的消息后，来不及告诉刘邦就亲自昼夜兼程地追赶韩信。刘邦不明真相，以为萧何逃跑，痛如失掉左右臂，大发雷霆。几日后，萧何与韩信一起返回，刘邦转怒为喜。责问萧何为何逃跑。萧何答曰："臣不敢亡也，臣追亡者。"并告诉他追的是韩信。刘邦对其貌不扬、无所知名的韩信没有好感，闻萧何之言，不由大骂起来："诸将亡者以十数，公无所追；追信，诈也。"萧何劝他说："诸将易得耳，至如信者，国士无双。王必欲长王汉中，无所事信；必欲争天下，非信无所与计事者。"刘邦志在天下，便答应拜韩信为将。萧何认为不可："虽为将，信必不留。"刘邦说："以为大将。"于是想立即召见韩信拜之。萧何又劝止道："王素慢无礼，今拜大将如呼小儿耳。此乃信所以去也。王必欲拜之，择良日，斋戒，设坛场，具礼，乃可耳。"①
结果，刘邦听从萧何劝告，毅然决然地将韩信简拔为汉军元帅，并且
择日筑坛，隆重地举行拜将仪式。

后来，韩信果然不负萧何的厚望，帮助刘邦分析楚汉形势，使刘
邦有相见恨晚之感。而韩信被拜为大将后，如鱼得水，其军事才能得
以充分发挥，并屡建巨勋。楚汉战争时，刘邦采用韩信之计策，出奇
兵，度陈仓，攻入关中；接着又攻击函谷关，迫使魏王、殷王、河南
王等称臣于刘邦足下；刘邦在荥阳、成皋间与项羽相持时，韩信率军
抄袭项羽后路，破赵取齐，据有黄河下游之地，被刘邦封为齐王。汉
高祖五年（前202），韩信又率大军与刘邦会合，击灭项羽于垓下。
刘邦接着又改封韩信为楚王。当时，刘邦评价韩信是"连百万之军，
战必胜，攻必取"②的大将，时人也将韩信与萧何、张良并称为"汉
初三杰"。

大一统的汉王朝建立了，也标明韩信的功用已经完结，但可悲的
是，韩信并没有感觉到这个重大的转折，而仍然自视甚高，处处以功
臣自居。这使高祖日益不安，意识到他日后会对汉王朝构成威胁。高
祖六年（前201）十二月，有人告发楚王韩信窝藏楚将钟离眛，有意
谋反。刘邦欲乘机擒获韩信，于是采用陈平之计，伪游云梦（今湖
北），通知诸侯到陈地谒见。韩信因与钟离眛是故友，不忍杀之，但
知道刘邦猜忌，害怕被擒，只好逼使钟离眛自裁。眛警告他说："汉
所以不击取楚，以眛在公所。若欲捕我自媚于汉，吾今日死，公亦随

---

① 《史记》卷九二《淮阴侯列传》，第2611页。
② 《史记》卷八《高祖本纪》，第381页。

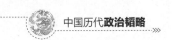

手亡矣。"遂自杀身亡。韩信持眜头献给刘邦，仍不免被擒。韩信叹道："果如人言：'狡兔死，良狗烹；高鸟尽，良弓藏；敌国破，谋臣亡。'"① 后韩信被降为淮阴侯，留住于京师长安被监禁起来。

如果此时韩信意识到自己的处境、随遇而安的话，也许会一生平安。然而韩信却日益不满，其野心膨胀进而走向谋反的死路。史称他："常称病不朝从。信由此日夜怨望，居常鞅鞅，羞与绛（即绛侯周勃）、灌（即灌婴）等列。"刘邦任阳夏侯陈豨以相国监代、赵两地兵权，上任前，陈豨到韩信处辞行。韩信屏退左右，与陈豨定下了里应外合、发动叛乱的密谋。陈豨到任后，便蓄养大批死士宾客，为叛乱招兵买马，聚集力量。高祖十年（前197），陈豨自立为代王，公开叛乱。刘邦率兵征讨陈豨，临行前，故意要求韩信随军前往，韩信以生病为名推辞。刘邦率军走后，韩信立刻紧张地进行谋反策划。他决定乘夜间率军兵袭击吕后与太子，并派人与陈豨联络，只待陈兵一到，便立刻付之行动。然而其密谋很快就被人告发到吕后处。吕后想召韩信，又怕他不肯就范，于是就同相国萧何商议。萧何设计让人诈称从前线回来，报告陈豨兵败身死，令群臣上朝祝贺。韩信听到此消息十分惊慌，犹疑不知所措。这时，萧何来见韩信，诱劝韩信应强打精神，上朝祝贺。韩信一向尊敬信任萧何，就听萧何的话，勉强入宫朝贺。一进宫，便被武士擒拿，以谋反罪将其斩于长乐宫钟室中。韩信临死前，后悔莫及地说："吾悔不用蒯通之计，乃为儿女子所诈，岂非天哉！"②

---

① 《史记》卷九二《淮阴侯列传》，第2627页。
② 《史记》卷九二《淮阴侯列传》，第2628页。

萧何慧眼识人，将韩信擢拔于卒伍之中，推举于统帅之位；后来当韩信野心膨胀、欲谋反于长安之时，又设计将其诱杀，为汉王朝清除一大隐患。他的这种做法完全是从维护整个汉王朝利益出发的。后来唐宋间流传这样的俚语："成也萧何，败也萧何。"①

## — 诸葛亮挥泪斩马谡 —

三国蜀相诸葛亮推行了开明而务实的人才管理方针。"诸葛亮挥泪斩马谡"就是其中一例。

马谡，字幼常，襄阳宜城人。随刘备入蜀，官至越巂太守。他才气过人，好论军事，诸葛亮极其器重，每次引见，总是通宵达旦。刘备临死前曾对诸葛亮说："马谡言过其实，不可大用。"②诸葛亮不以为然。诸葛亮在南征平乱中，曾向马谡询问策略，马谡提出"用兵之道，攻心为上，攻城为下；心战为上，兵战为下"的正确主张，深得诸葛亮的赏识，并在南征中予以采纳。公元228年春，诸葛亮北出祁山，第一次北伐曹魏。挑选先锋时，诸葛亮不听别人劝告，把有实战经验的宿将魏延、吴懿等搁在一边不用，而贸然让马谡做先锋。马谡没有实际作战经验，又违反诸葛亮的调度。在街亭（今甘肃秦安）遇曹魏主将张郃，他自作聪明，弃城不守，舍水上山，被张郃切断水道，杀得大败。由于街亭的失守，打乱了诸葛亮的整个战斗部署，诸葛亮被迫退回汉中。马谡逃回后，诸葛亮坚决按军法从事，忍痛收捕

---

① （宋）洪迈撰，孔凡礼点校：《容斋随笔》卷八《萧何绐韩信》，第316页。
② 《三国志》卷三九《蜀书·马谡传》，第983页。

马谡下狱，并杀之。谡临终前曾给诸葛亮写一书信，说："明公视谡犹子，谡视明公犹父，愿深惟殛鲧与禹之义，谡虽死无恨于黄壤也。"受刑之日，十万之众为之垂涕，诸葛亮也泪流满面，亲自为之临祭。当时许多蜀将都认为杀马谡实为可惜，纷纷劝说诸葛亮宽宥马谡，但诸葛亮认为治国治军必须赏罚分明，执法如山，违法必究。而后当蒋琬以"天下未定而戮智计之士"埋怨诸葛亮时，诸葛亮也是流着泪解释的。他用古代军事家孙武、魏绛用法严明的故事来开导蒋琬，并且指出当时统一大业刚刚开始，"若复废法，何用讨贼邪"！[1] 从这一点，我们不难看出诸葛亮斩马谡的用意。当然，诸葛亮也不讳己过，他公开向全军检讨自己的过错，并上疏后主，自贬三等。

　　诸葛亮黜来敏之例也是从大局利益出发的一个样本。来敏出身名门大族，是东汉名臣来歙、来艳之后。受家庭环境的熏陶，来敏自幼博览群籍，尤其长于训诂文字。但由于他恃才倨傲，语言不节，举动违常，故不得刘备重视，只署他为典学校尉这样的刀笔小吏。后主刘禅继位后，诸葛亮爱惜来敏的才学，提拔他为将军祭酒、辅汉将军，官职仅居诸葛亮之下。可是来敏并未收敛约束自己，反而更加放纵张狂，对于诸葛亮新提拔的官员十分不满，并在上层官员中扬言："新人有何功德而夺（我）荣资与之耶？诸人共憎我，何故如是？"在朝廷中影响很坏。诸葛亮果断地以"来敏乱群"之罪撤去他的职务，让他回家闭门思过。[2]

---

　　① 《三国志》卷三九《蜀书·马谡传》裴松之注引《襄阳记》，第984页。
　　② 《三国志》卷四二《蜀书·来敏传》裴松之注引《诸葛亮集》，第1025页。

# 七 养气之方

所谓养气之方，即气度修养之道也。古来曾有"宰相肚内能撑船"之谚，是讲为政者应具有超出常人的气度与胸怀。一个合格的政治家要有效地履行其职责，既要宽厚大度，虚怀若谷；又要临危自若，沉稳不躁；也要宠辱不惊，平心待物；当然，还要不计私怨，以国是为重。这些都是政治家气度的最好体现，也是政治家们所应孜孜以求，精心养成的。

## 1 宽厚大度之修养

对于个人恩怨，尤其是仇家冤家，若处置得体，可以得人心，扬名声；对于触忤不逊者，更应一笑置之。人际间的是是非非，均可以宽厚大度容之，这是政治家的应有气度。

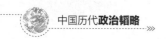 

## — "将相和"之雅量 —

　　战国时赵国上大夫蔺相如在处理与大将廉颇的关系时，宽厚大度，以坦荡的胸襟演出了一幕动人的"将相和"。赵惠文王时，曾得到楚"和氏璧"，秦昭王提出愿以十五城易之。时秦强赵弱，大臣们都认为若答应，不可能得秦十五城；而不答应，秦则会举兵相攻。此时，宦者缪贤荐其舍人蔺相如出使秦国。结果，相如不辱使命，完璧归赵。后又随赵王使秦，归来后，被拜为上大夫，位在名将廉颇之上。廉颇不服，说："我为赵将，有攻城野战之大功，而蔺相如徒以口舌为劳，而位居我上，且相如素贱人，吾羞，不忍为之下。"并宣言道："我见相如，必辱之。"相如闻知后，则尽量不与他相遇；朝会时，也常称病，不愿与廉颇争列上下。一次，相如外出，望见廉颇，便让车躲在一边避匿，他的门客们纷纷劝道："臣所以去亲戚而事君者，徒慕君之高义也。今君与廉颇同列，廉君宣恶言而君畏匿之。恐惧殊甚，且庸人尚羞之，况于将相乎？臣等不肖，请辞去。"蔺相如这时心平气和地问他们："公之视廉将军孰与秦王？"门客们答道："不若也。"相如又说：

　　夫以秦王之威，而相如廷叱之，辱其群臣，相如虽驽，独畏廉将军哉？顾吾念之，强秦之所以不敢加兵于赵者，徒以吾两人在也。今两虎共斗，其势不俱生，吾所以为此者，以先国家之急而后私仇也。

这番话传到廉颇那儿后，廉颇深为内疚，立即到蔺相如府上，负荆请罪，羞愧地说："鄙贱之人，不知将军宽之至此也。"①两人从此情义笃深，结为生死之交。

后世也有一些政治家，能像蔺相如这样，不计个人私怨，置怨结欢，宽厚待人。唐朝的房玄龄与李吉甫都有类似事例。

房玄龄任尚书左仆射后，曾大病一场，尚书省的郎官们要去探视，户部郎中裴玄本说："仆射病可，须问之；既甚矣，何须问也。"也就是说若房玄龄可痊愈，应去探望；若病重不堪，不久于人世，则不必探视了。此话自然传到了房玄龄那儿，属吏及宾客们都愤愤不平，要求房玄龄病愈上朝后从重处罚此人。但房玄龄却对人们说："玄本好谐谑，戏言耳。"房玄龄病愈后，立即到尚书省处理政务，他到以前，裴玄本忐忑不安，做好了最坏的打算。殊不知，房玄龄升堂后，看到裴玄本，只是半开玩笑地说了一句："裴郎中来，玄龄不死矣。"②

唐德宗时的宰相李吉甫为人公允平和，陆贽为相时，曾怀疑李吉甫与别人结为朋党，贬其为明州长史。陆贽可谓一代名相，但性情刚直，以天下为己任，每每犯颜上谏，触怒了朝中权要与德宗，被贬为忠州长史。时权臣裴延龄"欲害之"，想置陆贽于死地，遂奏请德宗，任命李吉甫为忠州刺史，他认为李吉甫曾被陆贽贬斥，结怨已久，肯定会设法加害陆贽。但李吉甫到任后，非但没有加害陆贽，反而与之"置怨，与结欢"，人们无不钦佩他的气量，而李吉甫也因此

① 《史记》卷八一《廉颇蔺相如列传》，第2443页。
② （宋）李昉：《太平广记》卷二四九《诙谐书》，中华书局1961年版，第1928页。

六年不得擢升。①

还有一些政治家为了不计私嫌，雍容大度，干脆不去过问怨嫌一方，以免自己把握不好，心存芥蒂。武则天时名相狄仁杰执法严明，刚正不阿，在地方和朝臣中得罪了一批人物。他在豫州刺史任上时，就有一些人上书则天，言狄仁杰之过失，极尽诬陷编织。天授二年（691），狄仁杰任宰相后，武则天对他说："卿在汝南，甚有善政，卿欲知谮卿者名乎？"狄仁杰则答道："陛下以臣为过，臣请改之；知臣无过，臣之幸也，不愿知谮者名。"②

北宋宰相吕蒙正也有一段类似的轶事。吕蒙正仁宗时初为参知政事，入朝堂时，有一名朝士在帘内指着他悄声道："是小子亦参政邪？"吕蒙正佯装不闻而过。同行的大臣十分生气，要去询问其官位姓名，被吕蒙正制止。朝会结束后，同僚们仍愤愤不平，后悔为何不追究。吕蒙正则说："若一知其姓名，则终身不能复忘，固不如毋知也。且不问之，何损？"③时人皆佩服其雅量。

## — 面对是非之雅量 —

对于同僚间的是是非非，一些政治家们能宽厚优容，处理得十分得体。北宋李沆，仕太宗、真宗两朝，为参知政事，其为政，专以严谨厚重镇服臣僚的浮躁狭隘，尤不乐随意论他人短长。知制诰胡旦贬

---

① 《新唐书》卷一四六《李吉甫传》，第4738页。

② （宋）司马光：《资治通鉴》卷二〇四《唐纪二十》，则天后天授二年，第6474页。

③ （宋）司马光撰，邓广铭等点校：《涑水记闻》卷二，第22页。

至商州后，久未召还。此人曾与李沆同为知制诰，听说李沆任参知政事后，以启贺之，并历数前任宰辅，多言前任之不是，启云："吕参政以无功为左丞，郭参政以失酒为少监；辛参政以非材谢病，优拜尚书；陈参政新任失旨，退归两省。"又极言李沆之才华，依附请讬之意甚明。李沆见启后，"愀然不乐"，命属吏封还，且言："我岂真有优于是者也，适遭遇耳。乘人之后而讥其非，我所不为。况欲扬一己而短四人乎？"① 所以，在他为相期间，一直不肯擢任胡旦。

北宋还有一位宰相王旦，在这些问题上也把握得十分得体。王旦为相时，寇准为枢密使，凡中书有关枢密院的事，王旦都让人送枢密院，一次，事情有误，寇准即上告真宗，真宗责王旦，王旦即请罪，并不辩解，其属吏亦遭责罚。不久，枢密院有事送中书省，亦有误，属吏拿到后欣然呈王旦，王旦并不上告真宗，只吩咐："却送与密院修正。"寇准收到后，十分惭愧。还有一次，中书用印偶倒，寇准即要求对当事吏人治罪。他日，枢院印亦倒用，中书吏人亦请王旦要求治其罪，王旦问："你等且道密院当初行遣倒用印者是否？"曰："不是。"王旦曰："既是不是，不可学他不是。"② 这种气度在中国古代官场中是十分少见的。

---

① （宋）叶梦得：《避暑录话》，中华书局1985年版，第76页。
② （宋）朱熹撰，朱杰人等编：《朱子全书》第12册《八朝名臣言行录》卷二《太尉魏国王文正公旦》，上海古籍出版社2010年版，第70页。

## — 不忍落井下石之雅量 —

对于政坛仇敌，能置怨结欢或释然不究固然可传为美谈，但若能平心相待，不落井下石，也可算作政治家的雅量，寇准之于丁谓可视为一例。丁谓多才多艺，机敏过人，但善于钻营，心术不正。初时，寇准并未识察其人，而是因其有才，多次力荐，很快将丁谓荐至参知政事。丁谓为参知政事后，仍对寇准谦恭有加。一次，中书省大宴群僚，寇准在豪饮之后，被羹汤玷污了胡须。丁谓见状，连忙走过来，轻轻地为寇准拂拭胡须。寇准不以为然地说道："参政国之大臣，乃为长官拂须邪？"①此后，丁谓在政见上也日益与寇准相左，终至水火不相容。天禧四年（1020）六月，丁谓利用刘皇后向真宗告发寇准，谎称寇准要挟太子架空皇上，夺朝廷大权。真宗将寇准罢相，擢升丁谓为相，不久，将寇准贬为相州司马。

圣旨下达时，丁谓擅自更改，又将寇准远徙为道州（今湖南道县）司马。次年四月，真宗病危，丁谓又联合刘皇后，要其下懿旨，再贬寇准为雷州司户参军。而且，丁谓派中使到道州宣读懿旨时，让中使故意在马前悬一锦囊，内插一把宝剑，让剑穗飘洒在外，以示将行诛戮。一般臣子见到这种场面，多误以为降旨赐死，不待开读诏书，便会主动自裁。但寇准却不予理睬。中使到道州时，他正与郡中僚属在府内聚饮，众人见中使一行杀气腾腾，十分惶恐，手足无措。寇准却神色自若地对中使道："朝廷若赐准死，愿见敕书。"② 中使窘

① 《宋史》卷二八一《寇准传》，第9533页。

② （宋）司马光撰，邓广铭等点校：《涑水记闻》卷六，第108页。

态百出，只得如实宣旨：敕贬寇准为雷州司户参军。

寇准到雷州后不到半年，丁谓也获罪罢相，被贬为崖州（今海南省）司户参军。丁谓赴崖州贬所，中途必经雷州，寇准的家童门人获此消息后，一致要求寇准趁此机会报仇。寇准此时固然也不可能与丁谓就此释怨，但他又不肯落井下石，更不愿让家人为报仇而坏了国法。因此，他在丁谓途经雷州之际，一方面将家人全部关在府内，使之纵情饮宴；另一方面，又派人携带一只蒸羊送到雷州州境，交与丁谓，显示出应有的气度。

## — 生活细节中的雅量 —

在政治舞台上可以看出政治家的气度，在生活小事与细节末梢中，也可以反映出政治家们的雅量。

北宋真宗朝宰相张齐贤，生性阔达，在其任江南转运使时，宴饮宾客，一仆人窃银器数件藏于怀中，张齐贤看到后佯作不知。以后，张齐贤的家仆门客均得到一定官职，而此仆人一直未有所获。一次，他向张齐贤求官，边说边哭泣道："某事相公最久，凡后于某者皆得官矣，相公独遗某何也？"张齐贤则告诉他：

> 我欲不言，尔乃怨我。尔忆江南宴日，盗我银器数事乎？我怀之三十年，不以告人，虽尔亦不知也。我备位宰相，进退百官，志在激浊扬清，安敢以盗贼荐耶？念尔事我久，今予汝钱

三百千，汝其去我门下，自择所安。①

此仆听后，拜泣而去。在这种小事上可以看出张齐贤既有宰相气度，而又不失人格，并不因宽厚而废条章，甚可称道。

北宋仁宗时名相范仲淹也有一段类似的故事。他在陕西经略安抚副使任上时，曾以黄金铸一笺筒，饰以七宝，每得朝廷诏敕，即贮之筒中。后此筒被一老卒盗去，范仲淹也是知而不究。因此，袁桷题范仲淹像云：

甲兵十万在胸中，赫赫英名震犬戎。宽恕可成天下事，从他老卒盗金筒。②

与范仲淹同时代的另一位宰相韩琦，也是这样一位于细微处见气度的人物。韩琦一次夜间作书，令一名侍卒持烛，侍卒不慎将烛火燃着了韩琦胡须，但他不气不躁，以袖拂灭，仍继续作书。不一会儿，他回头时，见到侍卒已换人，知道是主吏见其过失而易之。韩琦恐此卒受鞭挞，遂将其召还，并告诉主吏："勿易之，渠方解持烛矣。"③

还有一次，韩琦宴请一位重要客人，特地设下一桌，以锦绣覆盖，将一对玉盏置于其上。这对玉盏表里无瑕，为稀世之宝，只有贵客临门时，他才摆出。但其属吏一不小心，将玉盏碰翻在地，两只玉盏都被摔碎，坐客均愕然，属吏也立即伏地请罪，因为他们都知道

① （宋）魏泰撰，李裕民点校：《东轩笔录》卷二，中华书局1983年版，第19页。

② （清）丁传靖辑：《宋人轶事汇编》卷八《范仲淹》，第337页。

③ （宋）司马光撰，邓广铭等点校：《涑水记闻辑佚·附录一·韩琦为首相》，第346页。

玉盏是韩琦心爱之物。但韩琦神色依旧，笑着对客人道："凡物之成毁，亦自有时数。"又回头宽慰属吏道："汝误也，非故也，何罪之有？"①

## 2    虚怀若谷之修养

中国古代的政治家们，或以文显，或以能名，往往志满气扬，恃才傲物，真正能平心待物、虚怀若谷者，非成功政治家莫可为。如诸葛亮、魏元忠、王安石、司马光、欧阳修诸相，多可倾听他人之言，上至将相，下至平民园吏，凡有可采者，均欣然纳容。而且，若有过失，亦引罪自咎，严以自律；甚或归怨于己，代人受过。对于他人，则多推恩、让功，称颂伐善。这又可以说是广义上的虚怀若谷，是贤明政治家气度的又一体现。

### — 广开言路 —

刘禅即位之初，诸葛亮以丞相领益州牧，"政事无巨细，咸决于亮"②。他下达的第一道教令就是要百官们广开言路，集思广益，展示了一种宽阔的心胸与政治气量。他在教令中提出：

夫参署者，集众思，广忠益也。若远小嫌，难相违覆，旷

---

① （元）吴亮：《忍经诠解》第四十八《物成毁有时数》，天津古籍出版社2018年版，第94页。

② 《三国志》卷三五《蜀书·诸葛亮传》，第918页。

阙损矣。违覆而得中，犹弃敝跻而获珠玉。然人心苦不能尽，惟徐元直处兹不惑。又董幼宰参署七年，事有不至，至于十反，来相启告。苟能慕元直之十一，幼宰之勤渠，有忠于国，则亮可少过矣。

他还举出实例，表明自己广纳众言的态度。他说：

> 昔初交州平，屡闻得失；后交元直，勤见启诲；前参事于幼宰，每言则尽；后从事于伟度，数有谏止。虽资性鄙暗，不能悉纳，然与此四子终始好合，亦足以明其不疑于直言也。[①]

诸葛亮不是在做表面文章，在其政治实践中，他也的确善于汲取他人建议，听取他人规劝，表现出不凡的气度。上述教令下达不久，因诸葛亮亲自校阅簿书，其主簿杨颙即向他指出：

> 为治有体，上下不可相侵，请为明公以作家譬之。今有人使奴执耕稼，婢典炊爨，鸡主司晨，犬主吠盗，牛负重载，马涉远路，私业无旷，所求皆足，雍容高枕，饮食而已，忽一旦尽欲以身亲其役，不复付任，劳其体力，为此碎务，形疲神困，终无一成。岂其智之不如奴婢鸡狗哉？失为家主之法也。是故古人称"坐而论道，谓之三公；作而行之，谓之士大夫"。故丙吉不问横道死人而忧牛喘，陈平不肯知钱谷之数，云"自有主者"，彼

---

① 《三国志》卷三九《蜀书·董和传》，第980页。按：州平，即崔州平；元直，即徐庶；幼宰，即董如；伟度，即胡济。

诚达于位分之体也。今明公为治，乃躬自校簿书，流汗竟日，不
亦劳乎！ ①

这一段话，可以说是点出了诸葛亮为政的要害。言词虽然比较刻薄，
但诸葛亮仍虚心采纳，在以后的政治生涯中，对于事必躬亲、自校簿
书等习惯有所改变。杨颙死后，诸葛亮垂泣三日。

不久，益州南部的地方势力雍闿起兵反叛，诸葛亮率众南讨之
前，专门向参军马谡询问道："虽共谋之历年，今可更惠良规。"马谡
年轻气盛，不被人重视，但诸葛亮认为此人善谋略、有军计，因此，
常与他共商军机。这次，他又给诸葛亮提了一个很好的建议。他说：

> 南中恃其险远，不服久矣；虽今日破之，明日复反耳。今
> 公方倾国北伐以事强贼，彼知官势内虚，其叛亦速。若殄尽遗类
> 以除后患，既非仁者之情，且又不可仓卒也。夫用兵之道，攻心
> 为上，攻城为下；心战为上，兵战为下，愿公服其心而已。②

这一建议被诸葛亮全面采纳，因而，七擒孟获，安定了南中。

但马谡虽好谋略，善军计，却不善领兵应变，而且刚愎自用，对
此，诸葛亮也犯了偏信的过失。当其北伐时，未从众议，派马谡率军
占守街亭，而马谡既未听从诸葛亮的安排，又不接受副将王平的建
议，据守孤山，最终，兵败而归，使此次北伐功亏一篑。诸葛亮虽有
失察之过，但难能可贵的是能以宰相气度正视这一过失，他先挥泪斩

---

① 《三国志》卷四五《蜀书·杨戏传附王元泰赞》裴松之注引《襄阳记》，第1083页。
② 《三国志》卷三九《蜀书·马良传附马谡传》，第983页。

马谡，又上书刘禅，认为此次失利在于其授任无方，不能知人，请求自贬三等。这样，自降为右将军、行丞相事。

## — 闻过则喜 —

唐武则天时代的名相魏元忠是一位能以闻过则喜的气度正视自身的人物。魏元忠一直耿直忠诚，不阿邪佞，多次遭酷吏来俊臣及佞臣张易之兄弟的陷害，几致死地，武则天末年，被贬至岭南。中宗即位以后，即将其召还，拜为宰相。这时，武则天虽已交出政权，但武氏一族势力仍很强大，武三思与韦皇后互为表里，操纵朝政，排斥异己，搞得朝政昏暗，政局不安。中宗神龙元年（705）十一月，武则天病卒，中宗居丧，使魏元忠摄政三日。元忠素有忠直声望，朝野上下均存有一线寄托，对此，武三思十分忌惮，他伪造了武则天遗诏，褒扬元忠，并赐实封百户。魏元忠接到诏书，感激涕零，知情者感叹道："事去矣！"①也就是说，魏元忠如此感恩戴德，恐怕不会对武氏家族有所制约了。

在一个时期内，也的确如此。史称其"不复强谏，惟与时俯仰，中外失望"。这时，酸枣县尉袁楚客致书元忠，对其进行指责，致书中说：

> 主上新服厥命，惟新厥德，当进君子，退小人，以兴大化，岂可安其荣宠，循默而已！今不早建太子，择师傅而辅之，一失

① （宋）司马光：《资治通鉴》卷二〇八《唐纪二十四》，中宗神龙元年，第6597页。

也。公主开府置僚属，二失也。崇长缦衣，使游走权门，借势纳
赂，三失也。俳优小人，盗窃品秩，四失也。有司选进贤才，皆
以货取势求，五失也。宠进宦者，殆满千人，为长乱之阶，六失
也。王公贵戚，赏赐无度，竞为侈靡，七失也。广置员外官，伤
财害民，八失也。先朝宫女，得自便居外，出入无禁，交通请
谒，九失也。左道之人，荧惑主听，盗窃禄位，十失也。凡此十
失，君侯不正，谁与正之哉！①

若是平常气量，对这一指责可能无动于衷；气量狭小或奸佞之相，甚
至可能挟嫌报复，一解私愤。然而，魏元忠看过致书后，惭愧不已，
当即回复一函，向其谢罪。更重要的是，魏元忠能诚恳地接受这些指
责，并在其以后的政治生涯中有所改变。

神龙二年（706），秘书监郑普思蓄谋反叛，被西京留守苏瑰收
捕，但郑普思之妻与韦皇后过从甚密，在韦后的干预下，中宗向苏瑰
下诏，要其勿治郑普思之罪。朝会之时，苏瑰据理力争，但中宗还是
庇祐郑普思，武三思也秉韦后之意，为其开脱。这时，侍御史范献忠
奏道："请斩苏瑰。"中宗问："何故？"范献忠答道："瑰为留守大
臣，不能先斩普思，然后奏闻，使之荧惑圣听，其罪大矣。且普思反
状明白，而陛下曲为申理，臣闻王者不死，殆谓是乎！臣愿先赐死，
不能北面事普思。"当时，朝中大臣多慑于韦后与武三思之威势，未
有再上奏者，情况对范献忠与苏瑰很不利。若是以往，魏元忠不会违
忤武三思，也不会在朝中抗争什么，但接到袁楚客之书后，他愧悟改

---

① （宋）司马光：《资治通鉴》卷二〇八《唐纪二十四》，中宗神龙二年，第6601页。

变，因此，起身向前，非常肯定地上奏道："苏瑰长者，用刑不枉，普思法当死。"①见重臣魏元忠如此上奏，中宗只好将郑普思流放岭南，余党一并诛杀。

中宗太子非韦后所生，韦后与武三思一直图谋废太子，而魏元忠此时则倾向于太子一边，对武三思等人越来越看不惯。中宗景龙元年（707），太子发兵诛杀武三思，后因兵败被杀。魏元忠之子魏升参与起事，为乱兵所杀。太子死后，中宗究治同党，株连颇多。魏元忠毫不畏惧，在朝中公开说道："元恶已死，虽鼎镬何伤！但惜太子陨没耳。"兵部尚书宗楚客等人共同告发魏元忠："与太子通谋，请夷其三族。"②中宗因他是三朝重臣，不许。但魏元忠也决心不再合作，上表请解官爵，中宗允其致仕。魏元忠的这一改变，实际上是其虚怀纳言、闻过则喜的体现，也正是这种政治气度，成全了其晚节。

在政治舞台上如此，在生活细节与人际交往中，一些贤相名臣也同样是闻过则喜，体现出大家气度。

司马光在王安石变法中，因与王安石政见不合，出判西京（今河南洛阳）御史台，居洛15年之久。文彦博为洛阳太守时，不时外出游赏，每次必邀司马光。一日，司马光至独乐园，园吏视司马光如此，叹息不止，对其说道："方花木盛时，公一出数十日，不惟老却春色，也不曾看一行书，可惜澜浪却相公也。"园吏是在提醒司马光不要虚度时日。司马光听后深为惭愧，立刻拨马回府，誓不复出。从此以后，他孜孜不倦，致力于《资治通鉴》的编修。有邀之者，"必

_____

① （宋）司马光：《资治通鉴》卷二〇八《唐纪二十四》，中宗神龙二年，第6607页。
② （宋）司马光：《资治通鉴》卷二〇八《唐纪二十四》，中宗景龙元年，第6615页。

以园吏语谢之"。①

　　王安石变法时，对旧有经籍重加整理，他在整理《毛诗》时，曾对《七月》中的"剥枣"原注提出异议。他认为《毛诗》释"剥"为"击"不妥，应是"剥其皮而进之养老也"。但有一日，王安石野游至一山村，问主人何在，村人曰："扑枣去矣。"②王安石恍然大悟，归来后，即上《乞改三经义误字札子》云："臣近具札子，奏乞改正《经义》，尚有《七月》诗'剥枣者，剥其皮而进之，养老故也'十三字谓亦合删去。"③这种闻过即改的态度很为后人称道。对自身学问是学无止境，对他人学问则多加推崇，这也是王安石的气度所在。比如，他与苏轼在变法问题上政见不同，矛盾颇深，但在学问上，二人却都能平心相推，互相褒扬。王安石居江宁（今江苏南京）后，曾以骚体诗示苏轼，其中有句："积李兮缟夜，崇桃兮炫昼。"苏轼读后，赞叹不绝，道："自屈、宋没世，无复《离骚》句法，今乃见之。"王安石曰："非子瞻见谀，自负亦如此。然未尝为俗子道也。"④后王安石见苏轼《游蒋山》诗中"峰多巧障日，江远欲浮天"之句，乃抚机而叹："老夫平生作诗无此二句。"又曰："不知更几百年，方有如此人物。"⑤

————————

　　① （宋）吴炯：《五总志》，《丛书集成初编》本，中华书局1985年版，第3页。

　　② （清）丁传靖辑：《宋人轶事汇编》，卷一〇《王安石》，第493页。

　　③ （宋）王安石：《临川先生文集》卷四三《札子·乞改三经义误字札子》，中华书局1959年版，第460页。

　　④ （清）丁传靖辑：《宋人轶事汇编》卷一〇《王安石》，第492页。

　　⑤ （清）丁传靖辑：《宋人轶事汇编》卷一〇《王安石》，第492页。

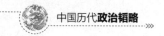 
## 3　临危自若之修养

一国辅臣，日理万机，要沉稳不躁，剖决如流，尤其在临大事、临乱事、临危事时，更应如此。

### — 生死存亡之际的清醒果断 —

公元前 206 年，秦王朝在各路反秦大军的攻势面前，土崩瓦解。刘邦先入关中，驻兵霸上；项羽也宣布自己为雍王，率大军向关中疾进。这时，一位儒生向他建议：

> 秦富十倍天下，地形强。今闻章邯降项羽，项羽乃号为雍王，王关中。今则来，沛公恐不得有此。可急使兵守函谷关，无内诸侯军，稍征关中兵以自益，距之。

刘邦接受了这一建议，并付诸实施。但项羽率领 40 万大军，势如破竹，斩关而入，进驻戏（今陕西临潼）；接着，又进至新丰鸿门，逼近刘邦。此时，项羽 40 万之众，兵精将勇；刘邦仅有 10 万之师，悬殊极大。大敌当境，刘邦部下人心惶惶；尤其是其左司马曹无伤此时又叛向了项军，并派人向项羽报告道："沛公欲王关中，使子婴为相，珍宝尽有之。"[1]项羽一听，十分恼怒，马上传令大军，明日一早向刘邦进攻。刘邦所面临的形势显而易见，如果大战爆发，必败无疑。对

---

[1]《史记》卷八《高祖本纪》，第364页。

于刘邦来说，这是他面临的第一个危急存亡之秋。

项羽的叔父项伯对这一形势十分清楚，他与张良是莫逆之交，而且张良曾对他有救命之恩。因此，他趁夜深人静，赶到刘邦营中，要张良随他一同离去，不要与刘邦同归于尽。张良马上将项羽的计划告知刘邦。刘邦听后，手足无措，连连发问："今为奈何？"张良则十分冷静地问刘邦：是谁出主意把守函谷关，不纳诸侯之兵。刘邦道："鲰生教我距关无内诸侯，秦地可尽王，故听之。"张良又问："沛公自度能却项羽乎？"刘邦默然，又说道："固不能也，今为奈何？"[①]张良遂设计让刘邦见项伯，与之约为婚姻，并拜托项伯回去后向项羽说明自己并无拒纳项羽之意，而是日夜盼望项羽至。项伯回去后，将刘邦之言转达，并劝项羽道："沛公不先破关中，公岂敢入乎？今人有大功而击之，不义也，不如因善遇之。"[②]这样，一场一触即发的大战平息了，刘邦化险为夷。在次日的鸿门宴中，张良又是处乱不惊，临危自若，使刘邦再次化险为夷。

## ── 叛乱危机中的冷静沉稳 ──

刘邦的另一位辅臣萧何也是临危自若，运筹帷幄，多次使刘邦化险为夷。高帝十年（前197），赵相陈豨起兵反叛，刘邦率军征讨。刘邦所面临的形势十分严峻：陈豨当初是受命为赵国相，监赵、代边兵，这是西汉王朝精兵所在；而刘邦下令征各诸侯国兵时，各地均

---

① 《史记》卷五五《留侯世家》，第2038页。
② 《史记》卷七《项羽本纪》，第312页。

不响应。刘邦率部抵邯郸后，只好让周昌在当地士卒中选可以为将者。周昌选来四人，刘邦见后很不满意，骂道："竖子能为将乎？"四人惭愧不安，伏地请罪，但刘邦也无可奈何，还是不得不用四人为将，各封千户。左右很不理解，认为在楚汉战争中的许多立功者还未受封，不应封此四人。刘邦却说："非汝所知。陈豨反，赵、代地皆豨有。吾以羽檄征天下兵，未有至者，今计唯独邯郸中兵耳；吾何爱四千户，不以慰赵子弟！"①

外情如此，而长安城中又在酝酿着一场反叛，密谋者就是淮阴侯韩信。韩信是西汉王朝的头号战将、开国功臣，刘邦先是封其为楚王；后遭人诬告，被收捕至京师，贬为淮阴侯。韩信居长安，多称病不朝，羞于与周勃、灌夫为伍。一次，刘邦与其议论诸将能将兵多少，他问韩信："如我能将几何？"韩信道："陛下不过能将十万。"又问："于君何如？"答："臣多多而益善耳！"这就是"韩信将兵，多多益善"的来历。陈豨往赵国赴任前，曾去韩信处告辞，韩信挥退左右，执其手至庭院中，仰天叹道："子可与言乎？"陈豨道："唯将军令之。"韩信遂言："公之所居，天下精兵处也；而公，陛下之信幸臣也。人言公之畔，陛下必不信；再至，陛下乃疑矣；三至，必怒而自将。吾为公从中起，天下可图也。"②陈豨果然依计而行。刘邦讨伐陈豨时，韩信称病不从，暗中派人与陈豨联系。韩信计划诈称诏书，赦免官府中的刑徒、奴隶，组编为士卒，袭击吕后与太子。部署已定，只待陈豨方面的消息。恰在此时，韩信手下一位舍人因故被他

---

① 《汉书》卷一下《高帝纪下》，第68页。
② 《史记》卷九二《淮阴侯列传》，第2628页。

囚禁，并要处死，舍人之弟遂将韩信的密谋向吕后告发，吕后便急忙与萧何商议。

这时的长安已无多少兵员，若韩信举兵反叛，会轻而易举地占领长安，再与陈豨里应外合，西汉王朝岌岌可危。但萧何并未慌张，也未急急发兵捕围韩信，而是冷静分析形势，认定对韩信只可设计巧取，不能强攻。萧何与吕后最后议定，谎称刘邦处有使节来，言陈豨已死，列侯、群臣都要入朝庆贺。萧何还特意让人告诉韩信："虽疾，强入贺。"[①] 听到陈豨已死，韩信自然无所适从，不会轻举妄动，而萧何又要他即使有病，也要勉强入朝。因此，他毫不戒备地到了朝中，结果被收捕处死。萧何为汉王朝又挽回了一次败局。

## ── 大敌压境中的泰然不躁 ──

东晋名相谢安，也是一位临危自若、沉稳不躁的名相。东晋孝武帝太元八年（383），前秦苻坚率军大举南下，步卒 60 余万，骑兵 27 万，旗鼓相望，前后千里。苻坚志满心骄，十分自信地说："投鞭于江，足断其流。"[②] 东晋王朝在宰相谢安主持下，派尚书左仆射谢石为征虏将军、征讨大都督，以徐、兖二州刺史谢玄为前锋都督，与辅国将军谢琰、西中郎将桓伊等共率 8 万兵众北上抗秦。

此时，大军压境，东晋以 8 万之众抗苻秦 80 万之师，胜负难卜，都城建康（今江苏南京）人心浮动，朝野上下，震恐不安。谢玄等

---

① 《史记》卷九二《淮阴侯列传》，第2628页。
② 《晋书》卷一一四《苻坚载记》，第2912页。

人受命之后，也是忐忑不定，谢玄亲自入朝，向谢安请教方略，谢安坦然如平日，只缓缓说道："已别有旨。"随后便一言不发。从后日战况发展看，谢安对此役也无全胜把握，但作为一国之相，他很好地体现了遇危不乱、安如磐石的气度，安定人心、稳定内部、等待战机，最终取得了胜利。但谢玄心中却难以理解，见谢安沉默不言，他未敢再问，又派部将张玄重新向谢安请教方略。谢安仍不授计，而是整备车马，到郊外山墅中游乐，召集亲朋，琴棋宴饮。谢安与谢玄对弈围棋，平时，谢安常败给谢玄，但这次对弈，谢玄心神不定，几次失手，很快便败于谢安。谢安又登山远游，常常深夜方归。江州（治今江西九江）刺史桓冲看到双方力量悬殊，主动派精锐 3000 人保卫京城，谢安坚决要他们返回，说："朝廷处分已定，兵甲无阙，西藩宜留以为防。"要桓冲自己留兵加强防卫。桓冲对此十分担心，向左右属吏道：

> 谢安石有庙堂之量，不闲将略。今大敌垂至，方游谈不暇，遣诸不经事少年拒之，众又寡弱，天下事已可知，吾其左衽矣！ [①]

也就是说，谢安虽有庙堂气量，但不懂将略，如此处置，我们将要沦为北方夷狄的俘虏了。

不过，战争的进程还是很快出现了转机。前秦先锋苻融率 30 万先锋兵士攻下寿阳（今安徽寿县）后，晋将胡彬退保硖石（今寿县

---

① （宋）司马光：《资治通鉴》卷一○五《晋纪二十七》，孝武帝太元八年，第3310页。

西北），苻融派部将梁成率兵 5 万屯驻洛涧，洛涧在硖石之东，这样，既切断了胡彬的退路，又阻挡着由建康派出的东晋大军。谢石、谢玄率晋军主力抵达洛涧附近后便停止前进，想以逸待劳，寻找战机。但胡彬困守硖石，山穷水尽，派人向谢石报告："今贼盛粮尽，恐不复见大军。"秦军捉到了送信人，立即向苻坚报告道："贼少易擒，但恐逃去，宜速赴之。"苻坚当即把大军留下，自己率 8000 轻骑，赶往寿阳。又派原东晋降将朱序前往晋营，劝谢石、谢玄投降。朱序则私下对谢石道："若秦百万之众尽至，诚难与为敌，今乘诸军未集，宜速击之；若败其前锋，则彼已夺气，可遂破也。"①

谢石、谢玄接受了这一建议，先派北府兵将领刘牢之率精兵5000 人，抢渡洛涧，击溃前秦梁成军，接着，东晋主力水陆并进，抵达寿阳附近，与前秦军隔淝对阵。谢玄派人对苻融说："君悬军深入，而置阵逼水，此乃持久之计，非欲速战者也。若移阵少却，使晋兵得渡，以决胜负，不亦善乎！"前秦将领们均反对却阵，向苻坚道："我众彼寡，不如遏之，使不得上，可以万全。"但苻坚似乎有更深的考虑，他自信地说："但引兵少却，使之半渡，我以铁骑蹙而杀之，蔑不胜矣！"从兵法上讲，这也属上上之策，但遗憾的是，前秦大军构成复杂，军心不齐，而苻坚挥师退却时，朱序又在阵后呐喊："秦兵败矣！"于是，一发而不可收。司马光对这一战况有一段精彩、生动的描述：

秦兵遂退，不可复止。谢玄、谢琰、桓伊等引兵渡水击之。

---

① （宋）司马光：《资治通鉴》卷一〇五《晋纪二十七》，孝武帝太元八年，第3311页。

融驰骑略阵，欲以帅退者，马倒，为晋兵所杀，秦兵遂溃。玄等乘胜追击，至于青冈；秦兵大败，自相蹈藉而死者，蔽野塞川。其走者闻风声鹤唳，皆以为秦兵且至，昼夜不敢息，草行露宿，重以饥冻，死者什七、八。[①]

在整个战役过程中，谢安虽然也忧心如焚，焦急地关注着战况的进展。但他又作出了一副坦然不移的神情，终日宴饮弈棋，安然如平日，这对稳定人心、安定局势起到了重要作用。淝水之战的驿报到达谢安手上时，他正与客人下围棋，展开驿报，知道大获全胜，他便随意地将驿报放在坐床上，并无喜色，继续对弈。客人询问战况，他才徐徐答道："小儿辈遂已破贼。"[②]虽然不喜形于色，但心中的欢喜还是难以遏止，以至于在他回房过门槛时，竟不知不觉地把屐齿折断。

## — 烽火频举中的应变如流 —

北宋名相寇准在大敌当前、烽火频举之时，应变如流，镇定自若，胸中自有甲兵胜算，其气度风范亦足以使后人仰止。

真宗景德元年（1004）八月，寇准被拜为同平章事，翌月，辽承天太后与辽圣宗即率大军南下，经保、定二州，直趋澶州（治今河南濮阳）。澶州距东京开封仅数百里，消息传来，北宋朝廷震恐不已，两位副相——参知政事王钦若、陈尧叟分别奏请真宗逃离开封，南至

---

① （宋）司马光：《资治通鉴》卷一〇五《晋纪二十七》，孝武帝太元八年，第3311～3312页。

② （宋）司马光：《资治通鉴》卷一〇五《晋纪二十七》，孝武帝太元八年，第3314页。

金陵（今江苏南京）或至成都。一时间，朝野内外，人心惶惶。真宗向寇准询问去留之策。寇准问："不知谁为陛下画此策？"真宗道："卿姑断其可否，勿问其人也。"寇准道：

> 臣欲得献策之人，斩以衅鼓，然后北伐耳。陛下神武，将臣协和，若大驾亲征，敌当自遁；不然，出奇以挠其谋，坚守以老其师，劳佚之势，我得胜算矣。奈何弃庙社，欲幸楚、蜀，所在人心崩溃，敌乘胜深入，天下可复保耶？①

真宗接受了这一建议，决定亲自率军北上，抗御契丹。

行至途中，留守京师的雍王元份暴病身亡，真宗命王旦返回开封，任东京留守，镇守京师。王旦深知此任事关大局，便向真宗请求："愿宣寇准，臣有所陈。"寇准到后，王旦奏道："十日不捷，何以处之？"这一问题既关乎真宗此次亲征的决心，又关乎北宋王朝的承嗣，所以，王旦要求寇准到场，可见其对寇准的倚重。真宗沉默良久后，决然答道："立太子。"②这实际上是说明若不取胜，决不回师。王旦得到这一承诺，立即驰还京师，直入禁中，号令严明，京城局势安平，稳如泰山。

真宗抵达澶州境内后，契丹四面连营，连连进犯宋军，这时，又有朝臣建议真宗南退金陵，真宗又有些犹豫不决，便召寇准询问。寇准马上对真宗道：

---

① （明）陈邦瞻：《宋史纪事本末》卷二一《契丹盟好》，中华书局2015年版，第142页。

② （明）陈邦瞻：《宋史纪事本末》卷二一《契丹盟好》，第144页。

陛下惟可进尺，不可退寸。河北诸军日夜望銮舆至，士气百倍。若回辇数步，则万众瓦解，敌乘其后，金陵亦不可得至也。

接着，又动员殿前都指挥使高琼，要他劝真宗继续北上。寇准也不停地催促道："机不可失，宜趋驾。"要真宗尽快启驾。君臣率大军遂继续北上。至澶州南城时，望见黄河对岸契丹兵马强盛，浩浩荡荡，许多大臣请求停在此地，不再北上。寇准坚持劝谏道："陛下不过河则人心益危，敌气未慑，非所以取威决胜也。"[①]高琼也坚决请求北上，两人不等真宗决定，便指挥禁卫军护卫真宗前行。真宗遂渡黄河，抵达澶州北城门楼，召诸将慰勉有加。北宋将士们知真宗亲自到达，欢呼雀跃，士气大振，真宗将军事大权完全交付寇准，自己居于城内行宫，寇准则将衙署建在北城城楼，号令严明，屡挫契丹。

真宗虽居城内行宫，但大敌当境，胜负难卜，总是心神不定，便派人到城楼看寇准在做什么，其人到城楼时，寇准正与知制诰杨亿饮宴博戏，喧闹歌谑。真宗及随行这才放心，道："寇准如是，吾复何忧。"[②]

寇准指挥大军连挫契丹，契丹见岁末天寒，澶州又难以攻下，遂派使节前来议和，提出要宋王朝割让瓦桥关以南的土地。真宗不同意割地，但认为可以每年向契丹送财货若干。寇准则主张，既不割地，也不送以财货，而是要契丹称臣，并献出以往所占领的幽、蓟二州。

---

① （明）陈邦瞻：《宋史纪事本末》卷二一《契丹盟好》，第145页。
② （明）陈邦瞻：《宋史纪事本末》卷二一《契丹盟好》，第145页。

他对真宗道:"如此,则可保百年无事,不然,数十年后,戎且生心矣。"当时,宋兵连胜,契丹急于议和退兵,寇准的计划极有实现的可能。但宋真宗却并不做长久打算,他说:"数十年后,当有捍御之者……姑听其和可也。"①寇准本意还要坚持要契丹割地称臣,但这时有人上告真宗,言寇准拥兵自重。寇准不得已,只好同意真宗主张,派曹利用前去盟和。

曹利用行前,真宗授权道:"必不得已,虽百万亦可。"寇准召其至自己帐中,告诫曹利用道:"虽有敕旨,汝所许过三十万,吾斩汝矣!"②曹利用至契丹军中,商定宋每年向辽输银10万两,绢20万匹,两国休战罢兵、结为盟好。和议成后,内侍误将30万传为300万,真宗大惊,接着又说:"姑了事,亦可耳。"③真宗回京不久,原主张迁都南逃的王钦若转而攻击寇准,讲寇准不顾帝王安危,促驾北上,是孤注一掷,而与契丹订立城下之盟是奇耻大辱,把一切过失都归于寇准一人。真宗遂罢寇准相位,出知陕州(今河南三门峡市)。

在这一过程中,北宋王朝之安危完全系于寇准一身,寇准以其胆识、气度与魄力,促驾北上,镇静自若,维护了北宋帝业。若无寇准之气度,而是依王钦若等人之言,北宋王朝早已播迁江南。更难能可贵的是,初胜之后,议和之际,面对奸佞谗言与真宗的不信任,寇准依然以大局为重,在力所能及的范围内减少北宋王朝的损失。可以说,若非寇准严令曹利用,北宋向契丹所输财货,绝不止30万。

① (明)陈邦瞻:《宋史纪事本末》卷二一《契丹盟好》,第145页。
② (明)陈邦瞻:《宋史纪事本末》卷二一《契丹盟好》,第145页。
③ (宋)李焘:《续资治通鉴长编》卷五八,真宗景德元年,第1292页。

　　以上政治家是临大事、临危难时镇定自若，沉稳不躁，其实，在一些小事微事发生之时，也可见到政治家们的气度雅量。

　　西汉成帝建始三年（前30），京城百姓盛传洪水将至，奔走相告，城中开始混乱。成帝召公卿大臣商议对策，大将军王凤建议乘船避难，让百姓登城避水，大臣们多附和之。只有王商冷静自若，缓缓分析道："今政治和平，世无兵革，上下相安，何因当有大水一日暴至？此必讹言也，不宜令上城，震惊百姓。"① 不多久，果然证实洪水是讹传，从而避免了一场混乱与虚惊。

　　唐敬宗时，宰相裴度一次在中书省当直，左右忽报印信丢失。印信是权力的凭证与象征，事关重大，其他人听后都惊恐失色，要求迅速派人搜寻。但裴度制止了众人，继续饮酒自若，了无此事。稍后，左右又报印信已回到原处，裴度微微点头，仍继续饮酒。有人询问其为何如此，他答道："此必吏人盗之以印书券耳，急之则投诸水火，缓之则复还故处。"②

## 4　宠辱不惊之修养

　　自战国始，朝为布衣、暮为卿相与朝为卿相、暮为布衣均成为官场平常事，尤其是秦汉以后，卿相大臣与阶下囚之间也并没有什么天然的区界，或宠或辱，依君主之喜怒而定，如何对待，则是每位政治家都面临的问题。成功的政治家们，大都可以做到宠辱不惊，处之泰

---

　　① 《汉书》卷八二《王商传》，第3370页。
　　② （宋）司马光：《资治通鉴》卷二四三《唐纪五十九》，敬宗宝历二年，第7848页。

然，体现出应有的政治家气度。

## — 狄仁杰的坚守 —

唐武则天时代，是一个政坛动荡纷纭的时代，新贵迭出，倏忽辄去，卿相与囚徒之间的转换更是须臾之间，宠辱的变故，随时可以降临到每一位政治家身上。在这一问题上，此时的名相狄仁杰做到了宠辱不惊，泰然处之。

狄仁杰是深得武则天倚信的一位重臣，在武则天称帝时代，他三度为相，也几次被贬，甚至险些被处以极刑，但不管是何境遇，他都是坚持操守，不缘物移情。武则天后期对狄仁杰的宠信可谓登峰造极。朝会之际，武则天多直呼其为"国老"而不称其名。狄仁杰好当廷谏诤，坚持不变，而武则天多屈意从之。一次，狄仁杰随武则天出游，一阵风过，将狄仁杰头巾吹落，其坐骑也惊奔不止，武则天急命太子追上前去，拉住马缰，这在当时是莫大的殊荣。在朝拜时，武则天也常不让其叩拜，说："每见公拜，朕亦身痛。"而且还免除了狄仁杰例行的宿直，并告诫并为宰辅的几位大臣道："自非军国大事，勿以烦公。"狄仁杰病逝之际，武则天痛苦涕泣道："朝堂空矣！"朝中每有大事难以决断时，她便感叹道："天夺吾国老何太早邪？"①

面对如此优遇，许多臣子可能会忘乎所以，他们或者骄奢淫逸，或者擅弄权柄，或者结党营私，以私废公。而狄仁杰却秉以公心，俭约奉公，从不阿顺奉迎。

---

① （宋）司马光：《资治通鉴》卷二○七《唐纪二十三》，则天后久视元年，第6551页。

无为可贵的是，优宠之时如此，受辱被囚之时，狄仁杰也是尽忠不贰，坚守道义，并不随波沉浮。他被来俊臣诬陷下狱后，佯装畏惧酷刑，招供谋反，等待机会，上奏诉冤。这时，大理判官王德寿以为有机可乘，想让狄仁杰供出另一位大臣杨执柔与他同党，借此作为擢升的功劳。他把这一想法直接告诉了狄仁杰。他说："尚书定减死矣，德寿业受驱策，欲求少阶级，烦尚书引杨执柔，可乎？"狄仁杰立即长叹道："皇天后土使仁杰为此乎！"①又将头撞柱，血流满面，王德寿只好作罢。

## — 李泌的淡泊 —

在中国古代政治舞台上，对宠辱问题把握得最好的政治家，李泌当算作一位。他处在安史之乱及其以后的混乱时代，为唐王朝的安定上言上策，立下殊功，但他贵而不骄，急流勇退，恰当地把握住了一个宠臣、功臣的应有分寸，善始善终，圆满地走完了自己政治的一生。

李泌少时聪慧，被张九龄视为"小友"；成年后，精于《易经》。天宝年间，玄宗命其为待诏翰林，供奉东宫，李泌不肯接受，玄宗只好让他与太子为布衣之交。当时李泌年长于太子，其才学又深为太子钦服，因此，太子常称之为"先生"，两人私交甚笃。这位太子就是后来的肃宗皇帝。后来，李泌因赋诗讥讽杨国忠、安禄山等人，无法容身，遂归隐颍阳。安史之乱爆发后，玄宗至蜀中，肃宗即位于灵武

---

① 《新唐书》卷一一五《狄仁杰传》，第4209页。

（今宁夏永宁西南），统领平乱大计，李泌也赶到灵武。对于他的到来，肃宗十分欢喜。史称：

> 上大喜，出则联辔，寝则对榻，如为太子时。事无大小皆咨之，言无不从，至于进退将相亦与之议。[①]

这种宠遇实在是世人莫及。但在这种情况下，李泌依然保持着清醒的头脑，平静如水。肃宗想任命他为右相时，他坚决辞让道："陛下待以宾友，则贵于宰相矣，何必屈其志！"[②]肃宗只好作罢。此后，李泌一直参与军国要务，协助肃宗处理朝政，军中朝中，众望所归。肃宗总想找机会给予李泌一个名号。

肃宗每次与李泌巡视军队时，军士们便悄悄指点道："衣黄者，圣人也；衣白者，山人也。"肃宗听到后，即对李泌道："艰难之际，不敢相屈以官，且衣紫袍以绝群疑。"李泌不得已，只好接受。当他身着紫袍上朝拜谢时，肃宗又笑道："既服此，岂可无名称！"马上从怀中取出拟好的诏敕，任命李泌为侍谋军国、元帅府行军长史。元帅府即天下兵马大元帅太子李俶之府署，李泌不肯，肃宗劝道："朕非敢相臣，以济艰难耳。俟贼平，任行高志。"这样，他才勉强接受下来。肃宗将李俶的元帅府设在宫中，李泌与李俶总有一人在元帅府坐镇。李泌又建议道：

> 诸将畏惮天威，在陛下前敷陈军事，或不能尽所怀；万一

---

① （宋）司马光：《资治通鉴》卷二一八《唐纪三十四》，肃宗至德元载，第6985页。
② （宋）司马光：《资治通鉴》卷二一八《唐纪三十四》，肃宗至德元载，第6985页。

　　小差，为害甚大。乞先令与臣及广平（即广平王李俶）熟议，
　　臣与广平从容奏闻，可者行之，不可者已之。①

　　肃宗采纳了这一建议，这实际上是赋予李泌朝政全权，其地位在诸位
宰相之上。当时，军政繁忙，四方奏报自昏至晓接连不断，肃宗完全
交付李泌，李泌开视后，分门别类，转呈肃宗。而且，宫禁钥匙，也
完全委托李泌与李俶掌管。

　　面对如此殊遇，李泌并不志满气骄，而是竭心尽力，辅助肃宗，
在平定乱军、收复两京以及朝纲建设上，都建有不可替代之功，实际
上是肃、代两朝的开朝元勋。

　　平定安史之乱、肃宗返回长安后，李泌不贪恋恩宠与富贵，向肃
宗提出要退隐山林。他说："臣今报德足矣，复为闲人，何乐如之！"
肃宗则言："朕与先生累年同忧患，今方相同娱乐，奈何遽欲去乎！"
李泌陈述道："臣有五不可留，愿陛下听臣去，免臣于死。"肃宗问：
"何谓也？"李泌答道：

　　　臣遇陛下太早，陛下任臣太重，宠臣太深，臣功太高，迹
　　太奇，此其所以不可留也。

可以说，李泌的这"五不可留"，意味还是十分深刻的，尤其是"任
臣太重，宠臣太深，臣功太高"更是三项必去的理由。身受宠荣，能
冷眼相对，不沉迷其中，这是难得的政治家气度。肃宗听后，有些不

_____

　　① （宋）司马光：《资治通鉴》卷二一八《唐纪三十四》，肃宗至德元载，第6997页。

以为然，劝道："且眠矣，异日议之。"李泌则坚持道："陛下今就臣榻卧，犹不得请，况异日香案之前乎！陛下不听臣去，是杀臣也。"说到这儿，肃宗有些不高兴了，反问道："不意卿疑联如此，岂有如朕而办杀卿邪！是直以朕为句践也！"李泌还是坚持道：

　　陛下不办杀臣，故臣求归；若其既办，臣安敢复言！且杀臣者，非陛下也，乃'五不可'也。陛下昔向日待臣如此，臣于事犹有不敢言者，况天下既安，臣敢言乎！　①

肃宗无可奈何，只好听其归隐嵩山。

　　代宗李俶即位后，又将他召至朝中，将他安置在蓬莱殿书阁中，依然恩宠有加。但此时，李泌却居安思危，感受到了他与代宗之间的微妙变化。当李俶为太子时，局势动荡，其皇储之位也不稳定，因此，他视李泌为师长，百般倚重，而李泌也尽心辅佐，几次救其于危颠。而现在，他已是一国之君，对于往昔的这位师长、勋旧固然有道不尽的恩宠，但也有种种道不明的不安与不自如。

　　这时，朝中有一位专权的宰相元载，这位宰相大人，与李泌是截然相反的人物。他凭借代宗的宠任，志气骄逸，洋洋自得，自认为有文武才略，古今莫及。他专擅朝政，弄权舞弊，僭侈无度。曾有一位家乡远亲到元载这儿求取官职，元载见其人年老猥琐，便未许他官职，只写了一封给河北道的信交与他。老者走到河北境内后，将信拆开一看，上面一句话也没有，只是签了元载之名，老者十分不悦，但

　　① （宋）司马光：《资治通鉴》卷二二〇《唐纪三十六》，肃宗至德二载，第7036页。

既已至此，只好持此信去拜谒节度使。僚属们一听有元载书信，大吃一惊，立即报告节度使。节度使派人将信恭恭敬敬地存到箱中，在上等馆舍招待老者，饮宴数日。临行时，又赠绢千匹。这可见元载的威权之重。

就是这位元载，见李泌如此被信用，十分忌妒，与其同党不断攻击李泌。在李泌重回朝中的第三年，也就是大历五年（770），江西观察使魏少游到朝中寻求僚佐，代宗对李泌道："元载不容卿，朕今匿卿于魏少游所，俟朕决意除载，当有信报卿，可束装来。"[①] 于是，代宗任命李泌为江西观察使判官。这个任命与李泌在朝中的地位可谓天上地下，太不相称，但李泌还是愉快地远赴江西。

客观地说，元载是不容李泌的，但元载虽为权臣，毕竟只是文人宰相，未握兵权，代宗若要除他，易如反掌。但值得玩味的是，在元载与李泌的天平上，代宗明显地偏向了前者。所以，要提出种种借口与许诺。

李泌到江西七年后，也就是大历十二年（777），代宗方罢元载相，以图谋不轨诛元载及其全家。元载倚宠专权，下场可悲。一年以后，大历十三年（778）年末，代宗方召李泌入朝。李泌到朝中后，君臣之间有一段很有意思的对话。代宗对李泌道："与卿别八年，乃能诛此贼。赖太子发其阴谋，不然，几不见卿。"对这一解释，李泌似乎不能接受，他对答道："臣昔日固尝言之，陛下知群臣有不善，则去之。含容太过，故至于此。"对此，代宗只好解释道："事亦应十

---

① （宋）司马光：《资治通鉴》卷二二四《唐纪四十》，代宗大历五年，第7215页。

全，不可轻发。"①

李泌到长安刚刚安顿下来，朝中新任宰相常衮即上言道："陛下久欲用李泌，昔汉宣帝欲用人为公卿，必先试理人，请且以为刺史，使周知人间利病，俟报政而用之。"②这一建议，可以说是十分荒唐。李泌自肃宗时即参与朝政机要，多次谢绝任相的旨意，而肃宗也实际上将他视为宰相。代宗即位，召其至朝中，也是要拜为宰相，但李泌又拒绝就任。如今常衮以代宗欲用李泌为由，要将他放为州刺史，应当是秉承了代宗的旨意。所以，第二年初，代宗便任命李泌为澧州刺史。澧州是偏远州郡，对于这一明显带有贬谪含义的任命，李泌未发一言，还是再次离开长安，走马上任。

以后，李泌又改任杭州刺史。就这样，这位多次拒任宰相的政治家，在疏远与排斥中，常年在外流连，远离朝政。但李泌从未心灰意冷，无论是在江西，还是在澧州、杭州，他都勤于政务，"皆有风绩"③。

至德宗在奉天（今辽宁沈阳）被围，又将李泌召至，不久，任命宰相，但李泌还是平心待物，淡泊自然，真正体现了宠辱不惊的气度。

## 5　以公废私之修养

政治家们在朝中多年，置恩结怨，在所难免，一个成功的政治家

---

① （宋）司马光：《资治通鉴》卷二二五《唐纪四十一》，代宗大历十三年，第7253页。
② （宋）司马光：《资治通鉴》卷二二五《唐纪四十一》，代宗大历十三年，第7255页。
③ 《新唐书》卷一三九《李泌传》，第4634页。

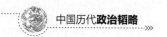 
应当是不念旧怨，不计私情，以国事为重，不可以私害公，反倒应当以公废私，共襄国是。

## — 公私两分明 —

西汉萧何与曹参都堪称不以私害公的杰出人物，皆做到了公私两分明。萧何与曹参都曾是沛县小吏，萧何是主吏掾，曹参是狱掾，两人同时参加了刘邦起兵。后来，一个运筹帷幄，支撑全局；一个披坚执锐，身经百战，又同时成为西汉王朝的开国元勋。刘邦统一后，大行封拜，先封萧何为酂侯，食邑最多，这时，包括曹参在内的战将功臣们愤愤不平，都说：

> 臣等身被坚执锐，多者百余战，少者数十合，攻城略地，大小各有差。今萧何未尝有汗马之劳，徒持文墨议论，不战，顾反居臣等上，何也？

刘邦借畋猎讲明了萧何在建汉中的作用。他说：

> 夫猎，追杀兽兔者，狗也，而发踪指示兽处者，人也。今诸君徒能得走兽耳，功狗也。至如萧何，发踪指示，功人也。[①]

既然说到这一步，战将们便不好再说什么。

受封完毕，排定位次时，武将们推出了他们的代表曹参，纷纷陈

---

① 《史记》卷五三《萧相国世家》，第2015页。

词道："平阳侯曹参身被七十创，攻城略地，功最多，宜第一。"分封之时，刘邦已拂逆功臣，首封萧何，这时，虽然仍想将其列为第一，但一时找不出新的理由，关内侯鄂君很了解刘邦的心思，遂上言论萧何与曹参之功劳。他说：

> 群臣议皆误。夫曹参虽有野战略地之功，此特一时之事。夫上与楚相距五岁，常失军亡众，逃身遁者数矣。然萧何常从关中遣军补其处，非上所诏令召，而数万众会上之乏绝者数矣。夫汉与楚相守荥阳数年，军无见粮，萧何转漕关中，给食不乏。陛下虽数亡山东，萧何常全关中以待陛下，此万世之功也。今虽亡曹参等百数，何缺于汉？汉得之不必待以全。奈何欲以一旦之功而加万世之功哉！萧何第一，曹参次之。①

刘邦当即采纳了这一建议。

虽然两次事件都是刘邦定夺，但曹参、萧何之间却因此产生了较深的隔阂。史称："（萧）何素不与曹参相能。"又称："参始微时，与萧何善，及为将相，有隙。"②但两人又都做到了不以私害公。

萧何病重之时，惠帝前往探视，问道："君即百岁后，谁可代君者？"萧何答道："知臣莫如主。"惠帝问："曹参何如？"③萧何马上顿首道："帝得之矣，臣死不恨矣！"完全抛弃个人恩怨，举荐曹参。而曹参为相后，也是不计个人恩怨，一仍萧何成法。史称：

① 《史记》卷五三《萧相国世家》，第2016页。
② 《史记》卷五四《曹相国世家》，第2029页。
③ 《史记》卷五三《萧相国世家》，第2019页。

至何且死，所推贤唯参，参代何为汉相国，举事无所变更，一遵萧何约束。①

## — 恩怨不废公 —

唐中朝的李泌与郭子仪都是不以个人恩怨影响大局的代表。

安史之乱爆发后，李泌随肃宗至彭原（今甘肃镇原东），规划平叛大计。肃宗与李泌谈及李林甫，想命令诸将攻克长安后掘其冢墓，焚骨扬灰。李林甫是唐玄宗后期宠信的奸相，口蜜腹剑，害人无数；他也曾谗害李泌，几致死地。按照常理，对肃宗这一想法，他自然会十分赞同。但李泌考虑的却不是个人私愤，他认为若是肃宗为首的新朝廷这样对待以往的怨仇，恐怕会波及安史叛军中的新仇人，使他们断了改过自新、归附朝廷的念头。因此，他提出：

陛下方定天下，奈何仇死者，彼枯骨何知，徒示圣德之不弘耳。且方今从贼者皆陛下之仇也，若闻此举，恐阻其自新之心。

肃宗听后，十分不悦，反问道："此贼昔日百方危朕，当是时，朕弗保朝夕。朕之全，特天幸耳！林甫亦恶卿，但未及害卿而死耳，奈何矜之？"后在李泌的反复劝导下，肃宗接受了这一意见，并说："朕不及此，是天使先生言之也。"②

①《史记》卷五四《曹相国世家》，第2029页。
②（宋）司马光：《资治通鉴》卷二一八《唐纪三十四》，肃宗至德元载，第6999页。

对昔日仇雠如此，对昔日有恩于他的人，李泌也同样不徇私情，以大局为重。肃宗与李泌少相友善，一直尊称为"先生"，其爱妃张良娣也非常关照李泌，并曾为其解脱险境。安史之乱爆发后，两人又都十分倚信李泌。但在关于张良娣的问题上，李泌一直恪守大局，不肯迁就。肃宗抵彭原不久，玄宗曾派人送给张良娣一副七宝鞍，李泌认为应交付国库。他说："今四海分崩，当以俭约示人，良娣不宜乘此。请撤其珠玉付库吏，以俟有战功者赏之。"听到这话，张良娣不太高兴，道："乡里之旧，何至于是！"良娣与李泌是同乡，故云。肃宗道："先生为社稷计也。"马上命人撤下七宝鞍。过了不久，肃宗又对李泌道："良娣祖母，昭成太后之妹也，上皇所念。朕欲使正位中宫以慰上皇心，何如？"也就是要封良娣祖母为太后。李泌则认为："陛下在灵武，以群臣望尺寸之功，故践大位，非私己也。至于家事，宜待上皇之命，不过晚岁月之间耳。"[1]肃宗又接受了这一建议。不过，李泌也由此得罪了张良娣，以后连续发生了一些不愉快的事情，使他一度归隐山林。

与李泌相似，当时的另一位名相兼名将郭子仪也是不计旧嫌，不念私恩，完全以国事为重。安史之乱爆发前，郭子仪与李光弼同为朔方节度使的牙门都将，两人积怨甚深，平日不交一言。安史之乱爆发后，原朔方节度使安思顺因是安禄山从弟被赐死，郭子仪被任命为朔方节度使，准备分兵东进，抗击安史乱军。这时，李光弼内心十分不安，担心郭子仪乘机加害，遂入府门向郭子仪请罪道："一死固甘，乞免妻子。"郭子仪急忙下堂，扶光弼上堂对坐，推心置腹地说："今

① （宋）司马光：《资治通鉴》卷二一八《唐纪三十四》，肃宗至德元载，第7000页。

国乱主迁，非公不能东伐，岂怀私愤时邪？"他又上书唐廷，以李光弼为河东节度使，将朔方兵万余人分给光弼统领。史称两人分别时，"执手涕泣，相勉以忠义"。①在平定安史之乱的战争中，两人都建立殊勋，彪炳史册。

　　当安史之乱尚未平定之时，权阉鱼朝恩因妒忌郭子仪而百般进谗。乾元二年（759），郭子仪被解除朔方节度使一职，召回京师，挂了一个空头宰相的名号。宝应元年（762），因朔方节度使李国贞治军过严，将士们怨声载道，无不思念郭子仪，牙将王元振遂发动兵变，杀李国贞。唐廷不得已，又任命郭子仪为朔方节度使。子仪抵朔方后，将士们欢呼不已，王元振也自以为立了大功，期望得到奖赏。因为在唐后期，节镇主帅被逐比较常见，逐杀主帅之人也往往不被定罪，要么自立为帅，要么拥立新帅成为功臣，新任主帅则对之优遇有加。但郭子仪却不这么做。王元振自以为有功于郭子仪，认为必有重赏。谁料，郭子仪到任后，马上将他扣押，严正地对他说："汝临贼境，辄害主将，若贼乘隙，无绛州矣。吾为宰相，岂受一卒之私邪！"不久，就将王元振等人斩首。史称："由是河东诸镇率皆奉法。"②若郭子仪囿于私恩，不斩王元振，很难安定河东局势，由此也可见郭子仪的不凡气度。

---

① （宋）司马光：《资治通鉴》卷二一七《唐纪二十三》，肃宗至德元载，第6953页。
② （宋）司马光：《资治通鉴》卷二二二《唐纪三十八》，肃宗宝应元年，第7126页。

### ── 不计前嫌与旧恶 ──

北宋时代的范仲淹、文彦博不计前嫌、不念旧恶，是以国是为重的代表人物。

范仲淹一生仕途坎坷，屡经黜陟，但作为一位政治家，他从不以升迁为喜，不以降职为悲，无论升降，都能襟怀坦荡，泰然处之，以国家利益为重，将个人的恩怨得失置之脑后。

仁宗景祐二年（1035），第二次受贬往苏州任知府的范仲淹，因治水有功，被召还进京，任天章阁待制、权知开封府。当时，吕夷简为相，把持朝纲，其任人唯亲，网罗亲信，进用侥幸，党同伐异，致使朝政废弛，纲纪不举。范仲淹不计被贬得失，上书论用人之道，并将官员升陟的途径绘制成《百官图》，对吕夷简多加指摘，为吕夷简所忌恨。继之，仁宗畏惧契丹南侵，欲修陪都，以备缓急所用。范仲淹因上疏论洛阳为帝王之都，建议在此可广储蓄、修缮官宝，据险固以守中原。仁宗以此谘问夷简，夷简答曰："此仲淹迂阔之论也。"范仲淹闻后，复上疏力辩，反被吕夷简指斥为越职言事，离间君臣；又说他"所引用，皆朋党也"。[①] "朋党"二字，是仁宗之大忌。他听信谗言，将范仲淹贬知饶州（今江西波阳）。

吕夷简的专横，仁宗的颟顸，引起众臣的不满，对于"仲淹既去，士大夫为论荐者不已"[②]，纷纷上疏仁宗，为范仲淹鸣不平。这一

---

① 《宋史》卷三一四《范仲淹传》，第10269页。
② 《宋史》卷三一四《范仲淹传》，第10269页。

下反而更使仁宗相信吕夷简的"朋党"之说，集贤校理余靖、馆阁校勘尹洙、欧阳修等人均因此遭贬。仁宗还采纳阿附吕夷简的御史范镇的建议，把范仲淹及他们所指定的范党的名单列于朝堂之中，告诫百官，由此一来，朝野为之咋舌，敢怒不敢言，无人再议论此事。

宝元元年（1038），西夏挑起战争，点燃了西北边境的战火，范仲淹于次年被任命为陕西经略安抚招讨副使，吕夷简也于公元1037年被罢相后再次入相。仁宗恐范仲淹心存芥蒂，便劝抚他了结与吕夷简以前的恩怨，范仲淹豁达地对仁宗言道："臣乡论盖国家事，于夷简无撼也。"① 即过去议论都为国家之事，我与夷简之间没有私人怨恨。真乃胸无城府，推诚相待，表现了一位政治家的坦荡胸怀。

仁宗初立时，年幼不能理政，仁宗之母刘太后临朝称制，摄政多年。随着岁月的流逝，年龄的增长，仁宗逐渐成熟，处事有了自己的主见和思想，处理政事得心应手。但刘太后仍独揽大权，不思还政，而且对仁宗的约束和管制愈来愈严，对此，满朝文武敢怒不敢言。天圣七年（1029），刘太后60寿辰之日，已26岁的仁宗仍按惯例率朝廷百官，跪地叩头，祝寿请安。范仲淹直言批评道：

> 奉亲于内，自有家人礼，顾于百官同列，南面而朝之，不可为后世法。②

他还上疏请太后撤帘还政。范仲淹由此惹怒刘太后，不久便被贬往河中府治（今山西永济蒲州镇）。之后，一些大臣如宋绶、林献河、刘

---

① 《宋史》卷三一四《范仲淹传》，第10270页。
② 《宋史》卷三一四《范仲淹传》，第10268页。

涣等，也因力请太后还政而遭贬。

明道二年（1033）三月，刘太后死，仁宗亲政。范仲淹被召还京城，任右司谏。这时，刘太后非仁宗生母以及刘太后如何压抑、虐待仁宗生母李氏的消息传遍朝廷内外，一时间，人言纷纭，流言广布；朝中一些人为速求进用，便纷纷上书，指斥刘太后垂帘听政；很多官员也私下议论、谴责甚至诅咒她。而范仲淹却不计前嫌，上书劝谏仁宗，客观地为之评价太后的是非功过，指出：太后受先帝遗命，保佑陛下十余年，政局相安无事，所以应该掩其小过而全其大德，并建议仁宗"毋辄论太后时事"①。仁宗以范仲淹所言为是，便采纳其建议，诏告群臣，对太后垂帘时的政事，从此不要妄加评议。

范仲淹宽厚大度、不计个人恩怨得失的做法，一时间成为佳话。

稍后于范仲淹的文彦博也是一位颇有气度的宰臣。文彦博，字宽夫，宋汾州介休（今山西介休）人，仁宗时为相。仁宗宠幸张贵妃，对其从父张尧佐也厚加封拜。当时，谏官包拯、唐介等人激烈抗辞反对此事。尤其是唐介反对尤烈，而且还连及文彦博，他指斥文彦博向张贵妃进奉蜀锦，是因贵妃之故方登位宰辅，并要与文彦博当面对质。仁宗一怒之下，将唐介贬为春州别驾，而文彦博也被罢相。

文彦博复相后，谏官吴中复请召还唐介，文彦博不计前嫌，也向仁宗进言道："介顷为御史，言臣事多中臣病，其间虽有风闻之误，然当时责之太深，请如中复奏。"但仁宗不许，仅命迁官。至神宗时代，文彦博已是元老重臣，以太尉留守西京，唐介之子唐义问为其属下转运判官，颇有才干，惧文彦博报复，欲另寻仕途。文彦博当即召

---

① 《宋史》卷三一四《范仲淹传》，第10268页。

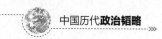

义问解释道："仁宗朝，先参政为台谏，所言之事，正当某罪。再入相时，尝荐其父，晚同为执政，相得甚欢。"①

唐义问闻知后，十分感动，自此，与文彦博成忘年之交，常出入其门下。后文彦博荐唐义问为集贤殿修撰、荆南刺史。

_____

① 《宋史》卷三一三《文彦博传》，第10260页。

# 八　廉洁之律

孔子所言"修身，齐家，治国，平天下"①之"修身，齐家"实际上也就是廉洁自律。在中国古代政坛上，也的确涌现出了一批以廉律为标榜的政治家，他们或治家有方，或俭约奉公，清白为政，汇成了中国古代政治舞台上的一股清流。

## 1 俭约奉公之律

就中国传统社会的特点而言，官职权力与物质财富总是有着不可分割的联系，一般总是官宦富室相提并论。中国古代大部分官员也的确是利用官位，广殖货财，为政者亦多如此，只有少数贤明政治家可以不溺于利，俭约奉公，独步清白。

---

① （汉）郑玄注，（唐）孔颖达等正义：《礼记正义》卷六〇《大学》，《十三经注疏》本，中华书局1980年影印版，第1673页。

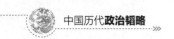
## — 节俭力行,以正世风 —

在中国古代,若论及为政者的俭约,应首推春秋末年齐相晏婴。晏婴处在齐国衰乱之世,当时"礼崩乐坏",世风日下,宫廷内外腐败污秽,崇侈靡费,纵情逸乐。晏婴面对官场这些状况,愤慨、叹息,力图靠自己的节俭自律、刻苦朴素来力挽颓靡,影响世风。大史学家司马迁曾褒赞道:晏婴"以节俭力行重于齐。既相齐,食不重肉,妾不衣帛"①。

晏婴身为相国,但仍然居住在靠近喧嚣的市井、潮湿低矮的破房子里,齐景公认为这房子与晏婴的官职太不相称,多次要给他换一处高爽之地,修造高门大宅。晏婴力辞不受,说:我的祖先世世代代地居住于此地,我本来不配继承这笔遗产,现在住在这里,对我来说已够过分的了。况且靠近街市,早晚能买到我需要的东西,对我倒也方便。实不敢烦劳乡邻再给建造住宅。后来,晏子出使晋国,景公乘机拆掉其旧宅,迁走周围的邻居,建造了一座新宅。他返回后见到新宅,十分生气,便向景公提出毁掉新宅,恢复旧居,迁回老邻居。经过晏婴的多次恳求,景公才不理解地同意了。于是,晏婴又照当初的形式将其住宅及乡邻的房子恢复修建好,请乡邻们回来居住。齐景公还想为晏子在宫内建造一所漂亮的房子,以期君臣朝夕相见。晏子也坚决地予以辞谢。

晏婴上朝时,乘坐的是旧车劣马,景公见到这情景,对晏子说:

————————

① 《史记》卷六二《管晏列传》,第2134页。

"嘻！夫子之禄寡耶？何乘不佼之甚也？"晏子则从容答道：

> 赖君之赐，得以寿（即保护）三族，及国之游士，皆得生
> 焉，臣得暖衣饱食，弊车驽马，以奉其身，于臣足矣。

晏子退朝后，景公遣人给他送去高车大马，但去了三次，晏子都不接受。景公很不高兴，对晏子说："夫子不受，寡人亦不乘。"[1]

晏婴以理说服景公：您让我统领百官，我率先节衣缩食，然犹恐齐国人侈靡而不检点自己的行为。如今您在上面乘坐大车良马，我在下面也乘坐大车良马，那么，老百姓若不讲礼仪，衣着奢侈，饮食挥霍，不顾品行的话，我就没法禁止了。景公只好听从晏婴的话，不再逼迫其接受车马了。

晏婴身为齐相，生活却很节俭。他穿粗布衣，吃糙米饭，与当时的齐国贵族相差甚远。有人把这情况禀告景公，景公就把台（今山东历城东北）和无盐（今山东东平东）两地赐给晏婴作食邑，晏婴坚辞不受。一次，晏婴正在吃饭，景公的使者来到。晏婴只好将饭菜分开与使者食用，结果使臣没吃饱，晏婴也没吃饱。使臣回去后，把此事告诉景公，景公说："嘻！晏子之家，若是其贫也。寡人不知，是寡人之过也。"于是派人送去千金，并准许他收一部分商税，作为他款待宾客的费用。晏婴不肯接受，再三推辞道：

> 婴之家不贫。以君之赐，泽覆三族，延及交游，以振百姓，

---

① 张纯一撰，梁运华点校：《晏子春秋校注》卷六《内篇杂下》，第312、313页。

君之赐也厚矣！婴之家不贫也。

他声称，只要有衣穿、有饭吃，免于挨冻受饿就满足了。一日，景公专程到他家去吃饭，得以亲眼看到晏子的饮食，景公感慨地连声说道："嘻！夫子之家如此其贫乎！而寡人不知，寡人之罪也。"[1]

晏婴的俭约也引起当时一些人的不理解。有人认为他如此节俭有失身份，过于寒酸。而晏婴则不以为然，他总是声称自己的生活比一般士人和老百姓要好得多。一次，大夫田桓子见晏子身穿黑粗布衣、坐着简陋的车子来上朝，便当着齐景公的面故意数落他：

　　　君赐之卿位以显其身，宠之百万以富其家，群臣之爵莫尊于子，禄莫重于子。今子衣缁布之衣，麋鹿之裘，栈轸之车，而驾驽马以朝，是则隐君之赐也。

晏婴听后，据理反驳道：

　　　君赐之卿位以显其身，婴非敢为显受也，为行君令也；宠以百万以富其家，婴非敢为富而受也，为通君赐也……若夫弊车驽马以朝，意者非臣之罪乎？且以君之赐，父之党无不乘车者，母之党无不足于衣食者，妻之党无冻馁者，国之闲士待臣而后举火者数百家。如此者，为彰君赐乎？为隐君赐乎？[2]

---

① 张纯一撰，梁运华点校：《晏子春秋校注》卷六《内篇杂下》，第304、313页。
② 张纯一撰，梁运华点校：《晏子春秋校注》卷六《内篇杂下》，第293、294页。

原来晏婴生活如此节俭，是为了周济宗族里党及穷困的老百姓。晏婴的一番话，使景公赞不绝口，令田桓子无地自容。

晏婴任齐相期间，景公曾多次赐其封邑，都被他婉言拒绝。后来晏婴年迈，认为自己不能无功受禄，便提出辞掉自己原来的封邑。他说：

> 婴闻古之事君者，称身而食，德厚而受禄，德薄则辞禄。德厚受禄，所以明上也；德薄辞禄，可以洁下也。婴老，德薄无能而厚受禄，是掩上之明，汙下之行，不可。

因年老而辞退封邑者，在齐国尚属首例，况且是位德高望重的老臣，景公自然不同意。晏婴再三解释，最后把大部分封地都辞掉了，家中只剩下一辆破旧的马车。晏婴临死前谆谆嘱告家人："毋变尔俗也。"① 要妻子儿女继续保持俭朴的传统。

晏婴的这种严于律己、力行节俭的行为一直被后人所称道。司马迁在《史记·管晏列传》中也由衷感叹道："假令晏子而在，余虽为之执鞭，所忻慕焉。"②

西汉开国丞相萧何治家也是素以节俭闻名。他身居要位，但总是自奉简约，不去追求法外的特权和私利。平时置田宅，"必居穷处，为家不治垣屋"。他常对家人说："后世贤，师吾俭；不贤，毋为势家所夺。"③ 因为豪门势家不会看上这穷田陋房以欺夺强占的。萧何为

---

① 张纯一撰，梁运华点校：《晏子春秋校注》卷六《内篇杂下》第293、294页。
② 《史记》卷六二《管晏列传》，第2137页。
③ 《史记》卷五三《萧相国世家》，第2019页。

政数十年，一直保持着"以廉为本"的俭朴本色，受到汉代百姓的长久怀念和敬仰。

三国名相诸葛亮自 27 岁出山辅佐刘备，到 54 岁病死五丈原，一直竭尽心血，经营蜀汉，从不治理产业。诸葛亮生前曾给后主刘禅上一奏章，说他家的产业只在成都有桑树 800 棵，薄田 15 亩，这是诸葛一家的主要衣食来源。他自己在外任职，衣食皆仰仗于公家供给，他从未利用自己的职权为家里聚敛财货。他说：

> 若臣死之日，不使内有余帛，外有赢财，以负陛下。①

诸葛亮死后，家中情况确实如此。久居相位的诸葛亮，生活上如此严以律己，在古代社会是难得的。诸葛亮不但生前固守清俭，而且在他临死前还留下遗嘱：要把他安葬在定军山（在今陕西勉县西）上，依山修冢。丧葬要节俭简朴，入殓时，只穿平时的便服，不陪葬任何器物；墓穴大小只要能容下一口棺材即可。

类似的事例在古代政坛上还有若干。如辽代大臣张俭志行修洁，在衣食住行各方面自奉简约，不为当时的奢靡时尚所动。张俭衣着破旧，食不重味，月俸有余，就周济亲旧。张俭常奏事便殿，一次辽兴宗耶律宗真见其衣袍破旧不堪，就私自下令一近侍用火在他衣袍上暗自烧一洞孔作为标记。张俭不觉，每每上殿总穿这一衣袍。帝屡见其不易，甚觉奇怪，便问其故，张俭如实地回答道："臣服此袍已三十年，时尚奢靡，故以此微讽喻之。"②上怜其清贫，令他恣意在内府拿

① 《三国志》卷三五《蜀书·诸葛亮传》，第927页。
② 《辽史》卷八〇《张俭传》，第1278页。

取财物，而张俭推辞不过，只奉诏取布3端（古代18丈为一端）而出，令众臣惊叹，佩服不已。

清代雍正、乾隆时期的大臣朱轼、嵇璜、刘墉等也以廉洁自律、俭约奉公闻名于世。

朱轼，字若瞻，康熙进士。辅佐雍正、乾隆两朝。他身居高位，但为政清廉，去奢崇俭。他曾任浙江巡抚，在任职间，他以清吏治、正风俗二事为急务。他说：

> 察吏莫先于奖廉惩贪，厚俗莫要于去奢崇俭。[①]

他晓谕百姓婚丧嫁娶祭礼等均应注意节俭，规定酒宴不要铺张。"里党宾蜡宴会，止五簋，俱有常品，浙人呼为朱公席。"一天，朱轼在路上遇见一妇人穿着非常华丽，便向前询问家况，原来其夫是一卖菜小贩。朱轼命她到自己家看看，行至厨房，她问谁为夫人，因为当时朱轼妻正与仆人一起干活，妇人分辨不出。朱轼指着其中一位穿着打扮十分朴素正在忙着做饭的人说："此炊者，夫人也。"同时，朱轼又让那妇人留下来一起吃午饭。只见饭菜十分简单，只有素菜而已。妇人吃完后十分感慨，惭愧无比。[②]

"老屋区区留不得，而今始识相公贫。"[③] 此句诗是时人为嵇璜的廉洁情操所感而写的。嵇璜在清雍正、乾隆年间为官五六十年，官至

① （清）阮葵生撰，李保民点校：《茶余客话》卷九《朱轼》，上海古籍出版社2012年版，第616页。
② （清）葛虚存：《清代名人轶事》卷一《学行类》，会文堂书局1930年版，第27页。
③ （清）陈康祺撰，晋石点校：《郎潜纪闻二笔》卷十《嵇文公情操》，中华书局1984年版，第513页。

文渊阁大学士加太子太保。他不仅政绩斐然，而且情操之高尚，也为时人传为佳话。他一生为官清廉，家中十分贫寒，但又尽量不让人知。他年老辞官回家后，更是一贫如洗。平时每顿饭只能吃一样菜，多了则吃不起。他死后，家人为了维持生计，不得不将原来的宅第卖给他人，时人无不为之叹服。

乾隆时辅相刘墉为官以清俭自守，名播海内，时人每每以包拯比之。他遇事敢为，无所顾忌，能矫然自拔于污世。乾隆末年，和珅当权，其生活挥霍，最尚奢华，翰苑部曹各级官吏多效所为，衣圭袍带争妍斗奇，对那些朴素无华者多视为不屑。而刘墉却恪守情操，依然故我，照常敝衣恶服，徜徉于朝堂之中，并对同僚们说：

> 吾自视衣冠体貌无一相宜者，乃能备位政府，不致陨越者何也？寄语郎署诸公亦可以醒豁矣。①

人们无不信服。

## — 不置田园，清俭自守 —

在中国古代社会，土地是财富的主要体现，也是财富的主要流向，为官者一般都是广置田园、兼并农家，从而形成一个强有力的官僚地主阶层，这是中国古代社会的一种顽症，一股浊流。但也有一少

---

① （清）昭梿撰，何英芳点校：《啸亭续录》卷二《刘文清语》，中华书局1984年版，第423页。

部分名臣贤相，以王朝俸禄持家，终身不置田园，为后人称道。

唐玄宗时宰相张嘉贞虽久任相职，但不立田园。有人劝他置买田产，他说：

> 吾忝历官荣，曾任国相，未死之际，岂忧饥馁？若负谴责，虽富田庄，亦无用也。比见朝士广占良田，及身没后，皆为无赖子弟作酒色之资，甚无谓也。[①]

时人无不佩服他的见解。

北宋宰相王旦与张嘉贞一样不置田宅。有人对他不理解，王旦说：

> 子孙当各念自立，何必田宅？置之，徒使争财为不义耳。[②]

宋真宗看到他的住宅陋狭，欲为其扩修，王旦以先人旧庐不宜拆改为由，辞谢真宗。

王旦以后的名相范仲淹在晚年时期，其子孙和故友们劝他在洛阳治府第修园林，作为颐养天年之地。一向生活节俭、为政清廉的范仲淹对他们的建议却不以为然，认为：

> 人苟有道义之乐，形骸可外，况居室乎？吾今年逾六十，生且无几，乃谋治第树园圃，顾何待而居乎！吾所患在位高而艰退，不患退而无居地。且西都士大夫园林相望，为主人者莫得常

---

① 《旧唐书》卷九九《张嘉贞传》，第3093页。

② （宋）司马光：《涑水记闻·附录二·温公日记》，第348页。

游，而谁独障我游者？<sup>①</sup>

但是，坚决不为自己治逸老之地的范仲淹却于苏州置义庄，买常稔之田千余亩，号称"义田"，将每年田中所获粮米供赡族中穷人，由此供养90余口人，使他们"日有食，岁有衣，嫁娶凶葬皆有赡"；他还省吃俭用，"以薪俸有余者赡济宗族"。<sup>②</sup>同时，他又修置义宅，"结屋十楹，以处贫族"<sup>③</sup>，使族人贫穷者有安身场所。为使穷人受到教育，范仲淹还修治学舍、办义学，并为学子请教师，配备衣、食、住、行所需之物。范仲淹曾得一宅基，看风水的堪舆家相看后说："此当世出卿相。"<sup>④</sup>这在当时来说，能获得堪舆家如此预言的宅基可奉为至宝之地，而范仲淹却认真地说："诚有之，不敢以私一家。"<sup>⑤</sup>当即将此宅基地捐出，建立学舍，这就是后来的苏州府学。范仲淹设办义田、义宅、义学，此举虽带有宗法色彩，但这种舍己为人的精神令人敬佩。范仲淹一生"虽位充禄厚而以贫终其身"，"殁之日，身无以为敛，死无以为丧"。<sup>⑥</sup>范仲淹一生未给子孙留下什么遗产，只留下"廉洁奉公"的美名。

北宋一朝，土地兼并剧烈，"势官富姓，占田无限"<sup>⑦</sup>，然而官高

---

① （清）毕沅：《续资治通鉴》卷五二《宋纪五十二》，仁宗皇佑四年，第1271页。

② （宋）范仲淹：《范文正公文集》卷七《言行遗事录》，第97页。

③ （宋）楼钥：《玫瑰集》卷六〇《范氏复议宅记》，《四部丛刊》本，商务印书馆1935年版，第807页。

④ （清）丁传靖辑：《宋人轶事汇编》卷八《范仲淹》，第340页。

⑤ （清）丁传靖辑：《宋人轶事汇编》卷八《范仲淹》，第340页。

⑥ （宋）祝穆等：《古今事文类聚·后集》卷一《人伦部》，上海古籍出版社1992年版，第771页。

⑦ 《宋史》卷一七三《食货志上一》，第4164页。

势显的宰相司马光却两袖清风，除俸禄外，既不谋取外财，也不置办田产。他仅在洛阳郊外有薄田3顷。其妻去世，无以为葬，只得将土地卖一部分以置备棺材，这是被人传颂的司马光"典地葬妻"的故事。当时洛阳为宋西京，达官富户聚居此地，豪华大宅，朱门亭台，比比皆是。大臣王拱辰于洛阳营第甚侈，中堂起屋三层，最上曰"朝天阁"，飞檐斗兽，华丽无比。而司马光的住宅却在距洛市数十里的陋巷中。所居仅能避风雨。寒冬时节，室内冷气袭人，令人瑟瑟；盛夏酷暑，又热气腾腾，使人难熬。于是，司马光便在室中穿地，砌一地室，读书其间。为此，洛人传一谚语："王家钻天，司马家入地。"①一年冬天，一位汴京来的士人慕名拜访司马光。当时，大雪纷飞，北风呼啸，一般人家都生火取暖，而清寒弊陋的司马光家里却无炭火，客人冻得浑身发抖，司马光过意不去，只好让家人熬碗浓姜汤给客人去寒。随后，这位客人又去范缜家。范缜家炉火正旺，室内暖洋洋的，并为他摆酒上案，频频交杯。此人归来后，十分感慨。

司马光个人生活也以清俭自守。朋友刘贤良见司马光年老体弱，就劝他买一奴婢侍奉使唤，司马光当即拒绝，说："光家居食不敢常有肉，衣不敢有纯帛，何敢以五十万市一婢乎？"②就在司马光尚未得子时，夫人为其置一妾。一日，妾盛饰入司马光书屋，觊觎其一顾，而司马光连头也不抬一下，那妾想试他一下，便取一书问："中

---

① （明）马峦、（清）顾栋高撰，冯惠民点校：《司马光年谱》卷六《一〇七一年》，中华书局1990年版，第168页。

② （宋）司马光著，李之亮笺注：《司马温公集编年笺注》卷五九《答刘蒙书》，巴蜀书社2009年版，第538页。

丞，此是何书？”司马光拱手答曰：“此是《尚书》。”[①]妾逡巡而退。司马光不但自己固守清俭，而且还在朝廷上主张节用，以舒民力。一次，司马光发现文思院制作奇巧无用之物，华丽至极，耗费巨大，十分气愤，立刻上书皇帝，陈奏其弊害。皇上纳其言，使“文思院、后苑作所为奇巧珍玩之物，不急而无用者，一皆罢省。内自妃嫔，外自宗戚，臣庶之家，敢以奢丽之物夸眩相高，及贡献遗赂以求悦媚者，亦明治其罪，而焚毁其物于四达之衢”。[②]这事体现了司马光廉洁奉公、廉洁爱民的品质。

## 2　治家严明之律

政治家们自然名声赫赫，权势俱在，这种情况下，其家属子孙往往或狐假虎威，作威作福；或坐享其成，鸡犬升天。而真正的有成就的政治家，往往都治家有方，避免出现这一情况，这也就应了“修身，齐家，治国，平天下”那则古训。

### — 传子经书与清白 —

韦贤，西汉鲁国邹（今山东邹城）人。兼通《礼》《诗经》《尚书》，被誉为“邹鲁大儒”。初为博士，后迁为光禄大夫詹事、大鸿胪，宣帝本始三年（前71）为丞相。他治家有道，安于清贫。西汉

---

① （宋）李焘：《续资治通鉴长编》卷一九六，仁宗嘉祐七年，第4760页。
② （宋）司马光著，李之亮笺注：《司马温公集编年笺注》卷五九《答刘蒙书》，第538页。

时代，达官显贵、富商大贾们多聚敛家财、置办田业，以留后人，且竞相攀附。例如西汉前期的陆贾出使南越得千金，回来后即分予诸子，"子二百金，令为生产"，并为他们在好畤（今陕西乾县）置买一块肥沃的田产。陆贾本人也是"安车驷马，从歌舞鼓琴瑟侍者十人，宝剑直百金"，他与其诸子约定："过汝，汝给吾人马酒食，极欲，十日而更。所死家，得宝剑车骑侍从者。"①而西汉后期大臣韦贤的治家方式却与众不同。他经常教导子孙刻苦读经，笃志于学，结果其子韦玄成以明习儒经而位至丞相，世代高官，因此，邹鲁一带流传这么一道谚语："遗子黄金满籝，不如一经。"②

南齐大臣徐勉则又与韦贤以经学传家治家者不同，他是留给子孙以高尚的情操和美德。徐勉虽居高位，却清正无私，不营产业，家中无积蓄。官府给他的俸禄还要经常分出一些赡养贫穷的亲族。他的亲友曾劝他置办一些家产，留给子孙，而他却正言回答道：

> 人遗子孙以财，吾遗之清白；子孙（若）才也，则自致辎軿；如不才，终为他有。③

徐勉曾有一篇非常有名的《诫子书》，书中曰：

> 吾家本清廉，故常居贫素。至于产业之事，所未尝言，非直不经营而已。薄躬遭逢，遂至今日，尊官厚禄，可谓备矣。每

---

① 《史记》卷九七《郦生陆贾列传》，第2699～2700页。
② 《汉书》卷七三《韦贤传》，第3107页。
③ 《南史》卷六〇《徐勉传》，第1483页。

念叨窃若斯，岂由才致，仰籍先门风范及以福庆，故臻此尔。古人所谓"以清白遗子孙，不亦厚乎"，又云"遗子黄金满籝，不如一经"，详求此言，信非徒语。吾虽不敏，实有本志，庶得遵奉斯义，不敢坠失。所以显贵以来，将三十载，门人故旧，承荐便宜，或使创辟田园、或劝兴立邸店；又欲舳舻连致，亦令货殖聚敛。若此众事，皆距而不纳。非谓拔葵去织，且欲省息纷纭。①

从《诫子书》中我们可以看到，徐勉为相时，门人故旧都劝其辟田园、立邸店、兴货殖，以遗子孙，这是时尚，也是一般人的做法，但他能清醒地认识到"以清白遗子孙"的价值，并付诸实际，这是难能可贵的。

徐勉在《诫子书》中还谆谆告诫子孙：

凡为人长，殊复不易，当使中外谐缉，人无间言，先物后己，然后可贵……汝当自勖，见贤思齐，不宜忽略以弃日也。弃日乃是弃身，身名美恶，岂不大哉，可不慎欤！

他忠告其子要待人和睦，先人后己，"见贤思齐"，认为这是人生最可贵的品质，是最宝贵的财富。故云"若能尔者，更招巨利"。所以"身名美恶"是人之第一追求。他叮嘱子孙们要洁身自好，不可有一日松懈。②

---

① 《南史》卷六○《徐勉传》，第1485页。
② 《南史》卷六○《徐勉传》，第1485页。

对于治家理业，徐勉要求子孙们戒奢尚俭，并要求"若有所获，汝可自分赡内外大小"，对族人贫穷者要予以赡济、资助。并说：

> 自兹以后，吾不复言及田事，汝亦勿复与吾言之。假使尧水汤旱，岂如之何。若其满庾盈箱，尔之幸遇，如斯之事，并无俟令吾知也……今且望汝全吾此志，则无所恨矣。①

此言核心是鼓励儿孙们不要依赖前辈，要自己去奋斗获取。

## — 俭约理家 —

唐后期宰相刘晏是一位著名的理财家。他于代宗、德宗时为相，并领度支、盐铁、转运、租庸使，理财前后达 20 余年。他通晓各种货物的取利之道，自己常说"如见钱流地上"。他曾以自己的理财天才，为唐后期经济的恢复和振兴立下卓著功勋，然而对自己的家却从不用心经营。史称他"理家以俭约称"，几十年来，他与家人始终过着非常朴素的生活。他的住宅坐落在长安城东南部的修行里，"粗朴庳陋，饮食俭狭，室无媵婢"。②他不雇一个仆人，家务事要家里人自己动手操作。他曾坦然地向人传授自己的理家之道：

> 居取安便，不务华屋；食取饱适，不务多品；马取稳健，

---

① 《南史》卷六〇《徐勉传》，第1485页。
② 《新唐书》卷一四九《刘晏传》，第4796、4793页。

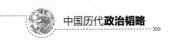
不择毛色。①

也就是说，他对居住只求方便舒适，不羡慕华丽的房屋；对饮食只求
饱腹合口，不追求多种品味；对骑的马只要稳健即可，不计较其毛色
的美丑。

据说他五更上朝，天寒地冻，他不愿惊动家人，每每"中路见卖
蒸胡（烧饼）之处，热气腾辉，使人买之，以袍袖包裙帽底啖之"。
同行的官员嗤笑他，他却说"美不可言，美不可言"。②早餐能经常
如此简单地应付过去，生活上也就随便得很。尽管刘晏自己的生活十
分节俭，但"重交敦旧"，对人十分厚道。他经常将自己的俸禄周济
穷亲友甚至同他并不很熟的穷读书人，并"颇以财货遗天下名士"，
"故人多称之"。③

刘晏要求儿女们生活自立，自己分内的事自己应亲手去料理，并
且言传身教，指点他们攻读经书，博览群籍，不要为财利所诱惑。刘
晏因政敌杨炎所谗被德宗赐死后，杨炎等人竭力主张籍没其家产，因
为在刘晏政敌眼中，他做了几十年的大官，又管的是钱财，不贪赃受
贿是不可能的事，虽表面装得寒酸，家里肯定有财宝无数。结果却令
杨炎大失所望，抄出的刘晏的全部家产，只是"杂书两乘，米麦数
斛。人服其廉"④。刘晏的后代在其父的冤案昭雪后，也都凭自己的才

① （宋）王谠撰，周勋初校证：《唐语林校证》卷二《政事下》，第111页。
② （唐）韦绚撰，陶敏等校注：《刘宾客嘉话录》第二七篇《刘晏啗胡饼》，中华书局
2019年版，第41页。
③《旧唐书》卷一二三《刘晏传》，第3515页。
④《新唐书》卷一四九《刘晏传》，第4797页。

干在朝中为官：长子刘执经为太常博士，次子刘宗经为秘书郎。

在刘晏以前的几位大理财家中，管仲有"三归"之富；商鞅有商、於之封；桑弘羊家中也十分富有。在他们为相显贵后，即踵之以奢，不注意自我约束。唯独刘晏理财半生，为相两朝，却能以勤俭持家，朴素自饬，激励后代，真是不同凡响。

北宋前期宰相王旦之治家与徐勉如出一辙。他身居要位，却没给子孙置办什么田宅产业，并要求他们各自自立，志存高远。他认为：

> 子孙当各念自立，何必田宅，置之徒使争财为不义尔。

王旦还以俭约身率子弟，使他们富贵不为骄侈，不尚华糜。每得皇帝赏赐，见家人置于庭下，便闭目而叹息道："生民膏血，安用许多？"家人衣装若稍有华丽，他便亟令减损开支。家人想用缯棉装饰一下毡席，说什么他也不允许。一日，王旦之弟见卖玉带者，"以为佳"，欲买玉带送他。王旦命弟将玉带系之身上，问道："还见佳否？"弟弟不悟其意，便说："系之，安得自见？"王旦于是向他说道："自负重，而使观者称好，无乃劳乎！亟还之。"弟弟由此感发许多，因此平生所服，只是赐带而已。王旦一生轻车简从，勤俭持家，对家人要求甚严，直到临终前，他还告诫子弟们说：

> 我家盛名清德，当务俭素，保守门风，不得事于泰侈，勿为厚葬以金宝置柩中。[1]

---

[1]《宋史》卷二八二《王旦传》，第9552页。

北宋名相范仲淹治家也十分严格。范仲淹出身寒微，其父范墉一生清廉俭朴，对范仲淹影响很大，因而他"少有大志，于富贵、贫贱、毁誉、欢戚，不一动其心，而慨然有志于天下"①。范仲淹任参知政事（即副相）后，可谓位高禄厚，但他生活依然俭约朴素，不浪费一粟一钱，饮食上"非宾客不食重肉，妻子衣食，仅能自充"②。每日晚寝前，需"自计一日食饮奉养之费及所为之事，果自奉之费与所为之事相称，则熟寐，不然则终夕不能眠，明日必求所以称者"③。

范仲淹对子女要求也很严格。一日，他召集全家老小于堂下，当他看到满堂儿孙个个衣着朴素却袖藏经卷时，心中十分喜悦、宽慰，他叮嘱子孙们说：

> 吾贫贱时，无以为生，尚得供养父母，吾之夫人亲自添薪做饭。当今吾已为官，享受厚禄，但吾常忧恨者，汝辈不知节俭，贪享富贵。

子孙们听后个个点头称是。次子范纯仁娶妇，人传其妇以罗锦为帷幔，范仲淹闻之，十分不悦，立即传训其子："罗绮岂帷幔之物耶？我家素清俭，安得乱我家法！敢持至家，当火于庭！"④最后结亲之礼办得十分简单朴素。

---

① （宋）杜大珪辑：《新刊名臣碑传琬琰集》卷七《范仲淹神道碑铭并序》，北京图书馆出版社2003年版，第99页。

② 《宋史》卷三一四《范仲淹传》，第10276页。

③ （宋）范仲淹：《范文正公文集》卷七《附录·言行遗事录》，第90页。

④ （宋）范仲淹：《范文正公文集》卷七《附录·言行遗事录》，第90页。

## ─ 自律律家 ─

"一人得道，鸡犬升天"，在封建官场中是常有之事。唐中期宰相宋璟虽身居高位，任人唯贤，从不给自己的亲朋好友请托谋利，开方便之门。唐玄宗开元七年（719），候选官宋元超赴吏部待选，自称是宰相宋璟的叔父，想优先选官。吏部不敢怠慢，立刻呈报相府。宋璟听说后，立刻给吏部写了一道公文：

> 元超，璟之三从叔，常在洛城，不多参见。既不敢缘尊辄隐，又不愿以私害公。向者无言，自依大例，既有声听，事需矫枉；请放（即不授官职）。[1]

宋璟就是这样不利用自己的职权谋私利，克己奉公。

宋太宗时宰相吕蒙正办事公道，坚持原则，遇事敢言，每论时政，有不当者，必固称不可，即便是涉及自己的利益，也再三坚持。宋代选官有恩荫制，即父贵子荫。卢多逊任宰相时，他儿子卢雍一开始即被荫授为水部员外郎，从此以后，这便作为宰相子授官的定例。吕蒙正为宰相后，朝廷要照此办理，吕蒙正认为定官过高，不同意授予其子，只求荫其子九品。为此，他上了一道奏折，说：臣有幸中了进士，名列第一，才脱掉粗布衣衫，被授予九品官，何况天下还有许多有才之士老死于山里乡间，一点儿俸禄也得不到呢！现在臣的儿子尚小，就受此恩荫，实在是不公道。乞望像我当年初次做官那样，只

---

① （宋）司马光：《资治通鉴》卷二一二《唐纪二十八》，玄宗开元七年，第6738页。

授九品官。从吕蒙正始，宰相之子只荫为九品官成为定制。

明代中期的首辅张居正在为政期间大力整顿吏治，考核官员，纠正官场流弊。为了做到令行禁止，他首先要求自己与家人身体力行，树立表率。如张居正曾对各级官员凭借职权滥用驿站现象进行整顿，制定一些新的驿递制度。最初，许多官员对此不以为然，依然如故，拒不执行新规定。张居正一方面对违制使用驿站的官员严加惩处；另一方面，他也从自己做起，为人师表。他的儿子回江陵应试时，他再三吩咐儿子自己雇车上路；父亲过生日，他打发仆人背着贺寿礼品，骑驴回家祝寿。

万历八年（1580），张居正的弟弟张居敬病重，由京城返回家乡江陵调治，河北巡抚主动发给勘合（即通行证）。在当时，持有勘合的人，在沿途驿站可免费获取旅途所需的米粮蔬菜、油烛柴炭、车夫马匹等。在张居正改革前，勘合的签发比较随意，许多官员甚至官宦亲属都持有勘合，享有特权。张居正整顿改革驿递制度时，曾对勘合的发放、管理章程重新进行规定："凡官员人等非奉公差，不许借行勘合"；"凡内外各官丁忧、起复、给由、升转、改调、到任等项，俱不给勘合，不许驰驿"。[①]如今河北巡抚发给其弟勘合，不符合新规定，于是，张居正当即封还勘合，并附函致意：

> 仆忝在执政，欲为朝廷行法，不敢不以身先之。小儿去岁归试，一毫不敢惊扰有司，此台下所亲见，即之弟归，亦皆厚给

---

① （明）李东阳等撰，申时行等重修：《大明会典》卷一四八《驿传四》，广陵书社2007年版，第1371页。

募资，不意不烦垂怜也。此后望俯谅鄙愚，家人往来，有妄意干泽者，即烦擒治，仍乞示知，以便查处，勿曲徇其情，以重仆违法之罪也。①

信中既对河北巡抚进行了批评，也表示了"为朝廷行法""以身先之"的心意，由于他的秉公执法，严于律己，很快使过去滥发勘合、滥用驿站的混乱状态得以改变。

## 3　清白为政之律

为政能否清白，是个人修养品性所致，也是社会环境所致。在中国古代，政治大多是昏暗的，官场也往往是污浊的，俗语"三年清知府，十万雪花银"，说明为政者更多难以摆脱上上下下的贿赂公行。清白之臣在古代社会实属凤毛麟角，他们能"出污泥而不染"，清操自守，不为物役，不为利驱，高风亮节，确实令人敬佩。

### ——"四知金"与"三不惑"——

东汉安帝时的丞相杨震是人们所熟悉的廉洁清白之臣。杨震，字伯起，东汉弘农华阳人。他习《欧阳尚书》，常年教授弟子，州郡累征不就。年50岁始步入仕途。历任荆州刺史，东莱太守，涿郡太守以及太仆、太常等职，永宁元年（120），为司徒，成为宰相。杨震

---

① （明）张居正：《张太岳先生文集》卷三二《答保定巡抚张浙东》，《万有文库》本，商务印书馆1935年版，第354页。

一生，为官清廉，不徇私情。当时，安帝乳母王氏得势，子弟均居高位，他上疏切谏；安帝为王氏大修第舍，他又上疏阻止；安帝舅耿宝请他辟用中常侍李闰之兄，皇后兄阎显也荐亲信于他，杨震皆不用，为此得罪权贵，但他依然弊绝风清，洁身自好。

一次，杨震途经昌邑，其昔日所举荐的茂才王密此时恰为昌邑令。暮夜来临，夜深人静，王密至杨震住所谒见杨震，并怀揣金10斤以赠杨震，以感谢其知遇之恩。弘农杨氏是东汉名门世族，门生故吏可谓遍布天下。如今面对这位手持重金、态度虔诚的后辈，杨震一时大惑不解，便问道："故人知君，君不知故人，何也？"王密以为杨震是故作矜持，因为在当时的官场中，座主收受赠金是很普遍的，所以他认真地说道："暮夜无知者。"而杨震却正色告诉他：

　　　天知，神知，我知，子知。何谓无知！ ①

王密听后惭愧地携金退去。

杨震在外为官清廉，不受私情，在家对子孙也要求十分严格。其子孙们平日行无车、食无肉，不涉奢华。故交见其生活拮据，劝他治些产业，杨震不肯，说：

　　　使后世称为清白吏子孙，以此遗之，不亦厚乎！ ②

杨震之后代果不负所望。其子杨秉、孙杨赐、玄孙杨彪，皆为

---

① 《后汉书》卷五四《杨震传》，第1760页。
② 《后汉书》卷五四《杨震传》，第1760页。

汉相；曾孙杨脩亦为曹操主簿。他们个个恪守祖训，保持家风，廉洁清正，为世所贵。其中杨秉是最出类拔萃的一个。杨秉少传父业，博学多识，40 岁以前一直隐居不仕，以传授经学为务。后应朝廷召拜，入朝为侍御史，先后任过豫州、荆州、徐州等地刺史，桓帝时为尚书、太尉，成为宰相。杨秉像其父一样清廉，自他为官以来，他都计日受俸，剩余俸禄一概不取。其故吏送给他的钱逾百万，他皆闭门不收，以廉洁自好。延熹三年（160），白马县令李云因直言极谏被罪，杨秉为其鸣不平，争之不得，反被罢官归故里。杨秉免官后，雅素清俭，家境贫窭，经常是"并日而食"，一天的饭要分作两天吃。尽管如此，他仍不愿接受他人的馈赠。任城一故吏景虑给他送钱百余万，欲以此接济杨秉，但"（杨）秉闭门拒绝不受"。[①]

杨秉一生洁身自律，两袖清风，生活严谨俭朴。杨秉素不饮酒，他早年丧妻，一直没有再娶，所到之处，皆以"淳白"见称。他晚年在回顾自己一生经历时，曾从容地对人说：

　　　　我有三不惑：酒、色、财也。[②]

他高风亮节，不愧为一代楷模。

————————

① 《后汉书》卷五四《杨震传附杨秉传》，第1760页。
② 《后汉书》卷五四《杨震传附杨秉传》，第1755页。

## —"关节不到，有阎罗包老"—

包拯是北宋时期最有影响的一位清官，其廉洁公正，更是中国古代宰相中罕有的美德。包公为官 20 余年，始终严于律己，砥砺名节。包拯曾知端州（今广东肇庆），此地盛产用端溪石所制的砚石，即端砚。此砚唐代以来即负盛名，早有"端州石砚人间重"，"端州石工巧如神"的诗句流传于世。至宋代，端砚更加名贵，是朝廷规定每年都要交纳的贡品。历任知府，都要在朝廷贡品定置额外强令砚工生产多出其数十倍的端砚，用以赠送朝中权贵，博取仕进。包拯到知州任后，一扫前任额外多征贡砚之陋习，命砚工只完成进贡数额，深受百姓欢迎。其离任时，当地砚工精制一方好砚，赠给他作为纪念，被他婉言谢绝。包拯任端州一年之久，本人又酷爱书法，至岁满离任时，却"不持一砚归"，被时人盛赞不已。

在宋代，贿赂公行，人们每办一件事，都要行贿送礼，打通关节。如梁适做相时，张揆向梁适行贿，得做三司副使。宰相王钦若时，举子任懿托僧人惠秦贿银 350 两，他把银数写在纸上交给王钦若妻李氏，李氏命奴仆把任懿名字写在手臂上，把贿银数交给王钦若，任懿果然得中进士。故有人对此现象讥讽道："空手冷面，如何得好差遣。"但这句话到包公那儿就行不通了。包拯为官清廉，铁面无私，从不受收贿赂，因而民间流传着这样一句谚语："关节不到，有阎罗包老。"① 意思是打官司、办事不用请客送礼，自有像阎王一样执法公

---

　　① （宋）朱熹：《五朝名臣言行录》卷八《枢密包孝肃公》，《四部丛刊初编》本，商务印书馆1929年版，第100页。

正的包公给做主。事实上确实如此。他疾恶如仇，执法不避亲党，所有故旧、亲朋的请托都被他一概拒绝。

包拯一生清白，极恨贪污受贿。他曾为其子孙留一遗训：

> 后世子孙仕宦有犯赃滥者，不得放归本家，亡殁之后，不得葬于大茔之中。不从吾志，非吾子孙。

他要求把这一遗训刻在石上，砌在堂屋的东壁，"以昭后世"。①

## ——"直道一身"，"清风两袖"——

北宋大臣唐介刚正不阿，廉洁自守，一生不为权、利所诱。谭州有一巨商，私藏海珠，被关吏搜得，按规定全部没收入宫。这些海珠，全是南海明珠，耀眼璀璨，十分珍贵。当地官员对之无不垂涎而爱之。州官以下都贱价收买，据为己有。唐介当时正被贬做谭州通判。此事被揭发后，有关奏章刚送至朝中，宋仁宗就对近臣们肯定地说："唐介必不肯买。"② 待看过奏章后，果真如此。

与唐介同时期的著名改革家王安石也是一位朴素俭约、廉洁自持的名相。史称他："衣臣虏之衣，食犬彘之食，囚首丧面而谈诗

---

① （宋）包拯撰，杨国宜整理：《包拯集编年校补》卷四《家训》，黄山书社1989年版，第256页。

② （清）方中德撰，徐学林校点：《古事比》卷四一《清修》，黄山书社1998年版，第964页。

书。"① 与当时那些贪腐之辈相比,不啻霄壤之别。比较了解王安石私生活的沈括在《梦溪笔谈》卷九中曾谈了这么件事:王安石有哮喘病,需用紫团山人参为药,寻找不得。当时薛向自河东还朝,恰巧有之,便赠送王安石数两。王安石坚辞不受,有人劝他说:"公之疾非此药不可治,疾可忧,药不足辞。"王安石坦然地说:"平生无紫团参,亦活到今日。"② 依然不肯接受。有人欲献砚于王安石,向王安石连连夸赞其砚:"呵之可得水。"王安石笑而却之曰:"纵得一担水,能值几何?"③ 王安石个人的操守,连最顽固的政敌也佩服之至。司马光的追随者刘安世便说他"金陵亦非常人",对"其质朴俭素,终身好学,不以官职为意",同样钦佩。④

清朝的刘统勋在乾隆年间(1736～1795)久居相位,很为乾隆帝所倚重。他却一直非常简朴持重,廉洁清正,临财不贪。在他为相期间,曾有一个身任湖北巡抚的世家子,年终时给他送去 1000 两馈金。刘统勋把送馈金人叫至面前,严肃地对他说:你的主人是我多年的故交,相互致问是在乎情理之中的。而今我在朝廷为官,不需这些馈金。你可回去禀告你的主人,请他把这些钱送给穷苦的朋友吧。又一次,一个有钱人深夜叩门求见,刘统勋知其来意,便拒绝相见。翌日清晨,他把那人召至官署,斥责道:"昏夜叩门,贤者不为,论有何禀告,可众前言之。虽老夫过失,亦可箴规也。"⑤ 结果那个人吞吞

---

① (宋)詹大和等:《王安石年谱三种》卷一〇《王荆公年谱考略》,中华书局1994年版,第364页。

② (宋)沈括撰,金良年点校:《梦溪笔谈》卷九《人事二》,中华书局2015年版,第95页。

③ (清)丁传靖辑:《宋人轶事汇编》卷一〇《王安石》,第480页。

④ 余嘉锡:《四库提要辨正》卷六《名臣言行录》,中华书局2007年版,第328页。

⑤ (清)昭梿撰,何英芳点校:《啸亭杂录》卷二《刘文正公之直》,第50页。

吐吐，半天未敢说明自己想行贿请托的事，灰溜溜地退了出去。刘统勋死时，乾隆亲自登门祭奠，但是因为刘统勋听居里巷之门低洼狭小，只得把乾隆所乘车的顶盖去掉，然后才得进入他的住宅。为此，乾隆帝回宫后，哭泣着对诸臣说："朕失一股肱。（刘）统勋乃不愧真宰相。"①要大臣们效法之。

稍后的王杰也是清统治集团中一名难得的廉洁之相。王杰（1725～1805），字伟人，号惺园，一号畏堂，陕西韩城人。乾隆二十六年（1761）状元。先是授修撰，后历任督学、内阁学士、左都御史、军机大臣及东阁大学士等。王杰身在中枢机构十余年，为官廉正，两袖清风，临财不贪，临馈不受。清代著名学者陈康祺在其《郎潜纪闻初笔》中记道："公服官四十年，贫如为诸生时。有门生自外任归，馈金为寿，公曰：'曩吾与若言何如，今受若馈，如所言何。'公忠贞亮直，相业有闻。即此一端，亦可见两朝恩遇，有自来已。"②

王杰一生清白，其政敌对他也无隙可乘，无懈可击。乾隆一朝，和珅当政20余年，贪污受贿，劣迹昭彰，朝野上下怨声载道。但朝中官员因和珅权势炽盛，有的敢怒不敢言，有的逢迎巴结，而王杰却一身正气，敢于挺身而出，与和珅做斗争，和珅由此对他怀恨在心。一次，和珅为了羞辱王杰，曾话中有话地拉着王杰的手说道："何柔荑乃尔？"王杰正言厉色地回答说："王杰手虽好，但不能要钱耳！"③一句话把和珅呛得面红耳赤，无言以对。他总在寻机报复整治

① 《清史稿》卷三〇二《刘统勋传》，第10466页。
② （清）陈康祺撰，晋石点校：《郎潜纪闻初笔》卷一《王文端清节》，第13页。
③ 《清史稿》卷三四〇《王杰传》，第11086页。

王杰，但王杰正直清廉，使得和珅抓不住任何陷害他的把柄。

嘉庆五年（1800），76岁高龄的王杰以年老体衰请求告老还乡，嘉庆帝下诏挽留，并特许拄杖入朝。三年以后，他辞职还乡，除日常所用外，别无他物。临行前，又专门上疏，请求解决政治上的腐败问题和通过整顿吏治来堵塞国家财政上的漏洞。所言切中时弊，上嘉纳之。辞京还乡之日，嘉庆帝特赐给他一把乾隆帝御用玉鸠手杖和御制诗两首。诗曰：

直道一身立廊庙，清风两袖返韩城。①

此诗真切地概括了王杰的生平和为人。

---

① 《清史稿》卷三四〇《王杰传》，第11088页。

# 九　守道之要

作为政治家，理应为国守道，为国家而不只为人君一人。当然，其行也难。就中国传统政治而言，"家天下"，家国难分，当帝王个人意志与民意、国政相悖时；当奸佞横行，朝纲紊乱时；当国家危亡生死之秋时，尤其需要守道良臣。本篇即言名臣之守法、守节、守义者。

## 1　社稷之道

就正统政治思想而言，社稷者，非一人之社稷。但就帝王而言，又往往将天下视为己有。如何把握这一关系，是历代政治家为政的重要内容。

### —— 舍身而上《削藩策》——

守道易，能舍身守道者难，西汉景帝时的御史大夫晁错堪称坚定贯彻为国守道原则之楷模。晁错（前200～前154），西汉颍川（今河南禹县）人，是西汉前期杰出的思想家和政治家。其政论以切中时弊和主张改革而著称，其中《论贵粟疏》《守边劝农疏》《募民实塞疏》《言兵事疏》《举贤良对策疏》，深得文、景二帝的赞赏。他的言论和主张不仅在当时起了积极作用，对后世也影响巨大。在晁错时代，汉初刘邦所分封的诸侯王势力已开始膨胀，他们与朝廷分庭抗礼，以致觊觎帝位，构成了对汉中央政府的严重威胁。尤其是景帝即位后，诸王欺其年少，愈益骄横。晁错针对这种"天下之势方病大肿，一胫之大几如要，一指之大几如股，平居不可屈信（伸），一二指搐，身虑亡聊"①的政治痼疾，于公元前155年正式向景帝提出削藩的建议，即著名的《削藩策》。他提出：汉高祖大封同姓王，仅吴、楚、齐三王的封地就分去了天下的一半；他主张对犯过错的诸侯王，应削去他们周围的支郡，只保留一个郡的封地，其余郡县收归朝廷直辖。他还特别建议削吴，强调：吴王刘濞骄横恣肆，私开铜山铸钱，煮海为盐，大肆聚敛，并招诱天下亡命，谋作乱逆，所以"今削之亦反，不削亦反。削之，其反亟，祸小；不削之，其反迟，祸大"。②

晁错的"削藩"主张一经提出，立即在朝廷上下引起极大的震动，时人对此褒贬不一。消息传到颍川，晁错的父亲慌忙赶到京城，对晁错责怪道："上初即位，公（即晁错）为政用事。侵削诸侯，疏人骨肉，口让多怨，公何为也！"其父认为诸王削夺与否是皇帝家内私事，晁错作为三公、执政大臣，只需料理政事而已。所以他责备晁

---

① 《汉书》卷四八《贾谊传》，第2239页。

② 《汉书》卷三五《吴王濞传》，第1906页。

错削夺诸侯王封地，是使皇室骨肉疏远，让人怨恨。而晁错坦然地对父亲说："固也。不如此，天子不尊，宗庙不安。"其父喟然叹道："刘氏安矣，而晁氏危，吾去公归矣。"晁错的父亲归去后便服毒自尽，临终前对家人说："吾不忍见祸逮身。"十几天后，正当景帝与晁错筹划进一步削藩措施时，蓄谋作乱已久的吴王刘濞联合楚王刘戊、胶东王刘雄渠、胶西王刘卬、菑川王刘贤、济南王刘辟光、赵王刘遂，以"清君侧，诛晁错"为借口，公开叛乱，发兵进攻长安。一向嫉妒晁错的大臣袁盎乘机进谗言，建议杀晁错以消弭战乱。景帝默然许久，只得忍痛说："顾诚何如，吾不爱一人谢天下。"① 这实际上是以牺牲晁错的性命来乞求吴、楚等国的退兵。而晁错犹不自知，穿好朝衣准备上朝，结果被拉到东市斩首。但七国并不因此而罢兵。景帝悔恨不已，派周亚夫为将军，一举平定了七国之乱。

— 罢废帝王为社稷 —

汉中期霍光毅然拥幼主而摧灭燕王旦谋反，后又废昌邑王，稳定朝纲，维护刘氏社稷，也值得中肯。

武帝死后，年仅8岁的幼子刘弗陵即位，是为昭帝。霍光、金日磾、上官桀、桑弘羊四位大臣同受遗诏辅少主，而"政事一决于（霍）光"。霍光为骠骑将军霍去病异母弟，武帝时，为奉车都尉、光禄大夫，"出则奉车，入侍左右，出入禁闼二十余年，小心谨慎，未尝有过，甚见亲信"。武帝临终前，"察群臣唯（霍）光任大重，

① 《汉书》卷四九《晁错传》，第2300、2301页。

可属社稷"。所以再三叮嘱他："立少子，君行周公事。"霍光长女为左将军上官桀之子上官安之妻，上官安之女为昭帝皇后，因而上官安也被封为骠骑将军。自武帝时，上官桀已身居九卿，位在霍光之上，此时其父子并为将军，又有椒房中宫之重，见霍光统摄政事，因而心怀不满。身为御史大夫的桑弘羊自恃"为国兴利，伐其功，欲为子弟得官，亦怨恨光"。①

燕王旦为昭帝兄，自武帝因"巫蛊之乱"杀太子戾后，他自许为帝位的当然继承人。然其言行为武帝所恶，故未能如愿。燕王旦于是心怀不满。昭帝新立，他趁政局不稳，与中山王刘长及齐王孙刘泽结谋，伪称受先帝遗诏，派使者煽动诸郡国，并聚集人众，制作兵器，检阅车骑、材官（即步兵），行会猎以讲习士马，俟机而起。不久被告发，结果刘泽等被诛杀，燕王旦因宗室之故，仅受告诫，未问其罪。究其原因，一是其姐盖长公主在宫中傅育昭帝，从中干预；再则昭帝刚即位，政情不安，霍光想尽可能不扩大事态，特别是涉及帝位继承之事。

然燕王旦并未就此罢休，他又与朝廷中的霍光政敌上官父子、桑弘羊勾结，密谋进行宫廷政变。元凤元年（前80），他们计划由盖长公主置酒宴请霍光，以伏兵格杀之，然后废昭帝，迎燕王旦即皇帝位。然而，此计划未行便被发觉。盖长公主的舍人告发此事。霍光尽诛上官父子、桑弘羊及其宗族，燕王旦、盖公主自杀。昭帝从此将一切政事委任霍光。

六年后，即元平元年（前74）四月，昭帝死，无嗣。霍光等迎

---

① 《汉书》卷六八《霍光传》，第2432、2435页。

立武帝孙昌邑王刘贺。贺品行不端，淫乱无道，即帝位不久，就与随行的昌邑臣僚奴婢200余人于禁中嬉戏；昭帝葬仪举行前，他于柩前集乐人行歌舞音曲；葬礼后，他又召泰壹、宗庙乐人，鼓吹歌舞，宴饮至深夜。更有甚者，他还使皇后用的三尺果下马<sup>①</sup>挽车，携奴婢至掖庭中游戏，与昭帝的后宫宫女淫乱，且昭救掖庭令："敢泄，要斩。"另外，他让随行的昌邑国郎官及奴婢们佩戴上诸侯王、列侯、二千石以下印绶，并开御府取其宝物赐予游戏者。每日与从官、奴婢夜饮，醉如烂泥。尚在服丧中，他即遣使者祀父昌邑哀王庙，其告文书曰："嗣子皇帝。"<sup>②</sup> 悖礼之事，不胜枚举。

昌邑王的所作所为，使朝中诸大臣尤其是霍光痛心疾首，又感到十分为难。因昌邑王已正式即位为帝。在中国古代，皇帝至尊至极，主宰万物，同天地而存在，其地位非臣下所能左右。之所以如此，乃因其德侔天地。然而现在的新皇帝，位虽尊同上帝，但其德行却卑同小人。即使霍光也不得不承认他们新皇帝的迎立是失败之举。他也看到，如果让这样的君主统治天下，刘氏社稷将难以保全。然而，至尊的皇帝能废除吗？这是自皇帝制度确立以来，除秦末的革命战争将秦氏王朝推翻外，首次面临的问题。

霍光首先同故吏大司农田延年商计，田延年主张利用其外孙女皇太后的权威废立皇帝。于是，霍光召集丞相、御史大夫、将军、列侯、中二千石、大夫、博士等于未央宫行庙议，提出废除皇帝的建议，理由是新皇帝无道，"行昏乱，恐危社稷"。群臣闻后，"皆惊愕

---

① 果下马，一种身材矮小的马匹，高约三尺，骑着它能穿行于果树下，故名。
② 《汉书》卷六八《霍光传》，第2941、2944页。

失色，莫敢发言，但唯唯而已"。其时，田延年离席按剑，大声说道：

> 先帝属将军以幼孤，寄将军以天下，以将军忠贤能安刘氏也。今群下鼎沸，社稷将倾，且汉之传谥常为孝者，以长有天下，令宗庙血食也。如令汉家绝祀，将军虽死，何面目见先帝于地下乎？今日之议，不得旋踵。群臣后应者，臣请剑斩之。[①]

霍光也表示责任在己。于是群臣皆叩头从霍光之言。

霍光率群臣谒见皇太后，奏请废昌邑王贺。皇太后下裁可之诏。这样，当了仅27天皇帝的昌邑王被废，送还原封地昌邑，其200余随从以不辅导之罪全部被诛。临行前，霍光率群臣送别。他诤诤说道：

> 王行自绝于天，臣等驽怯，不能杀身报德。臣宁负王，不敢负社稷。[②]

此话道出他的所作所为是为国守道，是为刘氏社稷而不是为人君一人。新帝昌邑王被废后，霍光又迎立武帝曾孙、庚太子孙刘询，是为宣帝。

霍光自武帝后秉持万机，到宣帝即位，便要求归政，宣帝谦让不受。这样霍光前后专权达20余年。霍光虽专朝权，但却能除武帝时

---

① 《汉书》卷六八《霍光传》，第2937、2938页。
② 《汉书》卷六八《霍光传》，第2946页。

之弊，知时务之要不扰民，轻徭薄赋，与民休息，实行宽政，因而出现了"昭宣中兴"的局面。

### — 为国守财不媚上 —

在中国古代社会，虽然国家财政与帝室财政是各自独立运转，互有区别，但也常常出现二者混同的现象，有的皇帝往往视天下财物为己有，聚敛无度。作为一国之大臣，如能恰如其分地处理国家与皇家的关系，实为不易之事。唐后期宰相李绛就恰如其分地处理着这种不易之事。

元和二年（807），割据浙西的镇海节度使李锜谋反被杀。其家财被籍没。唐宪宗恋其财富，命人悉数运至京师。李绛认为李锜之家财是搜刮百姓所得，理应籍财代租，还利百姓，不应为皇帝所有，遂上言道：

> 李锜凶狡叛戾，偕侈诛求，刻剥六州之人，积成一道之苦。圣恩本以叛乱致讨，苏息一方。今辇运钱帛，播闻四海，非所谓式遏乱略，惠绥困穷。伏望天慈，并赐本道，代贫下户今年租税，则万姓欣戴，四海歌咏矣。①

宪宗是一欲有所作为的皇帝，读罢李绛的奏折，不禁赞叹良久，并当即下诏从之。

---

① 《旧唐书》卷一六四《李绛传》，第4285页。

李绛曾一度任户部侍郎，按照以往惯例，户部须向皇家进献财物，名曰"羡余"，以供皇帝个人消费，诸如赏赐后宫嫔妃、近幸等。而自李绛上任后，将这种"羡余"予以取消。唐宪宗诘问李绛："故事，户部侍郎皆进羡余，卿独无进，何也？"李绛回答说：

> 守土之官，厚敛于人，以市私恩，天下犹共非之；况户部所掌，皆陛下府库之物，给纳有籍，安得羡余！若自左藏输之内藏，以为进奉，是犹东库移之西库，臣不敢踵此弊也。[①]

宪宗听后为之敛容，只得取消户部的进献。

盐铁使王播，利用自己的职权，聚敛凶狠，搜刮民脂民膏不遗余力，每月以钱物进献给皇帝，供禁中使用，每年达 100 万缗之多。他任满回京时，又献玉带 13 条，银碗数千只，绫绢 40 万匹，以图博得高官。而李绛则向宪宗建议：

> 比禁天下正赋外不得有它献，而播妄名羡余，不出禄禀家赀，愿悉付有司。[②]

即王播所献不外乎百姓膏脂，所以都应归之国库。由于李绛处事都以国家为重，宪宗不得不采纳他的意见。从此以后，在李绛主持户部期间，天下所献，一直都未进禁中，而统统归于国库。

---

① （宋）司马光：《资治通鉴》卷二三八《唐纪五十四》，宪宗元和六年，第1486页。
② 《新唐书》卷一五二《李绛传》，第4841页。

## 2 废立之道

帝储太子的废立，历来十分敏感，它关系到政权能否保持连续性和能否稳定的问题，"太子天下本，本一摇天下振动"[①]。围绕着皇权形成的各种政治势力，都是借助于皇权而取得地位和特权的。所以，由谁继承皇统，立为太子，必然关系到各种政治势力的根本利益。这样，皇位继承就不可避免地成为各种政治势力殊死角逐的中心和焦点。名相良臣在这一问题上，往往能以大局为重，匡扶帝储，严守废立之道。

### — 西汉初的废立之争 —

刘邦为汉王以后，即立其结发妻子吕雉所生子刘盈为太子。但到晚年，刘邦宠幸戚夫人，对她所生儿子刘如意也特别宠爱。刘邦认为刘盈仁弱无能，不如刘如意，遂有改立太子的念头。加上戚夫人日夜侍奉于刘邦身边，赵王刘如意也经常在刘邦膝下承欢，父子之情较深。戚夫人则利用自己受宠和接近刘邦的机会，"日夜啼泣"，央求刘邦改立自己的儿子为太子，更加坚定了刘邦改立太子的决心。[②]

汉高祖十年（前197），刘邦向臣僚们提出废立太子之事。不料，诸大臣纷纷反对，据理力争。尤其是御史大夫周昌在朝廷上与刘邦争得面红耳赤。他们认为，刘盈既是嫡长子，又早已被立为太子，也就

---

① 《汉书》卷四三《叔孙通传》，第2129页。
② 《史记》卷九《吕太后本纪》，第395页。

是传统习惯所规定的皇位继承人，一旦确立，再行改易就会引起政局动荡，使百姓不安。况且高帝定天下，吕后也立下汗马功劳，吕氏宗族在朝中已形成举足轻重的势力。尽管如此，最后谁也未能改变刘邦的主意。

吕后见势不妙，便强令已隐退的留侯张良出谋划策，张良只好授意吕氏以太子的名义，携大量金玉璧帛，"卑辞安车"，去迎请"商山四皓"，即刘邦一向仰慕却求之不得的四位隐士：东园公、绮里季、夏黄公、角里先生，以这四位隐士作为太子的羽翼。此术果见功效。不久，刘邦设宴与群臣聚饮，四位高士从太子侍宴。刘邦见后十分诧异，问："彼何为者？"四人前对，各言姓名，刘邦听后，不由得惊问："吾求公数岁，公辟逃，今公何自从吾儿游乎？"四人皆坦率地回答：

> 陛下轻士善骂，臣等义不受辱，故恐而亡匿。窃闻太子为人仁孝，恭敬爱士，天下莫不延颈欲为太子死者，故臣等来耳。

刘邦听后只得怏怏说道：

> 烦公幸卒调护太子。

"商山四皓"为刘邦行礼完毕便起身告辞，刘邦目送着他们的身影，知道太子根基已深，不可动摇，便指着离去的四位高士凄楚地对戚夫人说："我欲易之，彼四人辅之，羽翼已成，难动矣。吕后真而主矣。"戚夫人听后不觉怆然涕下。刘邦强颜欢笑，说："为我楚舞，吾为若楚歌。"于是，随着戚夫人的翩翩舞蹈，刘邦慷慨悲歌：

　　　　鸿鹄高飞，一举千里。羽翮已就，横绝四海。横绝四海，
当可奈何！虽有矰缴，尚安所施！

戚夫人且歌且舞，"歔欷流涕"。[①]

　　不久，周昌也在朝廷上极力辩争。他本有口吃的毛病，再加上情
绪激动，故说话时结结巴巴：

　　　　臣口不能言，然臣期期知其不可，陛下欲废太子，臣期
期不奉诏。

刘邦见此状，欣然而笑，完全打消了改立太子的想法。当时吕后躲在
宫中东厢侧耳倾听，心中对周昌特别感激。后见到周昌，吕后跪下向
他致谢，说："微君，太子几废。"[②] 因为有周昌等重臣的庇护，刘盈
得以保住嗣君的位置，刘氏江山也得到进一步的稳定和巩固。

　　尽管刘邦已打消了改易太子的念头，但对戚夫人及爱子刘如意日
后的安危忧心忡忡，颇不放心。赵尧向刘邦建议为赵王如意置一位吕
后及群臣平素所敬惮的强相，而此人非周昌莫属。于是刘邦左迁周昌
为赵相，晋升赵尧为御史大夫。尽管周昌不太乐意，但出于对刘氏皇
朝的耿耿忠心，还是赴任就职了，且在刘邦死后，竭尽全力保护戚夫
人和刘如意。

　　汉高祖十二年（前195）四月，刘邦病死，太子刘盈即位，是为
惠帝。惠帝仁弱，吕氏便以太后身份操纵朝政。她首先将戚夫人斩去

---

　　①　《史记》卷五五《留侯世家》，第2047元。
　　②　《史记》卷九六《张丞相列传》，第2677页。

手足，挖眼，辉耳饮以瘖药，使居厕中，名为"人彘"。又遣使者召赵王刘如意进京。周昌知其用意，曾以赵王有病拒绝应召。使者往返三次，周昌也拒之三次。但最终未能阻止赵王被召进长安，吕后寻机将其毒死。惠帝见其残忍，自己无能为力，遂以饮酒为乐，国家大事，均由吕后决定。惠帝在位七年，于公元前 188 年病死。惠帝皇后无子，吕后取后宫美人子立为太子，继承皇位，史称少帝。少帝年幼，吕后临朝称制，后又改立惠帝子刘弘为傀儡皇帝。

吕后称制，欲封吕氏宗族的兄弟子侄为王，又担心诸大臣反对，乃先探问右丞相王陵。王陵果然以高帝的"白马盟约"——"非刘氏而王者，天下共击之"①为据，反对王诸吕子弟。吕后复问左丞相陈平、太尉周勃等。他们见阻止无益，便佯装赞成："高帝定天下，王子弟；今太后称制，王昆弟诸吕，无所不可。"②吕后大喜，便以王陵为太傅——一个荣誉虚衔，剥夺其实权，排除了分封诸吕的干扰。她先后封长兄吕泽之子吕台为吕王，吕台弟吕产为梁王；封次兄吕释之子吕禄为赵王；封吕台子吕通为燕王；又封六位吕氏子弟为列侯。同时，又追尊其父吕公为吕宣王，兄吕侯为悼武王。除追封的两王外，吕氏一门凡四王、六侯。她还把吕氏族人一一安排到宫中的重要岗位上，尤其是控制了南北军的控制权。并在朝中竭力排斥异己，安插亲信。如御史大夫赵尧，因为替刘邦出过保护赵王刘如意的主意，吕后称制后便将其罢官治罪，而将忠信自己的上党太守任敖调升御史大夫；将反对自己分封的右丞相王陵免职，而提拔自己的亲党审食其

---

① 《汉书》卷四〇《王陵传》，第2047页。
② 《史记》卷九《吕太后本纪》，第400页。

为相。丞相陈平、太尉周勃只得睁一只眼、闭一只眼，事事附和，以
隐其志。这样，宫中、府中都成了吕氏控制的天下。与此同时，吕氏
对刘氏宗室不附己者也大加杀戮，如淮阳王刘友、梁王刘恢、燕王刘
建子都先后被杀。

随着吕氏权势日炽，表面上无所作为的陈平忧心如焚，他唯恐此
局面长此以往，终不能改，必将祸及国家，害及己身。太中大夫陆贾
前去为之献计：

> 天下安，注意相；天下危，注意将。将相和调，则士务附；
> 士务附，天下虽有变，即权不分。为社稷计，在两君掌握耳……
> 君何不交欢太尉，深相结？ ①

此话正与陈平心意相合。于是陈平以五百金为太尉周勃祝寿，一起饮
乐；太尉也是有心人，自然依例报答。两人在这种你来我往的幌子
下，商讨着对付吕氏的计策。与此同时，陈平还不惜重金，使陆贾游
说朝臣公卿，反对吕氏。

吕后八年（前180）七月，吕后病死。中央政权的重心立即倾移，
外戚吕氏同朝中官僚及刘氏宗室之间的矛盾达到不可调和的地步。双
方剑拔弩张，一场残酷的厮杀已不可避免。丞相陈平与太尉周勃审时
度势，权衡朝中人物，酌定一条计策：劫持曲周侯郦商，以此要挟其
子郦寄游说吕禄放弃北军。郦寄和吕禄交谊甚厚，吕禄无勇无谋，听
信郦寄的劝说，自解上将军印，把北军交予周勃。九月，周勃入主北

---

① 《史记》卷九七《郦生陆贾列传》，第2700页。

军后下令："为吕氏右祖，为刘氏左祖！"①如此一呼，军中皆左祖，愿为刘氏效命。这样，周勃掌握了北军的统帅权，然而，中央军的另一支骨干力量南军尚在吕氏手中，受吕产节制。此时吕产不知吕禄已离开北军，欲入未央宫，约吕禄一起发动宫廷政变，捕杀刘氏宗室和朝臣。陈平一面令朱虚侯刘章协助周勃，守住北军军门，一面让前丞相曹参子、代理御史大夫曹窋向卫尉（负责守卫宫殿）传达他的命令："毋内相国产殿门。"②吕产来到殿门，即被卫兵阻止，不得入内。刘章与周勃见吕产在宫外徘徊，乘机将吕产杀死。随后，又分头捕杀在京的吕氏宗族，无论老少，一律处死。吕禄、吕通等全被斩杀。吕氏集团被彻底消灭。

诸吕被平灭后，陈平、周勃等策划谋立新的帝储，因为陈平等认为少帝非惠帝子，且为吕后所立，心向吕氏。他们从刘邦诸子中挑选了代王刘恒继承帝位。计议已定，遂派使者迎代王入京。代王群臣皆认为不可轻信，劝其称病不行，独有中尉宋昌详细分析当时局势，认为刘氏天下已如磐石之安，不可动摇，今朝廷大臣必然是因代王贤圣仁孝闻名天下，而欲迎立为天子，坚持请代王成行。代王刘恒对宋昌大加赞赏，立即动身入京。代王一行至长安渭桥时，汉丞相陈平已率百官前来迎接，周勃向前跪奉天子玺，代王遂被尊立为天子，是为汉文帝。汉朝政权自惠帝以来，至此方稳定下来。从此，西汉历史开始走向兴旺发达的时代，历史向人们证明了陈平、周勃拥立代王为帝举措的正确。

---

① 《汉书》卷三《高后纪》，第102页。
② 《汉书》卷三《高后纪》，第102页。

## — 皇储之争的试金石效应 —

从皇帝临终之前到新主即位之初这一段新旧交替的时间内，统治阶级内部往往会产生激烈的斗争。在这一过程中，能否恪守正道，以社稷为重，成为衡量臣子优劣的试金石。为避免在皇位继承上给自己引来祸乱，有的宰执在斗争中明哲保身，宁做缩头乌龟。

以西汉为例。汉昭帝初立时，上官桀、盖长公主等人谋废昭帝。稻田使者燕仓得知其谋，告知大司农扬敞，杨敞一贯谨慎从事，知此事后噤不敢言，称病卧床不起，遂将此事告知谏大夫杜延年。杜延年立即上报皇帝，很快平息叛谋。燕仓、杜延年皆因功受赏，独杨敞以官为九卿而不敢告言而不得封侯。昭帝死后，杨敞被拜为丞相。新即位的昌邑王淫乱无道，辅臣霍光、张安世等谋废王更主。此议由大司农田延年告知丞相杨敞。杨敞闻后惊惧不知所措，汗流浃背。这时，田延年离席更衣，杨敞之妻急从屋子东厢出来，对杨敞说：“此国大事，今大将军议已定，使九卿来报君侯。君侯不疾应，与大将军同心，犹与无决，先事诛矣。”① 这时田延年更衣回来，杨敞遂与夫人一起向田延年许诺：奉大将军之命，废昌邑王，迎立宣帝。堂堂一丞相遇事竟不如其妻果断！

也有的大臣关键时刻能不畏强暴，竭力保护帝储。唐人张九龄为宰相时，武惠妃受玄宗宠爱，谋废太子李瑛而立己生，张九龄坚执不可。于是，惠妃密遣宦官牛贵儿告诉张九龄：“废必有兴，公为援，

① 《汉书》卷六六《杨敞传》，第2899页。

宰相可长处。"张九龄申斥道："房幄安有外言哉！"①他将此事立即
上报唐玄宗，玄宗大为惊讶。由于张九龄的极力保护，在他为相期
间，太子李瑛一直没有被废掉。

宋相寇准也是从宋朝利益出发匡扶太子。淳化五年（994），被
贬至青州两年的寇准应召返京。当时，宋太宗接近晚年，常为确立帝
储之事焦虑不安，兼之又害足疾，可谓身心交瘁。寇准入见，太宗如
释重负，犹见知心朋友般亲切。他撩起衣服，先让寇准看看自己的病
脚，然后又问他"卿来何缓耶"？寇准婉言回答道："臣非诏不得至
京师。"这时太宗将肺腑之言吐出："朕诸子孰可以付神器者？"意即
谁可继承帝位。在此之前，大臣冯拯等曾上疏请立帝储太子，结果太
宗大怒，将其贬之岭南，从此朝内外无人敢再提立太子事。此时太宗
却主动询问寇准，可见皇帝对寇准的信重。对立太子事，寇准早已深
思熟虑，所以他胸有成竹地回答太宗：

> 陛下为天下择君，谋及妇人、中官不可也；谋及近臣，不
> 可也；唯陛下择所以副天下望者。

太宗低头思索良久，乃屏退左右，问寇准道："襄王可乎？"君臣选
择相合，寇准极力赞成，说："知子莫若父，圣虑既以可，愿即决
定。"②事后，寇准因得太宗信赖，官拜参知政事（副相）。

至道元年（995）八月，太宗以三子元侃为开封府尹，立为皇太
子，改名赵恒。在行过宗庙立嗣大礼返回的路上，京城居民夹道观

---

① 《旧唐书》卷一二六《张九龄传》，第4426页。
② 《宋史》卷二八一《寇准传》，第9528页。

看，雀跃欢呼："少年天子也。"太宗闻后反倒不快，召寇准问道："人心遽属太子，欲置我何地？"此时倘若劝谏不当，会引起新的祸乱或政治纠纷。对此，寇准机智地祝贺道："此社稷之福也。"[1]太宗听后幡然大喜，遂入宫向皇后嫔妃们报喜，后宫一片道贺声。太宗又设宴庆祝，邀寇准陪饮。之后，太宗又选用故宰相李沆辅佐太子。这样，太宗时期一直悬而未决的立储之事到此最后确立下来。

至道三年（997），太宗病死，太子赵恒即位，是为真宗。真宗时期，寇准曾两次为相。一次在景德元年（1004）至三年（1006）；一次是在天禧三年（1019）至四年（1020）。天禧四年（1020），真宗得了风瘫病，卧床不起，刘皇后执掌政柄，曹利用、丁谓等佞臣乘机依附刘氏，并结纳内亲、翰林学士钱惟演，彼此朋比为党，势炎熏天，寇准深以为忧。一次，寇准朝见真宗，上奏道："皇太子人所属望，愿陛下思宗庙之重，传以神器。择方正大臣为羽翼。丁谓、钱惟演，佞人也，不可以辅少主。"[2]真宗也有意传位于皇太子赵祯，听完寇准的上奏，便颔首答应了。寇准得到真宗的应允，立刻密令翰林学士杨亿起草诏书，拟请太子监国，且欲用杨亿辅政，取代丁谓。杨亿知道事关机密，候至深夜，方才逐退左右，亲自撰写诏书，中外无复知者。该年六月，事情到了最关键时刻，寇准却因酒醉走漏了风声。丁谓与刘皇后等旋即奏告真宗，竭力潜言诬陷寇准，谎称寇准欲挟太子，架空皇上，夺朝政大权。昏庸的宋真宗却否定与寇准商定过传位之事，竟将寇准罢免相职，降为太子太傅，升丁谓与李迪并为宰相。

---

[1] 《宋史》卷二八一《寇准传》，第9529页。
[2] 《宋史》卷二八一《寇准传》，第9533页。

不久又贬寇准为相州知州。丁谓擅改圣旨，又将寇准远徙为道州司马。寇准作为一位骨鲠之臣，为宋朝社稷竭尽心力，但得到的却是一次次的被贬逐。这恐怕也是古代官场的黑暗所在。

耶律楚材是元朝的贤相。公元1227年，成吉思汗死于西征途中，四子拖雷代理国政。按照成吉思汗的遗嘱，汗位应由第三子窝阔台继承。至公元1299年秋，拖雷监国已两年，新主尚未定立，耶律楚材决定召集蒙古贵族会商窝阔台登基之事。此会开了40余日，未有所决断。耶律楚材清醒地意识到窝阔台的处境：他上有兄长察合台，向来性情缜密，为众所畏；下有少弟拖雷，其过去一直追随在成吉思汗身旁，现在又掌监国大权。兄弟三人虽然是骨肉同胞，但在最高权力面前，这种血缘情谊是苍白无力的，中国历史上，在王位继承时兄弟父子相互残杀的事不绝于书。所以再拖延下去，可能会节外生枝。于是，耶律楚材一再催促拖雷，强调："此宗社大计，宜早定。"拖雷则推托：意见尚未统一，需要再等几日。耶律楚材便利用蒙古人非常迷信的特点，借用占卜的方式，威胁道："过是无吉日矣。"[1]意思是，过了今日，再无吉期。拖雷不便再敷衍，于是同意立即举行登基大典。

登基大典由耶律楚材拟定仪式。蒙古族在此前没有朝拜礼节，登基典礼只是潦草行事。为了尊君抑臣，让所有的宗亲都能附顺，耶律楚材"遂定策，立仪制"，精心拟定朝仪。他让有权威的亲王察合台带头下拜，说："王虽兄，位则臣也，礼当拜。王拜，则莫敢不拜。"察合台无由推脱，便"率皇族及臣僚拜帐下"。登基仪式在威严庄重

---

① 《元史》卷一四六《耶律楚材传》，中华书局1976年版，第3457页。

的气氛中顺利进行。事后，察合台不禁对耶律楚材夸赞道："真社稷臣也！"从此，元蒙王朝"尊属有拜礼自此始"。①

举行大典时，有些王公大臣没有前来朝拜，也有一些朝会时违制者，窝阔台想处死这些人，借以树立自己的威望，耶律楚材进谏道："陛下新即位，宜宥之。"②认为窝阔台始即位，宜力求安定，对犯错者应当宽宥。窝阔台听取其言，从轻论治。一段时间后，新政权果然得到众人的拥护。

明成祖时，辅臣解缙为明社稷定立帝储，也是奋不顾身。解缙，字大绅，明吉水人。洪武时进士，才华横溢，高见卓识，深受太祖、成祖赏识。成祖即位后，命他与黄淮、杨士奇、杨荣等入值文渊阁，参与机务。成祖初年，尚未定立太子。当时次子高煦、高燧因"慧黠有宠于成祖"；长子高炽，端庄沉静，儒雅好学，曾被其祖父太祖朱元璋赞誉为"有君人之识"。③但由于高煦等经常在成祖面前对高炽恶语中伤，使得成祖日益冷淡高炽，让他长期在北京监国，毫无顾念之心。解缙对此十分着急。一日，宫中出《虎顾诸彪图》，命解缙题诗，解缙随即挥笔题道：

> 虎为百兽尊，谁敢触其怒。
> 惟有父子情，一步一回顾。④

---

① 《元史》卷一四六《耶律楚材传》，第3457页。
② 《元史》卷一四六《耶律楚材传》，第3457页。
③ 《明史》卷八《仁宗纪》，第106、107页。
④ （明）解缙：《文毅集》卷五《奉敕题虎顾彪图》，《景印文渊阁四库全书·集部·别集类》第175册，台湾商务印书馆1986年版，第55页。

皇帝观诗后，恻然动念，即日命大臣夏原吉迎长子高炽于南京，父子欢洽。永乐二年（1404），成祖命诸大臣议定帝储。大臣淇国公丘福力主立次子汉王高煦。而解缙称：高煦性情凶诈，不宜立为太子；"皇长子仁孝，天下归心"，力主立长子高炽。又顿首进言"好圣孙"即高炽长子、后来的宣宗朱瞻基。成祖深以为然，遂定立朱高炽为太子。

太子既立，朱高煦等不甘心，时时在帝面前谮谗太子，解缙则常常劝谏成祖，力保太子。朱高煦因此衔恨解缙，屡进谗言，结果解缙被贬官为广西布政司参议。永乐八年（1410），解缙奏事入京，时值成祖北征，解缙谒太子而还。朱高煦以此构罪解缙，告诉成祖"缙伺上出，私观太子。径归，无人臣礼"。于是成祖震怒，"逮缙下诏狱，拷掠备至"。至永乐十三年（1415），一次，锦衣卫纪纲上囚籍，成祖看见解缙的姓名，便话中有话地问道："缙犹在耶？"纪纲遂将解缙灌醉，埋积雪中，冻死，时年 47 岁。其妻、子及宗族徙至辽东。[1]

解缙以反对高煦为太子而被谗，屡遭贬谪，以致下狱身死。成祖死，高炽继立，是为仁宗。仁宗在位仅一载，但史书赞扬他：

> 用人行政，善不胜书。使天假之年，涵濡休养，德化之盛，岂不与文、景比隆哉。[2]

史书将明仁宗与汉代的文帝、景帝置于同一位置。仁宗死，朱高煦反叛，新继位的宣宗亲征平乱。证明解缙能识人论事，更证明他对明皇廷的忠诚。

---

① 《明史》卷一四七《解缙传》，第4121、4122页。
② 《明史》卷八《仁宗纪》，第112页。

## 3　朝纲之道

帝王往往有宠幸之臣，对他们又往往恩宠并加，破坏朝纲；宠臣们则恃宠逞志，不循法度。对于政治家而言，对他们多投鼠忌器，无可奈何。但一些刚正的名相贤辅，则不顾帝王情面，维护朝纲，惩治宠臣。

### ── 敢惩宠臣的申屠嘉 ──

邓通是汉文帝的宠臣。最初，他只是一位为宫中划船戏水的船工，因长得英俊，处事谨慎机灵，文帝见后十分喜欢，遂让他陪伴自己身边，宠幸日甚，而邓通侍奉文帝也愈加殷勤。邓通平日不喜欢与外人交往，即使是法定的休假，他也不外出，总是陪在文帝身边。文帝对此非常满意，遂赏赐邓通数十万钱财，将其升至上大夫，并且经常到邓通家宴饮游玩。有一天，文帝派一精通相面的人给邓通看相，看相人肯定地说："当贫饿死。"文帝不以为然地说："能富通者在我，何说贫？"于是当即把蜀郡严道的铜山赏赐给邓通，并允许邓通自己铸钱，结果"邓氏钱"流通全国，邓通也因此富倾天下。当然，邓通也竭尽全力侍奉文帝，使文帝对他宠信有加。文帝曾生毒疮，邓通经常替他吸吮痈疽浓水，文帝十分感动，问邓通："天下谁最爱我者乎？"邓通故意答道："宜莫若太子。"① 他回答得合情合理，实际上是别有用心。正巧太子进来探问父皇病情，文帝便让他吸吮痈疽，

---

① 《汉书》卷九三《邓通传》，第3723页。

太子虽照此做了，但面有难色。文帝此后对邓通日益宠幸，而太子却从此怨恨邓通。

邓通依仗文帝对他的宠信，在朝廷中无法无天，目无他人。大臣们敢怒不敢言。丞相申屠嘉一向刚正清廉，对邓通的所为更是义愤填膺。便寻机予以惩治。一日，申屠嘉入朝拜见皇上。当时皇上见丞相时要"御坐为起，在舆为下"①，以示对丞相的礼敬。高高在上的皇帝尚要对丞相礼敬三分，而邓通站在文帝旁却对申屠嘉"有怠慢之礼"。申屠嘉看在眼里，气在心里，待奏事完毕，便对文帝说："陛下幸爱群臣，则富贵之，至于朝廷之礼，不可以不肃。"文帝连忙安慰申屠嘉说："君勿言，吾私之。"文帝让申屠嘉消消气，他私下里教戒邓通。申屠嘉罢朝后回到丞相府，越想越生气，便正式行文召邓通到丞相府，若不来，则斩之。邓通惊恐万分，急忙入宫见文帝。当时丞相有执行诛罚之权，文帝只得对他说："汝弟往，吾今使人召若。"邓通无奈，只得免冠赤脚，到丞相府谢罪。申屠嘉面对皇帝的宠臣稳坐自如，大声斥责道："夫朝廷者，高皇帝之朝廷也，通小臣，戏殿上，大不敬，当斩。史今行斩之。"邓通听后，急忙叩头饶命，直磕得血流满面。正在此时，文帝派使者前来营救，并亲笔手谕，谢丞相曰："此吾弄臣，君释之。"②由于文帝的说情，邓通幸免一死。从此，他的威势大敛。景帝继位后，将邓通免除官职，并没收其全部家财。邓通最后负债累累，一文不名，寄食死于别人家里。

---

① 《晋书》卷二一《礼志下》，第660页。
② 《汉书》卷四二《申屠嘉传》，第2101页。

## — 力维朝纲的王嘉 —

　　哀帝时丞相王嘉屡封诏书，拒封董贤之事也是力维朝纲的典范。董贤，字圣卿，云阳（今陕西淳化西北）人。成帝末年，为太子舍人。哀帝继位后，他随太子官属升为郎官。最初，哀帝对他并不注意。一次，董贤在殿下传漏报时，被哀帝望见，哀帝见他容貌俊美，便执手与语，爱不忍释，当即拜他为黄门郎，从此得到哀帝的宠幸。不久，董贤又被升任为驸马都尉侍中，他出则与哀帝同辇，入则侍从哀帝左右，甚至经常和哀帝同床共寝。一次午睡，董贤与哀帝同床，哀帝一觉醒来发现衣袖被董贤身体压住，他不忍惊醒董贤，便用刀把自己的衣袖割断而起。董贤对哀帝也竭尽柔媚之能事，朝夕侍奉哀帝身旁。每次休假，他都不肯出宫，留在哀帝左右照看医药病情。这更博得哀帝欢心。于是哀帝便诏令董贤妻和董贤一起住在宫中。与此同时，哀帝又纳董贤妹为昭仪，任董贤父为少府，岳父为将作大匠，弟为执金吾。然后又在北阙之下为其大治府第，楼台亭阁，画梁雕栋，极尽豪华奢靡。至于各种珍宝赏赐更是无以复加，就连董贤家的奴仆也都受过皇帝的赏赐。此外，哀帝还为董贤预修坟冢在义陵之旁，其规格同王，并赐予金缕玉衣及尚方珍宝等。更有甚者，哀帝竟要把刘氏江山禅让给董贤。在一次酒宴上，哀帝趁着酒意，从容地笑着对董贤说："吾欲法尧禅舜，何如？"中常侍王闳在侧急忙进言道："天下乃高皇帝天下，非陛下之有也。陛下承宗庙，当传于子孙于亡穷。统业至重，天子亡戏言！"[①]哀帝听后大为不悦，将王闳遣出，

---

　　① 《汉书》卷九三《董贤传》，第3738页。

从此不得侍宴。

后来，哀帝竟下诏要封董贤为侯。引起丞相王嘉等大臣的极力反对。王嘉，字公仲，历任太中大夫、河南太守、京兆尹、御史大夫等职。哀帝建平三年（前4）为丞相，封新甫侯。他为人"刚直严毅有威重"，敢明言直谏，议论时政。本来，王嘉为相后即多次劝谏和反对哀帝宠幸董贤，现在这位无德、无能又无功、全凭容貌献媚取悦皇上的弄臣，竟然也要被封为侯，王嘉实在难于缄默。于是，他联同副相、御史大夫贾延一道封还诏书，并上疏称：

> 陛下仁恩于贤等不已，宜暴贤等本奏语言，延问公卿、大夫、博士、议郎，考合古今，明正其义，然后乃加爵土。不然，恐大失众心，海内引领而议……臣嘉、臣延材驽不称，死有余责。知顺指不忤，可得容身须臾，所以不敢者，思报厚恩也。[1]

哀帝在王嘉等人的严词谏诤下，只好权且收回成命。但数月后，他又下诏封董贤为高安侯，还将反对封侯的公卿们切责教训一番。

王嘉在皇帝的淫威前并不屈服。他再一次上疏封事，苦口婆心，援古征今，给哀帝讲述"不以私爱害公义"可使朝廷平安的道理，并指责哀帝对董贤及家人、仆人赏赐无度，在上林苑中为董贤起官寺，北阙门口治大第，引王渠灌园池，甚至一次赏董贤田2000多顷，等等，使"道路欢哗，群臣惶惑"，以致皇上的"仁智"成了天下的"大讥"！他希望哀帝放弃成见，吸取以往宠臣乱国亡躯的教训，

---

① 《汉书》卷八六《王嘉传》，第3492页。

"以节贤宠，全安其命"。[①]

然而，王嘉的劝谏非但未能打动哀帝，反而使哀帝对王嘉更不满意，对董贤愈来愈宠幸，不能自胜。这时，傅太后死，哀帝又假托遗诏，加封董贤二千户食禄。王嘉仍不屈从，第三次封还诏书，不予办理，并向哀帝及王太后上疏极谏：

> 臣闻爵禄土地，天之有也……裂地而封，不得其宜，则众庶不服……高安侯贤，佞幸之臣，陛下倾爵位以贵之，单货财以富之，损至尊以宠之，主威已黜，府藏已竭，唯恐不足。财皆民力所为，孝文皇帝欲起露台，重百金之费，克己不作。今贤散公赋以施私惠，一家至受千金，往古以来贵臣未尝有此，流闻四方，皆同怨之。

哀帝大怒，以王嘉在朝，位不尽忠诚、举荐不当为罪名，遣尚书召王嘉质问。并要求将军以下讨论。在哀帝的威逼下，最后议定"召丞相诣廷尉诏狱"。[②]这实际上是迫令王嘉自杀。

一年后，哀帝病死，董贤即被罢斥，其自度后果不堪，便与妻子服毒自杀，后被剖棺赤身埋入土中。其家被发卖，价值达43亿钱，尽被没收，最后落得个可悲的下场。

---

① 《汉书》卷八六《王嘉传》，第3495、3496、3497页。
② 《汉书》卷八六《王嘉传》，第3448、3501页。

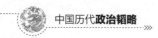

## — 武则天时代的护国大臣 —

　　武则天在掌政时期也豢养过一些宠臣，比较著名者有僧怀义、张易之、张昌宗。但当时的宰相们大都能以朝廷大体为重，抑制宠臣，捍卫李唐王朝之国体，涌现出一批不惧生死的护国大臣。

　　僧怀义，本名冯小宝，又称薛怀义，京兆户县人。其身材魁伟，气力过人，以贩卖为业。曾在洛阳经商，与千金公主相识。公主将他引荐给武则天以为近侍。武则天召见后甚为合意，遂恩遇日深。武则天想隐藏其踪迹，不让外臣知晓，同时又能便于其出入宫禁，便将他引度为僧。为提高其身份地位，又为他改姓薛，让他与太平公主的丈夫薛绍合为一族，并让薛绍以季父事之，从而将他列入士族行列。垂拱初年，武则天又将洛阳城西的白马寺修复一新，让僧怀义为寺主。僧怀义恃恩骄横，无法无天。他出入乘厩马，由中官侍从。诸武亲贵，像武承嗣、武三思等都像奴仆尊主那样礼敬他，并称他为"薛师"。其下人犯法，人不敢言。御史冯思勖屡以朝法弹劾他，被他拦截于途中一顿毒打，几乎致死。垂拱四年（688），他将乾元殿拆除，建造明堂和天堂，耗资巨万，役使民力数万人，仅一根大木就需要千余人拉曳，建筑物高大宏伟，装饰华美，令人瞠目。武则天反倒以此为功，拜僧怀义为左威卫大将军，封梁国公。

　　僧怀义倚仗武则天的宠幸，日益放肆，目无他人。一天，他竟然出现在朝堂上，被丞相苏良嗣正巧遇上。苏良嗣大怒，令人拉下去，打嘴巴数十，并将他赶出朝堂。僧怀义见武则天诉苦，武则天知其骄倨为朝臣所不容，便告诫他说："弟出入北门，彼南衙宰相往来，毋犯之。"①朝臣们因此出了口气，僧怀义见大臣们也不得不畏惧三分。

后来僧怀义失宠，获罪被杀。武则天又以张易之、张昌宗作内宠。张氏兄弟20余岁，面容白皙，姿貌俊秀，并擅长音律歌舞，武则天一见即宠爱无比，给他们封官加爵。而张氏兄弟竭尽柔媚之能事，每日小心地侍奉在武则天身边。在武则天皇帝的宠幸下，这对嬖倖的势力迅速膨胀。当时朝中的权贵武承嗣、武三司、武懿宗、宗楚客等人，争先恐后献媚二张，争着为他们执鞭牵马，像家奴呼主人一样称张易之为"五郎"、张昌宗为"六郎"。二张恃宠而骄，不仅在后宫恣意专横，而且还常常干预朝政，武则天也有意把政务委托给他们处理。二张的权势可谓炙手可热，就连武则天复立庐陵王为太子这样的国政大事，也是由二张及其党人吉顼策划说项办成的，由此可见一斑。

张易之、张昌宗二位幸臣权势熏灼，专横跋扈，朝廷大臣莫不畏附。丞相魏元忠等不仅不畏惧权幸、不屈从二张，而且处处限制二张的权势。张易之纵容其家奴凌暴百姓，魏元忠不顾一切，依法笞杀，令"权豪莫不敬惮"②。一次，武则天欲以张易之弟岐州刺史张昌期为雍州长史，在例行的朝会上，武则天问诸位宰相："谁堪雍州者？"魏元忠当即表明自己的态度："今之朝臣无以易薛季昶。"武则天不悦，直截了当地说："季昶久任京府，朕欲别除一官，昌期何如？"宰相们都抢着说："陛下得人矣。"而魏元忠却不肯阿附，坚决反对，说："昌期不堪。"武则天问其故，魏元忠毫不掩饰地说："昌期少

---

① 《新唐书》卷一〇三《苏良嗣传》，第3988页。
② 《旧唐书》卷九二《魏元忠传》，第2952页。

年，不闲吏事，向在岐州，户口逃户且尽。雍州帝京，事任繁剧，不若季昶强干习事。"武则天无话可说，任命张昌期的事作罢。见二张势倾朝廷，魏元忠还面奏武则天："臣自先帝以来，蒙被恩渥。今承乏宰相，不能尽忠死节，使小人在侧，臣之罪也。"[1]武则天听后十分不悦，张氏兄弟更加怀恨在心。

张氏兄弟见武则天年老多病，恐其死后自己被魏元忠诛杀，便诬告魏元忠曾与司礼丞高戬说过"太后老矣，不若挟太子为久长"这类不逊之言。武则天果然大怒，下令将魏元忠、高戬逮捕入狱。并准备次日让皇太子李显、相王李旦以及诸位宰相同魏元忠在朝廷上对质。张氏兄弟为置魏元忠于死地，逼迫凤阁舍人张说（后为宰相）出堂作伪证。张说入殿前，非常恐慌。宋璟劝他说：

> 名义至重，鬼神难欺，不可党邪陷正以求苟免！若获罪流窜，其荣多矣。若事有不测，璟当叩阁力争，与子同死。努力为之，万代瞻仰，在此举也！

殿中侍御史张廷珪也劝他道："朝闻道，夕死可矣！"左史刘知己说得更明了："无污青史，为子孙累！"宋璟等人的话使张说感受到一股刚正之气，心中备受鼓舞。入殿廷后，太后问之，张说未立刻回答，魏元忠冲着张说问："张说欲与昌宗共罗织魏元忠邪？"张说大声说道："元忠为宰相，何乃效委巷小人之言！"张昌宗在旁催促他回太后话，张说这才说："陛下视之，在陛下前，犹逼臣如是，况在

---

① （宋）司马光：《资治通鉴》卷二〇七《唐纪二十三》，则天后长安三年，第6564页。

外乎！臣今对广朝，不敢不以实对。臣实不闻元忠有是言，但昌宗逼臣使诬证之耳！"张易之、张昌宗暴跳如雷，厉声呼叫道："张说与魏元忠同反！"太后问其证据，二张回答说："说尝谓元忠为伊、周。伊尹放太甲，周公慑王位，非欲反而何？"张说不惧威逼，从容地驳道：

> 易之兄弟小人，徒闻伊、周之语，安知伊、周之道！日者元忠初衣紫（三品以上服紫），臣以郎官往贺，元忠语客曰"无功受宠，不胜惭惧。"臣实言曰："明公居伊、周之任，何愧三品！"彼伊尹、周公皆为臣至忠，古今慕仰。陛下用宰相，不使学伊、周，当使学谁邪？且臣岂不知今日附昌宗立取台衡（宰辅），附元忠立致族灭！但臣畏元忠冤魂，不敢诬之耳。①

后来又有几次引问，张说都证明魏元忠不反。魏元忠由此得免死。张说被流放至钦州（今广西钦县），魏元忠被贬为高要尉，临行前，魏元忠对武则天说："臣老矣，今向岭南，十死一生，陛下他日必有思臣之时。"武则天问他为何如此伤感，他指着站在武则天身边的张氏兄弟说："此二小儿，终为乱阶。"张氏二兄弟慌忙走下殿捶胸顿足地自呼冤枉。武则天望着离去的宰相，感叹地说："元忠去矣！"②

张氏兄弟还不善罢甘休。太子仆崔贞慎等八人在郊外为魏元忠饯

---

① （宋）司马光：《资治通鉴》卷二〇七《唐纪二十三》，则天后长安三年，第6564～6565页。

② （宋）司马光：《资治通鉴》卷二〇七《唐纪二十三》，则天后长安三年，第6566页。

行。张易之得知后，便诈称有个叫柴明的人密告崔贞慎与魏元忠等聚集谋商谋反之事。太后对此非常气愤，立刻遣监察御史马怀素查办，并且接连四次派人来督促，质问他："反状昭然，何稽留如此？"马怀素心中有数，便据实以告，并提出要那个告状的柴明前来对质作证。太后极为恼火："我自不知柴明处，但据状鞠之，安用告者？"并且反问他："卿欲纵反者邪？"马怀素以理相对：

> 臣不敢纵反者！元忠以宰相谪官，贞慎等以亲故追送，若诬以为反，臣实不敢！昔栾布奏事彭越头下，汉祖不以为罪，况元忠之刑未如彭越，而陛下欲诛其送者乎！且陛下操生杀之柄，欲加之罪，取决圣衷可矣；若命臣推鞠，臣不敢不以实闻。

太后又问他："汝欲全不罪邪？"马怀素仍坚定地说："臣智识愚浅，实不见其罪。"① 太后无话可说。崔贞慎等由此得以幸免治罪。

尽管张氏兄弟有女皇做后盾，但一些正直的大臣仍不摧眉折腰。一次，朝臣宴集，张易之、张昌宗列卿三品，位在宋璟之上。张易之素来畏惧宋璟，想借机取悦宋璟，便空出自己的座位，揖让宋璟："公第一人，何乃下座？"宋璟讥讽地回道："才劣品卑，张卿以为第一人，何也？"天官侍郎郑善果问宋璟："中丞奈何呼五郎为卿？"宋璟正色答道：

> 以官言之，正当为卿。若以亲故，当为张五。足下非易之

---

① （宋）司马光：《资治通鉴》卷二〇七《唐纪二十三》，则天后长安三年，第6567页。

　　家奴，何郎之有？郑善果一何懦哉！

　　一番话使在场的官员"举座悚惕"。<sup>①</sup> 从此，张氏兄弟怀恨在心，时
常恶语中伤宋璟，幸好武则天深知他们之间势同水火，不以为然。后
来二张又在宋璟办婚事时，遣刺客暗杀他。由于宋璟事先得知，藏身
他处，才幸免于难。

　　武则天晚年，常常卧床，病时只许他的嬖倖张氏兄弟在侧侍奉，
宰相们常常累月不得进见。张氏兄弟借机蒙蔽皇后，引援同党，谋划
不轨之事。尽管有人写信告发，或在通衢闹市张贴"易之兄弟谋反"
之类的标语，但武则天从不去查问。一次，张昌宗私引术士李弘泰为
他看相，预卜吉凶，多有不逊之语。如李弘泰说张昌宗有天子之相，
劝他在定州建佛寺，使天下归顺。此事被人告发后，宋璟奏请严加追
究。武则天却替张昌宗开脱说："易之等已自奏闻，不可加罪。"宋璟
坚持道："易之等事露自陈，情在难恕，且谋反大逆，无容首免。请
勒就御史台勘当，以明国法。易之等久蒙驱使，分外承恩，臣必知言
出祸从，然义激于心，虽死不恨。"武则天十分不悦。内史杨再思恐
宋璟致罪，立即宣敕令宋璟退出殿廷，宋璟应道："天颜咫尺，亲奉
德音，不烦宰臣擅宣王命。"<sup>②</sup> 此时，武则天神情稍微缓和了一些，令
收系张易之等就御史台审问。与此同时，司刑少卿桓彦范、左拾遗李
邕等正直大臣也勇敢地站出来，上疏声援宋璟，强烈要求武则天以社
稷为重，严惩张昌宗。

---

　　① 《旧唐书》卷九六《宋璟传》，第3030～3031页。
　　② 《旧唐书》卷九六《宋璟传》，第3030页。

宋璟领旨后，立即开庭审讯，但审讯尚未结束，武则天又下特敕释放张昌宗等，并令张氏兄弟到宋璟府第登门道谢。宋璟拒而不见，说："公事当公言之，若私见，则法无私也。"① 又对左右说："吾悔不先碎竖子首，而令乱国经！"②

虽然张氏兄弟在武则天的庇护下逃脱了罪责，但斗争并未停息。长安四年（704），张易之的同胞兄弟司礼少卿张同休、汴州刺史张昌期、尚方少监张昌仪都因贪赃枉法被捕下狱。武则天曾下令左右肃政台御史共同审理此案，并敕张易之、张昌宗与张同休等并案审理。其实朝中大臣心里明白，这只是武则天想表明自己公正而已。于是司刑正贾敬言上奏："张昌宗强市人田，应征铜二十斤。"想以此阿附武则天之意，而御史大夫李承嘉、中丞桓彦范却很认真，他们上奏道："张同休兄弟赃共四千余缗，张昌宗法应免官。"张昌宗申辩道："臣有功于国，所犯不至免官。"武则天又问诸宰相："昌宗有功乎？"一向谨慎从事、善于奉迎的杨再思马上回奏："昌宗合神丹，圣躬服之有验，此莫大之功。"③ 武则天听后十分高兴，于是下诏赦免张昌宗。

神龙元年（705），正月，武则天已病得很重，朝政由二张专擅把持，朝臣们心神不安。年届八旬的宰相张柬之召集桓彦范、崔玄暐、敬晖、袁恕己等大臣策划诛除二张，扶太子李显继位，恢复大唐国号。张柬之又鼓动右羽林军大将军李多祚说："今大帝之子为二竖所危，将军不思报大帝之德乎！"早已不满二张兄弟的这位大将军指

① 《旧唐书》卷九六《宋璟传》，第3030页。
② 《新唐书》卷一二四《宋璟传》，第4387页。
③ （宋）袁枢：《通鉴纪事本末》卷三〇《武韦之祸》，第2824页。

天地以自誓曰："苟利国家，惟相公处分，不敢顾身及妻子。"[①] 张柬
之又用桓彦范、杨元琰、敬晖为左右羽林将军，掌握了武则天的禁
兵。正月二十二日，他们率羽林兵攻下玄武门，直奔武则天卧榻的迎
仙宫，张易之兄弟未及反抗，便被诛杀。随即又杀掉张昌期、张昌
仪、张同休等，二张的数十名党羽被贬流外地。政变次日，中宗复
位，李唐政权重建。

## 4　守正之道

对于权倾朝野的权臣、奸臣，是趋炎附势，还是守正不阿，不做
"向火乞儿"，对政治家们而言，同样是一个两难选择。因为那些权
臣奸臣之所以权倾朝野，是由于他们取得了皇帝的信任，而且，他们
较之于一般的宠臣，更容易操纵政权，指鹿为马。是否屈从于这些邪
佞势力，是衡量传统政治家是否合格的重要试金石。

### ─ 守正不阿 ─

守正之臣古来颇多，但以身守正者却微乎其微，南北朝时期的北
齐宰相斛律光就是杰出的一位以身守正者。北齐宰相斛律光与齐后主
佞臣祖珽、穆提婆进行了不屈的抗争，最后被他们陷害致死。

斛律光，字明月，朔州（治今山西朔县）人。高车族，以武艺
高强知名，英勇善战，屡立功勋。武平元年（570），被封为右丞相，

---

① （宋）袁枢：《通鉴纪事本末》卷三〇《武韦之祸》，第2828页。

后又因战功拜左丞相，别封清河郡公。斛律公虽位极人臣，出将入相，但他性节俭，不好声色，不贪权势，杜绝私贿，为朝臣所敬慕。当时，齐后主佞幸之臣祖珽及穆提婆，势倾朝野内外，无所不为。斛律光与他们进行了坚决的斗争。穆提婆，为后主高纬的奶妈陆令萱之子。其父因犯谋反罪而被诛杀，陆令萱被贬为皇宫女仆，负责喂养高纬。她奸巧机变，取媚百端，深为胡后信爱。高纬继位后，封陆令萱为女侍中，后又尊号曰太姬，这是北齐皇后之母的位号。陆令萱又奏引其子穆提婆入侍后主。穆提婆朝夕侍奉于后主左右，整日嬉戏，胡作非为。其宠遇日隆，后被拜为录尚书事，封成阳王。当时"令萱母子势倾内外矣。庸劣之徒皆重迹屏气焉。自外生杀予夺不可尽言"[1]。但是，正直的斛律光却从不阿附。一次，穆提婆看上了斛律光小女，欲娶为妻，遂上门提亲，被斛律光一口拒绝。后主想赐晋阳之田给穆提婆，斛律光不同意，说："此田，神武帝以来常种禾，饲马数千匹，以拟寇难，今赐提婆，无乃缺军务也。"[2] 由此积怨于穆提婆。

后主另一佞臣祖珽与穆提婆不同，此人文才出众，且神情机灵，天性聪明。"凡诸技艺，莫不措怀，文章之外，又善音律，解四夷语及阴阳占候，医药之术尤是所长。"[3] 但他"不能廉慎守道"[4]。齐文宣帝时令直中书省，掌诏诰，因其行状，文宣帝每见他，常呼为"贼"。武成帝时，擢拜中书侍郎，天统三年（567），因获罪被熏瞎双眼，流徙光州。后主即位后，拜其为海州刺史。他乘机攀附后主幸

---

[1] 《北齐书》卷五〇《恩倖·穆提婆传》，中华书局1972年版，第690页。
[2] 《北齐书》卷一七《斛律光传》，第225页。
[3] 《北齐书》卷三九《祖珽传》，第516页。
[4] 《北齐书》卷三九《祖珽传》，第514页。

臣穆提婆和陆令萱。其母子因言于后主，劝其重用祖珽，祖珽由是入
为秘书监。后又升为侍中、尚书左仆射，位至丞相。从此，他们狼狈
为奸，势倾朝野。斛律光对他们深恶痛绝，窃骂道："多事乞索小人，
欲行何计数！"并常对诸将说："边境消息，处分兵马，赵令尝与吾
等参论之。盲人掌机密来，全不共我辈语，止恐误他国家事。"①对佞
臣当权十分忧虑。

斛律光对祖珽之辈不屈不阿，并经常折辱祖珽。斛律光入朝堂，
常常垂帘而坐，祖珽不知，一次乘马过其前，斛律光大怒，当众喝
道："此人乃敢尔！"②一次，祖珽在内省，对人高声谩语，被路过此
地的斛律光听到，又将祖珽斥责一番。于是，祖珽私下贿赂斛律光的
侍从，询问斛律光忿己之语，侍从回答说："自公用事，相王每夜抱
膝叹曰'盲人入，国必破矣'！"③因祖珽双目失明，故斛律光称其
"盲人"。斛律光的耿直不阿，为祖珽、穆提婆这些奸臣所不容，于
是，他们决计联手构陷斛律光，寻机置他于死地。

恰在此时，北周大将韦孝宽因斛律光勇敢善战，屡败北周军队，
深为忧虑，派间谍行反间计，在北齐邺都作谣言传唱："百升飞上
天，明月照长安。"又有"高山不推自崩，槲树不扶自竖"。显而易
见，"百升"即一"斛"，"明月"为斛律光字，"高山"指高氏政
权，"槲树"指斛律光。意思是：斛律光要取代后主，自立为帝。祖
珽、穆提婆认为这是陷害斛律光的大好时机，他们除了把街上传唱的

---

① 《北齐书》卷三九《祖珽传》，第519页。
② 《北齐书》卷一七《斛律光传》，第225页。
③ 《北齐书》卷一七《斛律光传》，第225页。

童谣添枝加叶地向后主汇报外，还自编童谣："盲眼老公背上下大斧，饶舌老母不得语。"对斛律光挟私陷害。陆令萱又乘机向后主进谗道："斛律累世大将，明月声震关西，丰乐（光之子）威行突厥，女为皇后，男尚公主，谣言甚可畏也。"昏庸无道的后主信以为真，便以谋反罪名将他处死，并尽灭其族。他被杀掉后，朝野痛惜。北周武帝宇文邕闻斛律光死，大喜，赦其境内。后周武帝灭北齐，入邺都（今河北临漳西南），下诏追赠斛律光为上柱国、崇国公，并手指诏书说："此人若在，朕岂能至邺？"①

## — 不做"向火乞儿" —

"向火乞儿"一语出自唐代王仁裕《开元天宝遗事》一书，为唐朝张九龄所言。所谓"向火乞儿"，是指依赖火堆取暖的乞丐，一旦火尽，便无所依托，张九龄曾以之比喻奸臣集团。不做"向火乞儿"就是不依附奸臣集团而恪守正道。唐朝名相姚崇、宋璟、张九龄等人都堪称代表人物。

唐名相姚崇、宋璟力拒权贵太平公主之事，是恪守正道，不做"向火乞儿"之典型。太平公主是睿宗的妹妹，武则天的亲生女儿，长相酷似武则天，一贯深受武则天的宠爱。她沉稳、敏锐多权略，武则天经常让她参与一些大事的密谋筹划。好在武则天控制比较严，使其"未敢招权势"。武则天末年诛伐张易之兄弟，多得力于太平公主。中宗之世，韦后与安乐公主皆对她十分畏惧，后来韦皇后和安乐

① 《北齐书》卷一七《斛律光传》，第225、226页。

公主合谋害死中宗李显，拥立中宗少子李重茂为皇太子，准备效法武则天，做第二代女皇。在关系到唐朝社稷安危的关键时刻，太平公主联合相王李旦（即睿宗）的第三子李隆基发动羽林军，一举将韦氏集团一网打尽。政变成功后，又由太平公主出面，劝逼少帝李重茂下诏退位，将皇位让于叔父李旦，是为睿宗。太平公主屡立大功，地位日益尊重。睿宗经常与她图议大政，每次一谈就是半天，往往把上朝奏事的宰相撂在一边不问。即便宰相们奏事，睿宗也要先问："尝与太平议否？"待宰相们肯定地回答过后，然后再问："与三郎议否？"[①]这样问过后他才最后裁决。"三郎"，即李隆基之别称，睿宗即位后，李隆基因功被立为太子。太平公主时刻想做她母亲那样的女皇，因此，自一开始，她就反对立精明强干的李隆基当太子，以便将来容易控制太子。所以她一方面散布流言蜚语，说："太子非长，不当立。"[②]另一方面又积极地扩充自己的政治势力，以自己的党羽盘踞要津，事事掣肘。

由于太平公主长期在武则天身边生活，因此很善于猜测和迎合皇帝的心理，所以"公主所欲，上无不听"。她所推荐的人，很快都能升至高官，"自宰相以下，进退系其一言，其余荐士骤历清显者不可胜数，权倾人主，趋附其门者如市"。她的权势越来越大。她的儿子中有三个被封为王，其他儿子也都当上了国子祭酒、九卿之类的高官。她的"田园遍于近甸，收市营造诸器玩，远至岭、蜀，输送者相

---

① （宋）司马光：《资治通鉴》卷二〇九《唐纪二十五》，睿宗景云元年，第6651页。

② （宋）司马光：《资治通鉴》卷二一〇《唐纪二十六》，睿宗景云元年，第6657页。

属于路，居处奉养，拟于宫掖"。① 随其权势日增，她想当女皇的欲望也就愈强。

太平公主经常驻车守候在光范门外，每见姚崇、宋璟等大臣们便暗示要变更太子。有的大臣听后大惊失色，但因畏其权势，不敢争辩。唯宋璟挺身而出，坚决反对："东宫有大功于天下，真宗庙社稷之主，公主奈何忽有此议！"为了防患于未然，宋璟与姚崇两位丞相联合密奏睿宗，说："宋王，陛下之元子，豳王，高宗之长孙，太平公主交构其间，将使东宫不安。请出宋王及豳王皆为刺史，罢岐、薛二王左、右羽林，使为左、右率以事太子。太平公主请与武攸暨皆于东都（即洛阳）安置。"② 软弱无能的睿宗不敢对太平公主有任何举动，只是遣散诸王于地方。接着，姚崇又与宰相张说力主命太子监国，睿宗既对做皇帝没有兴趣，又无法调和太子与太平公主的矛盾，只想及早禅位，做个太上皇。于是下诏令太子李隆基监国，六品以下官吏的任免及刑徒罪以下的判决，都由李隆基负责处理。

太平公主得知姚崇、宋璟所为，大为恼火。太子李隆基以退为进，指控姚崇、宋璟离间皇上与兄妹及姑侄间的关系，应予以惩处。于是睿宗下诏贬姚崇为申州刺史，宋璟为楚州刺史。次年，李隆基便一举将太平公主及其党羽清除掉，又重新召姚崇、宋璟为相，开创了"开元盛世"。

继姚崇、宋璟后为相的张九龄也是一骨鲠诤臣，从不屈从于奸佞。开元年间的繁盛，使玄宗皇帝以为天下太平，国泰民安，没有什

① （宋）司马光：《资治通鉴》卷二〇九《唐纪二十五》，睿宗景云元年，第6651页。
② （宋）司马光：《资治通鉴》卷二一〇《唐纪二十六》，睿宗景云二年，第6662页。

么可担心的了，便渐肆奢欲，纵情声色，怠于政事。张九龄、韩休经常劝谏玄宗，弄得玄宗十分烦恼，"无一日欢"①。善于奉迎的李林甫乘机媚事皇帝左右，甚合帝意。玄宗想立李林甫为相，询问张九龄，张九龄直言相对："宰相系国安危，陛下相林甫，臣恐异日为庙社之忧。"坚决不同意拜李林甫为相。但玄宗终究还是屈从个人意志，将这位奴颜媚骨者封为宰相。从此李林甫将张九龄衔恨在心，总是"巧伺上意，日思所以中伤之"，而张九龄从未向他屈从过。②

开元二十四年（736），玄宗想从洛阳回长安，宰相张九龄、裴耀卿认为秋收未毕，恐怕沿路扰民，建议改期。李林甫深知上意，便装作跛足的样子，独在后面，待二相退出后，他却对玄宗说："臣非疾也，愿奏事。二都本帝王东西宫，车驾往幸，何所待时？假令妨农，独赦所过租赋可也。"③玄宗听后十分高兴。张九龄知道李林甫在背后捣鬼，便再次力争，但玄宗厌烦不听。

张九龄以文学得官，守正持重，一向鄙视以谄佞得宠、素无学术的李林甫。李林甫对此十分嫉恨。李林甫曾引荐萧炅为户部侍郎。萧炅一向不学无术，一次在给中书侍郎严挺之念文章时，将人人皆知的"伏腊"读为"伏猎"，使人瞠目。"伏腊"，是古代人对夏天的伏日、冬天的腊日两个节日的合称。一个堂堂户部侍郎竟犯这种常识性错误，实令人啼笑皆非。于是严挺之不无讽刺地对张九龄说："省中岂容有'伏猎侍郎'！"④张九龄知道后，立刻将萧炅贬为地

---

① 《新唐书》卷一二六《韩休传》，第4433页。

② （宋）司马光：《资治通鉴》卷二一四《唐纪三十》，玄宗开元二十四年，第6823页。

③ 《新唐书》卷二二三《李林甫传》，第6344页。

④ （宋）司马光：《资治通鉴》卷二一四《唐纪三十》，玄宗开元二十四年，第6825页。

方官。李林甫作为引荐人觉得很没面子，因此十分怨恨张九龄，想借机陷害他。

开元二十四年（736），朔方节度使牛仙客因有治绩，玄宗欲为其加官尚书，张九龄不同意，说：

> 不可。尚书，古之纳言，唐兴以来，惟旧相及扬历中外有德望者乃为之。仙客本河湟使典，今骤居清要，恐羞朝廷。

玄宗又要给牛仙客以实封，张九龄还是不同意，说：

> 不可，封爵所以劝有功也。边将实仓库，修器械，乃常务耳。不足为功。陛下赏其勤，赐之金帛可也；裂土封之，恐非其宜。

玄宗听后默然不语，有不悦之色。李林甫窥视皇上脸色，便阿其所好，对皇帝说：“仙客，宰相才也，何有于尚书！九龄书生，不达大体。”听过这番话，玄宗的脸上才泛出笑容。次日，玄宗又提起给牛仙客实封之事，刚正的张九龄仍坚持如初，极力陈论。玄宗勃然大怒，叫道：“事皆由卿邪？”张九龄顿首谢罪道：“陛下不知臣愚，使待罪宰相，事有未允，臣不敢不尽言。”玄宗又问：“卿嫌仙客寒微，如卿有何阀阅？”张九龄从容答道：

> 臣岭海孤贱，不如仙客生于中华。然臣出入台阁，典司诰命有年矣。仙客边隅小吏，目不知书，若大任之，恐不惬众望。

退朝后，李林甫又扬言道：“苟有才识，何必辞学！天子用人，有何不可！"唐玄宗此时再也容不得这种骨鲠之臣聒噪盈耳的哓哓之言了，便罢其宰相职，而专任李林甫，"自是朝廷之士，皆容身保位，无复直言"。①

天宝十一年（752），李林甫死。当时玄宗独宠杨贵妃，乐不思治，日益昏聩。杨贵妃的堂兄杨国忠独揽大权。他威权并使，每入朝廷，攘袂扼腕，公卿以下，无不骇惮。台省官员，凡有才行而不依附他者，皆贬黜之。故当时文武官员多趋附之，争求富贵。唯张九龄不及其门，并说："今时之朝彦，皆是向火乞儿（烤火的乞丐），一旦火烬灰冷，暖气何在？当冻尸裂肤，弃骨于沟壑中，祸不远矣。"② 杨国忠衔恨之，但又对他无奈。

## 5 循法之道

律不可枉是法治的体现，但在中国传统社会，人治因素又十分突出，尤其是帝王意志，往往凌驾于律令之上，因其个人好恶，或轻罪重罚，或重罪轻处，或因人而异律令。贤相良辅往往坚循常法，依法治国治民治吏，不徇情、不枉法。在这方面，诸葛亮的斩马谡、废李严、诛刘封，以及曹操的"割发代首"，当为楷模，被千古传颂。除此之外，尚有许多典型事例。

---

① （宋）司马光：《资治通鉴》卷二一四《唐纪三十》，玄宗开元二十四年，第2822、2823、2825页。

② （五代）王仁裕：《开元天宝遗事》卷下《向火乞儿》，中华书局2006年版，第42页。

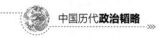 

## —— 为国守法 ——

唐太宗时名相魏徵极力主张以法治国，国家制定的法律条文上下都要遵守，即使是皇帝也不例外，也要依法办事，不得随意改动法律，或以个人意志来代替法律。

一次，唐太宗遣使点兵，尚书右仆射（副宰相）封德彝请点16岁的中男。按唐律规定：民16为中男，18始成丁。18岁以上的丁男开始服兵役。而现在为了多征兵，竟要征16岁的男子入伍。当时太宗接受了这一建议，并草拟出诏敕。魏徵认为这种做法违反了唐律，坚决不肯签署，且如此者四次。按唐朝制度规定，皇帝的诏敕需大臣们副署签字后才能生效。太宗被魏徵激怒了，当面责备魏徵固执，他说："中男壮大者，乃奸民诈妄以避征役，取之何害，而卿固执至此！"魏徵从容答曰：

> 夫兵在御之得其道，不在众多。陛下取其壮健，以道御之，足以无敌于天下，何必多取细弱以增虚数乎！且陛下每云："吾以诚信御天下，欲使臣民皆无欺诈。"今即位未几，失信者数矣！

太宗十分惊讶地问："朕何为失信？"魏徵依然十分镇静，摆出了几件太宗失信于天下、有令不遵的事实。太宗感悟，同意不点中男，并深有感触地说："夫号令不信，则民不知所从，天下何由而治乎！朕过深矣！"①

---

① （宋）司马光：《资治通鉴》卷一九二《唐纪八》，高祖武德九年，第6027页。

在执法的时候，魏徵注重赏罚分明，不徇私情，以维护法律尊严。他在给太宗的上疏中说：

> 刑罚之本，在乎劝善而惩恶，帝王之所以与天下为画一，不以轻疏贵贱而轻重者也。①

濮州刺史庞相寿因贪污被撤职。他原来是太宗为秦王时的老属吏，便向太宗求情，唐太宗欲复其原职，魏徵进谏曰："秦王左右，中外甚多，恐人人皆恃恩私，足使为善者惧。"太宗欣然采纳，并说："我昔为秦王，乃一府之主；今居大位，乃四海之主，不得独私故人。大臣所执如是，朕何敢违！"②庞相寿流涕而去。魏徵还曾用"能为国家守法"③六个字表彰公正执法的法官薛仁方，同时揭露了皇亲国戚违法乱纪的事，以维护法律的公正。

张玄素为侍御史，弹劾乐蟠县令叱奴骘盗窃官粮。太宗闻后大怒，特令处斩。但按当时法律，叱奴骘罪不当死。因此魏徵进谏太宗说：

> 陛下设法，与天下共之。今若改张，人将法外畏罪。且复有重于此者何以加之？④

① 《旧唐书》卷七一《魏徵传》，第2553页。

② （宋）司马光：《资治通鉴》卷一九三《唐纪九》，太宗贞观三年，第6070页。

③ （唐）吴兢撰，谢保成集校：《贞观政要集校》卷二《纳谏》，第128页。

④ （唐）刘肃撰，许德楠等点校：《大唐新语》卷四《持法》，中华书局1984年版，第55页。

于是太宗改判，叱奴骘得免死。

　　唐名相宋璟居官鲠正，清正廉明。其从政往往从大处着眼，依法行事。唐中宗神龙二年（706）秋，京兆人韦月将告发武则天的侄子武三思与韦皇后私通。武三思凭其权势，反倒打一耙，令有司将韦月将论以大逆不道之罪。因事关皇帝名誉，又忌宫中丑闻外播，中宗遂下令处死韦月将。宋璟请求将此案交大理寺审理，依法论罪。中宗更加恼怒，叫道："朕谓已斩，乃犹未邪！"便不整衣巾，拖拉着鞋从侧门拂袖而出。宋璟毫不畏惧，追上去直言不讳道："人言宫中私于三思，陛下不问而诛之，臣恐天下必有窃议。""固请按之"。中宗更加暴跳如雷。宋璟断然表示道："必欲斩月将，请先斩臣！不然，臣终不敢奉诏。"① 中宗无奈，乃下令流放韦月将于岭南。

　　唐玄宗时，王皇后之父、开府仪同三司王皎去世，墓高逾制。宋璟请依礼式，唐玄宗不许，宋璟封还诏书，并上疏说："令之所载，预作纪纲，情既无穷，故为之制度，不因人以动摇，不变法以爱憎。顷谓金科玉条，盖以此也。"坚决恳请玄宗依制度办事。玄宗读完奏章，感慨地说：

　　　　朕每事常欲正身以成纲纪，至于妻子，情岂有私？然人所难言，亦在于此。卿等乃能再三坚执，成朕美事，足使万代之后，光扬我史策。②

随即下诏依制度筑坟安葬。

---

①（宋）司马光：《资治通鉴》卷二〇八《唐纪二十四》，中宗神龙二年，第6602页。
②《旧唐书》卷九六《宋璟传》，第3034页。

## ── 秉公执法 ──

狄仁杰在唐高宗、武则天当政时期为官数十年，不论是在御史台里，还是在宰相任上，均以秉公执法著称，在世人眼里成为正义的化身。唐高宗时，武卫大将军权善才误砍昭陵柏树，狄仁杰奏请治罪，罪当免职，唐高宗下令立即诛杀之。狄仁杰又上奏，认为权善才罪不当死。高宗脸色一变说："善才斫陵上树，是使我不孝，必须杀之。"这时左右的人都向狄仁杰使眼色，叫他离开殿廷，狄仁杰却继续劝谏高宗说：

> 臣闻逆龙鳞，忤人主，自古以为难，臣愚以为不然。居桀、纣时则难，尧、舜时则易。臣今幸逢尧、舜，不惧比干之诛……且明主可以理夺，忠臣不可以威惧。今陛下不纳臣言，瞑目之后，羞见释之、辛毗于地下。陛下作法，悬之象魏，徒流死罪，俱有等差。岂有犯非极刑，即令赐死？法既无常，则百姓何所措其手足！陛下必欲变法，请从今日为始。古人云："假使盗长陵一抔土，陛下何以加之？"今陛下以昭陵一株柏杀一将军，千载之后，谓陛下为何主？①

听完这番话，高宗的态度缓和下来，权善才因而免死。

---

① 《旧唐书》卷八九《狄仁杰传》，第2886页。

## — 法当有常 —

在古代社会，法的首要任务在于保卫政权和皇权不受侵犯，制裁"谋反"者被列为刑章之首，而当具体执行时又会株连甚至冤枉很多无辜的人。唐相张说在处理这方面问题时即能做到"不枉良善，又不漏罪人"，以捍卫法律的尊严。

景云元年（710），谯王李重福（唐中宗子）于东都（今河南洛阳）谋反，失败后自杀。留守捕获余党数百人，考讯谋反内情，经久不决。唐睿宗遂令张说前往推案。张说一夜之间即捕获李重福之谋主张灵均、郑愔等，经审问，尽得其谋反内情，同时又将那些被冤枉的人全部释放。张说处理此谋反案的做法一反传统，使很多人避免了株连和冤死。睿宗闻后非常高兴，对张说称道："知卿按此狱，不枉良善，又不漏罪人。非卿忠正，岂能如此？"[1]

权德舆为宰相时，往往以法奖惩群吏，按照正常的法律程序办事。运粮使董溪、于皋谟盗用官钱，被流放岭南。判决后，唐宪宗后悔判刑太轻，欲遣使宦官于半路将二人杀死，权德舆进谏说：

> （董）溪等方山东用兵，乾没库财，死不偿责。陛下以流斥太轻，当责臣等谬误，审正其罪，明下诏书，与众同弃，则人人惧法。臣知已事不诤，然异时或有此比，要须有司论报，罚一劝百，孰不甘心。[2]

---

① 《旧唐书》卷九七《张说传》，第3051页。
② 《新唐书》卷一六五《权德舆传》，第5078～5079页。

宪宗认为他说得对，就依照他说的去办了。

宋朝宰相王旦理事往往依国法而不依帝王私念。一次，一卜卦者上书言宫禁事，犯罪被诛，并籍没其家产。在抄家时，查得一些朝中官员在他处占问吉凶的书卦。宋真宗为此大怒，想把这些人交付御史审讯。王旦说："此人之常情，且语不及朝廷，不足罪。"真宗仍不解其怒，于是王旦从查抄的书卦中拿出自己的那份对皇上说："臣少贱时，不免为此。必以为罪，愿并臣付狱。"真宗看到自己的宰臣也卷了进去，便缓口气问道："此事已发，何可免？"王旦则坦然答道："臣为宰相执国法，岂可自为之，幸于不发而以罪人。"①真宗意解。王旦到中书省，把所得书卦全部焚烧。

清雍正年间的辅臣朱轼也是一位法当有常的捍卫者。雍正三年（1725）十二月，清朝勋臣年羹尧以功高骄横、滥杀无辜，遭劾查办，结果以大逆罪被责令自杀。其父年遐龄时年80余岁，按传统的做法应株连从坐，参加会审的大臣们也都签字"画诺"，唯独朱轼拒不签字。雍正帝责问他为何如此，朱轼奏曰：

> 以子刑父，非法也。臣簿录年氏家书，遐龄训其子甚严，子不能从，以陷于罪。罪在子，不在父。②

雍正帝听后，点头赞成朱轼所奏，于是，年遐龄得免株连。

① 《宋史》卷二八二《王旦传》，第9546页。
② （清）钱仪吉纂，靳斯校点：《碑传集》卷二二《文华殿大学士太傅朱文端公神道碑》，中华书局1993年版，第731页。

## 6　节义之道

面对帝座倾危或国破地失，作为一国政治家能否与国同体、与帝同体，能否坚守节义，同样也是甄判优劣的重要标志。

### —— 宋末诸臣的可歌可泣 ——

南宋恭宗初年，元军在其丞相伯颜的亲自指挥下，沿长江水陆并进，攻城略地，如风扫残云。南宋沿江诸州郡或闻风而逃，或不战而降，南宋朝廷更是混乱不堪。左丞相留梦炎贪生怕死，率先弃官外逃；掌管军务的枢密院长官文及翁、倪普等竟乞请御史借故上疏弹劾他们，以求罢官，离开京师；六部官员竞相仿效，纷纷远走他乡。当皇帝宣旨由吴坚继为左丞相时，在朝堂的官员只有六人。

在这危难之际，出现了一批铁骨铮铮、节义凛然的忠义之士，李庭芝、陆秀夫、张世杰、文天祥便是其中的杰出代表。

李庭芝，字祥甫，宋随州人。嘉熙末年，元军攻宋，江防甚急，李庭芝投奔荆州军帅孟琪，恳请抗蒙，报效朝廷，被任为建始知县。他在任时期，训农治兵，选壮士编入官军加以训练，民皆知战守，无事则耕，有事则战。淳祐初，举进士，知濠州；后又权知扬州，主管两淮制置司事。当时扬州新遭火灾，庐舍尽毁，盐户多逃亡他乡。李庭芝便贷钱与民，使修房屋；并免除所逋欠，使逃亡者纷纷返归家园。他又招募民众，训练成军，扬州军民赖之以安。德祐元年（1275）春，元军攻破芜湖，宋朝沿江诸郡或降或遁，无一人能守者。李庭芝率所部郡县坚守扬州，并被任为参知政事、知枢密院事。

元朝丞相伯颜率军攻宋都临安（今浙江杭州），又分遣元帅阿术攻扬州，李庭芝竭力抵御。阿术见久攻不下，便筑长围困乏扬州。城中粮尽，死者满道，李庭芝仍率军民坚守不屈。次年，宋朝被元朝灭亡，投元的谢太后降诏，谕其投降，李庭芝登城，愤怒地说："奉诏守城，未闻有诏谕降也。"依然守城如故，对皇太后的诏令置之不理。不久，太后又遣使传诏曰："比诏卿纳款，日久未报，岂未悉吾意，尚欲固围邪？今吾与嗣君既已臣伏，卿尚为谁守之？"李庭芝听完诏后，气愤填膺，遂命士兵发弩箭射使者。三月，淮西降元。元统帅阿术两次派人说降，李庭芝焚其劝降书，斩杀使者，坚定地说："吾惟一死而已。"[①]并组织兵士苦战。七月，李庭芝与姜才率兵7000突围东入海，欲归宋益王赵昰。至泰州（今属江苏），阿术将兵追围之。就在这时，留守扬州的淮东制置副使朱焕投降，扬州失陷。元人令朱焕驱赶李庭芝将士的妻子儿女们至泰州城下，瓦解军心。部将孙贵、胡惟孝等打开城门投降。李庭芝闻变，遂赴莲池自尽，但因水浅不得死，结果被元军俘获，押送至扬州后遇害。

陆秀夫，字君实，宋楚州盐成人，宝祐进士。初为李庭芝幕僚，累擢至宗正少卿兼起居舍人。德祐二年（1276），以礼部侍郎使元请和，不果而返。临安失陷后，追从益王赵昰辗转至温州。张世杰，宋范阳（今河北涿州市）人。行伍出身，累功至黄州武定诸军都统制。咸淳四年（1268），元军破襄阳，张世杰率兵5000守鄂州（今湖北武汉）。元军遣人招降，张世杰断然拒绝。后城陷，乃率军入卫临安。时诸路勤王兵多不至，独张世杰来，上下叹异，被朝廷加官至保

---

① 《宋史》卷四二一《李庭芝传》，第12602页。

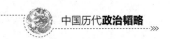

康军承宣使，总都督府兵。他遣将四出，取浙西诸郡，收复失地，夺回几座城池。德祐二年（1276），元军迫近临安，张世杰力主帝、后入海，准备与文天祥合兵背水一战，然而丞相陈宜中却遣人请和，极力阻止这一建议。

是年，临安陷落。宋恭帝、太皇太后谢氏和许多官僚宗室都沦为俘虏，南宋的半壁江山大部分列入了元朝的版图，各地未陷州郡也多在谢太后的诏谕下停止抵抗，向元投降。但是，益王赵昰和广王赵昺却有幸免于被俘而逃至温州。南宋一些不甘就范的文臣武将，得知益王、广王抵温州，纷纷前来投奔。陆秀夫就在此时辗转来到温州；张世杰率领的一支水军也扬帆赶到。陆、张等大臣立时拥戴赵昰为天下兵马都元帅，广王为副帅，同时发布檄文，诏示各地忠臣志士紧急勤王。已为阶下囚的谢太后闻讯后，却遣百余人前来温州，拟迎接二王回临安降元。这种不顾国格、人格而甘愿为虏的行径，激起陆、张等人的愤慨，他们把谢太后派来的人全部沉入海底，又将元帅府迁往福州。此时，宋恭帝赵㬎被掳北上，张世杰、陆秀夫等人拥立益王赵昰为帝，即宋端宗。陆秀夫、张世杰各被委以重职，共秉军政，继续抗元。

景炎三年（1278）四月，端宗死。当时，许多大臣皆欲散去，各奔前程，陆秀夫慷慨陈词：

> 古人有以一旅一成中兴者，今百官有司皆具，士卒数万，天若未欲绝宋，此岂不可为国邪？[1]

① 《宋史》卷四五一《陆秀夫传》，第13276页。

群臣听后备受鼓舞，又拥立赵昺为帝，改元祥兴。陆秀夫任左丞相，张世杰为少傅、枢密副使。当时，为了安全起见，他们把行朝迁移到新会县南40公里大海中的崖山（今广东新会崖门附近）。张世杰主军事，在岛上修建行宫、军营，储备资粮，制造舟船，训练兵士，准备继续抵御元军；陆文夫则外筹军旅，内调工役，凡诏敕述作，皆出其手。

祥兴二年（1279），元军统帅张弘范率水陆军2万余人追至崖山，张世杰统兵迎战。就当时情况来看，宋军略占优势：张世杰的船队拥有船舰1000余艘，其中有不少巨大的楼船，将官兵民共20余万；而元军共2万余人，大小船只仅800余艘，而且其中有200余艘迷失方向，此时尚未到达崖山；另外，元军习于马上作战，不适水上作战，且船夫大多是南方人，心向宋朝，一旦形势有变，他们就会投向宋军方面。然而张世杰只做防守准备，力求稳当，决战前竟把各大船都连接一起，结为海上营垒，并将行宫烧掉，皇上赵昺也被迁到海上，这样只能防守，不能进攻，使宋方失去主动性和灵活性。

元军将领张弘范具有丰富的作战经验，如今他看到宋军的阵势，感到不能硬攻，应力争智取。张弘范偶尔得知张世杰的外甥也在元军，便拜他为官，连续三次派他去招降，张世杰义正词严地回绝道："吾知降，生且富贵，但为主死不移耳！"[1] 张弘范招降不成，便精心策划，准备与宋军决战。

二月初六，张弘范将元军船队分为四队，对宋军实行南北夹攻。面对来势迅猛的元军，宋军竭尽全力抵抗。但是由于宋军船只连接在

---

① 《宋史》卷四五一《张世杰传》，第13274页。

一起，正给元军提供了方便。两方船只靠近后，元军士兵纷纷登上宋船，使得宋军阵势发生混乱，处于被动挨打的局面。战斗从中午一直持续到黄昏，宋军伤亡甚重，许多船舰桅断旗落，被元军俘获。在这关键时刻，宋将翟国秀、凌震解甲投降，使得已经疲惫不堪的宋士兵士气大挫。张世杰见状，知大势已去，便下令砍断绳索，奋力突围出去。张世杰十分担心小皇帝的座船，便派人驾小船接皇帝到他的帅船中来，以便一齐集中突围。时时保护在皇帝身边的陆秀夫担心其中有诈，因此，断然拒绝了来人的要求。

皇帝所在的船舰十分庞大，又被紧紧地连在其他船只上，突围不出。眼看靖康故事又要重现，赵昺又要被元军俘获受辱，陆秀夫毅然决定与皇帝一起殉难。他先让妻子儿女投海自尽，又对赵昺说："国事至此，陛下当为国死。"[①] 于是他背负 9 岁的赵昺跳海，壮烈殉国。当时，船上的诸臣及后宫女也多从死。杨太后得知皇帝殉国，十分悲恸，也赴海自尽。

张世杰突围后，又遇一场飓风，许多船只沉没于巨浪之中，将士们劝他上岸暂避，但遭拒绝。最后张世杰船毁坠水，溺死于海中。

## — 文天祥的正气 —

上述诸位宋末臣子的忠义之行可歌可泣，而与他们同时代的宋相文天祥的气节更是千古传颂。

---

① （宋）王应麟著，（清）翁元圻辑注：《困学纪闻注》卷一三《考史》，中华书局2016年版，第1638页。

文天祥，字宋瑞，又字履善，号文山，吉州吉水（今江西吉安）人。史称其"体貌丰伟，美晰如玉，秀眉而长目，顾盼烨然"①。他在少年时代，看到学校中悬挂的同乡欧阳修、杨邦义、胡铨等名士之像，皆谥号"忠"，心中无不羡慕，怅然叹道："没不俎豆其间，非夫也。"年二十举进士，洋洋万言，"不为稿，一挥而成"，对天变、人生、人才、国计、民力、盗贼、边防等方面的时弊，分析了原因，提出了对策，考官王应麟称"是卷古宜若龟鉴，忠肝如铁石"。②宋理宗读完这篇颇有见识的文章后，大力赞赏，亲拔其为第一，并对其"天祥"之名叹道："天之祥，乃宋之瑞也。"③从此文天祥便以"宋瑞"为字，文天祥一名世人皆知。

开庆（1259）初，元军大规模攻宋，宦官董宋臣主张迁都，人莫敢有异议。时文天祥任宁海军节度判官，上书"乞斩宋臣，以一人心"，未被采纳，遂愤而弃官还乡。德祐初，元军攻宋急，恭宗下诏天下勤王，文天祥捧诏涕泣，尽家资以为军费，组织勤王兵万余人赴京都临安（今浙江杭州），入卫皇廷。当时，形势十分严峻，文天祥向太后提出一个寻机进取、挽救危局的战略方针。他主张"分天下为四镇"，即长沙、隆兴、鄱阳、扬州，每一镇为一军事中心，分设都督府指挥军事；各地同时"约日齐备"，"日夜以图之"，迫使元军"备多力分，疲于奔命"；然后，四处"豪杰又伺间出于其中"，陷

---

① （清）黄本骥撰，刘范弟点校：《圣域述闻》卷二三《文天祥》，岳麓书社2009年版，第722页。

② 《宋史》卷四一八《文天祥传》，第12534、12533页。

③ （清）丁传靖辑：《宋人轶事汇编》卷一九《文天祥》，第1029页。

敌于全线被动。[①]可是朝中以宰相陈宜中为首的投降派群臣却认为文天祥是高谈阔论，不能救燃眉之急，根本不予采纳。其实，文天祥的这种各地屯兵自举、相互策应的主张是颇有见识的，后人对此策不能实施多报以痛惜之情。明人杨慎指出："若从四镇屯兵计，何至三君接踵危！"[②]

在奏报不纳的情况下，文天祥出任平江知府，率义军驻守平江城（今江苏苏州）。这时，元军已占领建康，又转攻常州。文天祥闻讯，速分兵前往援救。宋廷派来的淮将张全却坐视不救，让义军孤军作战。结果江西义军冒死力战，损失惨重，最后，援军寡不敌众，常州失守。

元军乘胜兵分三路攻取临安。南宋危急，临安危如累卵。当时，各地的驻军或观望不前，或闻风逃遁，临安防备十分微弱。文天祥忍痛撤离平江，进驻临安。当时临安十分混乱，朝中许多贪生怕死的官员纷纷出逃，宰相陈宜中及太皇太后一心想要议和。文天祥却十分冷静，他和主战将领张世杰悉心察看敌我形势后，又一次提出退敌主张。他们建议：倾全城兵丁20万，加之文天祥勤王兵三四万，与元军正面交兵，背城一战，同时派奇兵出淮东，堵截元军的后路；如临安失守，则分兵到江西、两淮继续斗争。可是，谢太后与陈宜中等正忙着与元议和，对此建议又不予采纳。张世杰大失所望，遂领兵南下。

---

　　① 《宋史》卷四一八《文天祥传》，第12535页。

　　② （明）杨慎编著：《廿一史弹词注》卷九《说宋辽金夏·蝶恋花》，凤凰出版社2017年版，第376页。

　　谢太后一味求和。她派人到伯颜营中，请求称侄纳币，准许议和，伯颜不许；求称侄孙，又不许；谢太后便亲具降表，准备奉表称臣，岁纳银绢各 25 万两匹，以乞求投降。伯颜则一再坚持要宋朝丞相亲自请降。右丞相陈宜中和左丞相留梦炎恐被元军扣留，不敢前去，并先后离城南逃。德祐二年（1276），元军兵临城下，国政无人主持。谢太后遂命文天祥为右丞相兼枢密使，都督诸路兵马，让他收拾危城残局，出城入元营谈判。

　　伯颜的大营安扎在临安郊外的明因寺内。文天祥到后，置生死于度外，大义凛然，与伯颜据理抗争，结果被伯颜扣留。次日，谢太后遣副相吴坚送来降表，伯颜接受降表。二月初五，伯颜在临安皇城举行了受降仪式，小皇帝赵㬎率领文武大臣宣布退位，并遣使四出，诏谕各州县投降。被押在元营的文天祥得知后，捶胸顿足，怒火中烧。三天后，文天祥被作为"祈请使"押送上船，送至元大都（今北京）。他们的船只沿运河北上，当行至镇江时，文天祥和他的随行人员设计引开了元兵的监视，在船工的帮助下，趁夜逃脱。

　　一路上，文天祥与同伴们颠沛流离，历尽艰难。他们曾数遇元兵，或"伏环堵中"，或"伏丛筱中"，才幸而脱险。文天祥坚定不移，忠心向宋，他把途中遭遇、见闻写成纪事诗，多达百余首，辑录成书，取名为《指南录》，表示自己心向南方，矢志不移。

　　四月初，文天祥到达温州，可益王赵昰、广王赵昺以及张世杰、陆秀夫等早已迁至福州。于是，他继续南行，直抵福州，被拜为右丞相。但因与宰相陈宜中议事不和，七月初，他又毅然离开福州，独往南剑州（今福建南平），建立督府，招募兵士，筹集军资，重新举起抗元大旗。消息传出后，原来随他在赣州起兵的旧部老友纷纷慕名而至，福建当地居民也踊跃参加抗元行列。这样，文天祥很快组织起一支抗元队伍，并相继在雩都（今江西于都）等地大败元军，收复赣州、吉州的一些属县。在军事声威的感召下，各地抗元力量接连归附。一时间，文天祥的号令直达江淮一带，各地民间武装也纷与都府军相呼应。湖南的衡山、湘潭、攸县、新化、安化、益阳、宁乡等县，都被当地的义军攻克。抗元声势越来越大。

元军非常紧张，立即采取对策，开展大规模的攻势。由于抗元力量刚刚恢复，且多属仓促上阵的乡民，缺乏临战经验和严密组织，所以很快就溃散了，各支义军接连失利，损失惨重。文天祥的督府兵力很少，这种形势下只好撤退，带领残部移驻循州（今广东龙州）的南岭山中，以待东山再起。

当时，南宋流亡朝廷已移至崖山。文天祥四处寻访，终于知道了行朝的下落，并与之取得了联系，宋廷加封他为太保、信国公。他先进兵海丰（今广东海丰），不久又移都督府于潮州。就在此时，元朝以张弘范为元帅、李恒为副帅率水陆步骑大举南下，进攻潮州。文天祥自料不敌，便撤离潮州，退入山中。当他们行至海丰北面的五岭坡时，被元军围困，文天祥被俘，欲自杀殉国，没有成功。

祥兴二年（1279）正月，元军大举进攻崖山，文天祥被押在船上。当船行至珠江口外的零丁洋时，元统帅张弘范让他写信向张世杰招降，文天祥厉言答道："吾不能扦父母，乃教人叛父母，可乎？"①张弘范一再逼迫，于是，他挥笔录诗一首，作为答复，这就是千古传颂的《过零丁洋》：

---

① 《宋史》卷一四八《文天祥传》，第12539页。

> 辛苦遭逢起一经，干戈寥落四周星。
>
> 山河破碎风飘絮，身世浮沉雨打萍。
>
> 惶恐滩头说惶恐，零丁洋里叹零丁。
>
> 人生自古谁无死，留取丹心照汗青。

张弘范读罢，连声称赞："好人好诗。"①

崖山破后，张弘范置酒劝其变节投降，说："国亡，丞相忠孝尽矣，能改心以事宋者事皇上，将不失为宰相也。"文天祥潸然泪下，心情沉重地说："国亡不能救，为人臣者死有余罪，况敢逃其死而二其心乎！"②张弘范本人也为他的忠义所动。

张弘范见劝降无望，乃将文天祥押至大都。元世祖利用各种手段和方法，迫其投降，他始终坚贞不屈。先是被安排在会同馆，以美酒佳肴款待，文天祥不寝不食，坐至达旦。接着，又轮番派人劝降。降元的南宋丞相留梦炎前来，文天祥把他痛骂一番，使之无地自容，狼狈而去；被俘的宋德祐皇帝（恭宗）赵㬎也来劝降，因有君臣名分，文天祥跪下涕泣，只是连声道："圣驾请回。"见南人劝降无效，权倾朝野的元丞相阿合马曾二次亲自出马。文天祥见他时长揖不拜，昂首挺胸。阿合马高坐堂上，硬逼文天祥向他叩拜，文天祥义正词严地回绝道：南朝宰相见北朝宰相，何跪？阿合马又竭力劝降，也被文天祥厉言驳回。阿合马又以死相威胁，文天祥铮铮答道："幸早施行。"③

---

① （宋）文天祥：《文山先生全集》第8册卷一四《过零丁洋》，《四部丛刊初编》本，商务印书馆1929年版，第3页。

② 《宋史》卷一四八《文天祥传》，第12539页。

③ （宋）文天祥：《文山先生全集》第9册卷一四《宋祥兴元年》，第171页。

表现出他忠贞不贰、视死如归的气概。

元廷见这样不能易其志，便将他投入大牢折磨他。此牢深约 10 米，宽仅 2.6 米，四面土墙，冬冷夏热，阴森潮湿，饥鼠出没。一年暑夏，一场大雨过后，牢房积水至膝，炎热逼人，空气霉臭，令人难以忍受。文天祥对此却泰然处之，"坐对薰风开口笑，满怀耿耿复何求"①，而且他在这般恶劣的环境中居然无病无恙。他认为这全凭他自己良好的精神修养和浩然正气。于是，他写下了一篇气吞山河的《正气歌》：

> 天地有正气，杂然赋流形。
>
> 下则为河岳，上则为日星。
>
> 于人曰浩然，沛乎塞苍冥。
>
> 皇路当清夷，含和吐明庭。
>
> 时穷节乃见，一一垂丹青。
>
> ………
>
> 是气所磅礴，凛烈万古存。
>
> 当其贯日月，生死安足论。
>
> ………②

该诗感情充沛，气壮山河，充分表现了高度的爱国情感和民族气节。

文天祥在狱中被关押三年有余。至元十九年（1282），元世祖忽必烈亲自召见文天祥。文天祥在元世祖面前，大义凛然，只行长揖而

---

① （宋）文天祥：《文山先生全集》第8册卷一五《四月八日》，第126页。

② （宋）文天祥：《文山先生全集》第8册卷一四《正气歌》，第79页。

不下跪，侍卫官敲其膝盖，强行让他下跪，他依然昂首挺胸。元世祖
劝他改变心志来效忠元朝，并许他降元后仍做宰相。文天祥坚定地回
答："天祥受宋恩，为宰相，安事二姓？愿赐之一死足矣。"[1] 元世祖
不忍杀他，赶紧挥手让他退下。左右的人无不佩服文天祥的骨气。

此年十二月九日，文天祥终被斩首。临行前，他十分从容，对狱
卒说："吾事毕矣。"然后朝南方故国叩首，从容就义。时年47岁。
数日后，其妻欧阳氏收其尸，面如生。其衣带中有一赞文曰：

> 孔曰成仁，孟曰取义，惟其义尽，所以仁至。读圣贤书，
> 所学何事，而今而后，庶几无愧。[2]

这就是著名的《衣带赞》。文天祥以自己的行动实践了圣贤的教诲。

## — 史可法的节义 —

明清之际的史可法也是一位节义凛然的民族英雄。史可法，明末
河南祥符（今河南开封）人。崇祯元年（1628）进士。初任西安府
推官，稍迁户部主事，历任员外郎、右佥都御史、南京兵部尚书、参
赞机务。崇祯十七年（1644）四月，李自成灭明朝，他在南京拥立福
王朱由崧为帝，即弘光帝。史可法被拜为礼部尚书兼东阁大学士，兼
掌兵部称史阁部，为首辅，主持朝政。凤阳总督马士英等久冀入相，

---

① 《宋史》卷一四八《文天祥传》，第12540页。
② 《宋史》卷一四八《文天祥传》，第12540页。

不愿史可法当国，遂以督师为名，使守扬州。六月，清兵败李自成，大举入关，史可法率部抗清。清朝摄政王多尔衮致书诱降，史可法予以坚决拒绝，并积极组织抗清，但是由于弘光政权腐败，内讧不断，致使抗清运动受阻。清军很快打过黄河、淮河，兵临江北重镇扬州城下。

驻守扬州的史可法，此时被福王调离去抵御与马士英对立的明将左良玉。史可法行至浦口，闻清军来攻，急速返回扬州。他以血书驰报兵部请救，朝廷不应，又急檄江北各镇明军来援，各镇均不听命，只有总兵刘肇基率兵 2 万前来。十九日，多铎派降清明将李遇春至城下说降。史可法怒斥其"负国背恩"，并命勇士发箭去射，吓得李遇军狼狈逃去。多铎知道，史可法深得人心，下决心招降他，为清征服江南效力。于是又遣人先后六次持书劝降，史可法说："吾为朝廷首辅，岂肯反面事人！"①遂将劝降书投之火中，并将来使赶出城外，投之护城河中。并作书寄母、妻说："死葬我高皇帝陵侧。"②表明了为国捐躯的坚定决心。

多铎见劝降不成，便开始向扬州城发起猛攻。史可法率领军民奋力抵抗。清军的炮弹将城墙击坏了，史可法便指挥军队迅速修复；清军登城，史可法奋勇当先，与战士一起将敌人击之城下。

正在这危急时刻，总兵李栖凤、监军副使高岐凤又率部 4000 余人降敌，这几乎是当时守城兵力的一半。李、高的变节，使得守城兵力更加薄弱。二十四日，清人的红衣大炮又运至扬州城下，这是刚由

---

① （清）王弘撰，何本芳点校：《山志》卷六《史阁部》，中华书局1990年版，第301页。
② 《明史》卷二七四《史可法传》，第7022页。

荷兰传入的威力很大的攻城武器。二十五日，清人便在红衣大炮的掩护下发起总攻。史可法一面下令开炮狠狠还击，一面告谕市民：万一城破，敌人问抗拒不降之罪，皆由史可法一人承当。敌人的攻城一次次失败了。多铎恼羞成怒，便亲临战场，用红衣大炮更猛烈地轰城，结果城墙多处崩坍。史可法率领军民奋力拼搏，用礌石和乱箭将"蜂拥蚁聚"的清军击死在城下。城下的尸体堆积如山，最后，清军竟踩着尸体登上城墙，扬州城破。史可法自杀未遂，后在巷战时被俘。多铎又向他劝降，"相待如宾，口呼先生"，并劝说道："为我收拾江南，当不惜负重任也。"史可法严词拒绝，说："我为天朝重臣，岂肯苟且偷生，作万世罪人哉！我头可断，身不可屈……城亡与亡，我意已决，即劈尺万段，甘之如饴！"[①]多铎见软的不行，就以硬的相威胁，他举起刀向史可法砍去。史可法迎着刀锋，岿然不动。多铎不无佩服地叫道："好男子！"[②]三月后，史可法被杀。

---

①（明）史德威：《维扬殉节纪略》，《中国野史集成》第33册，巴蜀书社1993年版，第64页。

②（清）王源：《居业堂文集》卷二〇《自出史阁部遗文序后》，《清代诗文集汇编》第174册，上海古籍出版社2010年版，第172页。

# 后　记

　　从此书构思，到提笔撰写后记，已匆匆穿越十余年时光。十几年前，我从中国古代乡村社会史转场到中国政治史领域，先后撰写出版了《刘晏杨炎评传》（与齐涛合著，南京大学出版社 1998 年版）、《历代名相施政方略》（山东人民出版社 2002 年版）以及《萌生中的远古政治》《繁盛中转型的隋唐五代政治》（与齐涛合著，泰山出版社 2003 年版），主编了《中国古代地方政治研究》（6 册，山东大学出版社 2010—2011 年版）；另外，也在学术杂志上发表了十余篇相关论文，进行专题探讨，等等。在这一过程中，时时感到中国历代政治家们所创造的文韬武略实在精彩，无法自已，遂以《历代名相施政方略》为底本，立足于古代政治家们的文韬武略，不断充实资料，扩大视野，力求全面展示中国古代政治舞台上谋略文化的精髓要义，完成了这部《中国历代政治韬略》。成稿之后，一时忙于研究的"正业"，无暇定稿，一拖就是十年。但十年以来，并未弃之箧笥，而是就新见资料、新发思考随时修订。去岁以来，在泰山出版社胡威社长的敦促下，又对稿子作了进一步修改和完善，迄今岁之初，总算草就，给自己交了一份差。

这部书稿立足于正史、正说，重在从正面总结中国古代政治史上知名政治家的韬略，对于奸邪之道，加以回避或辩证，以区别于曾流行一时的"厚黑学"。全书以"修身，齐家，治国，平天下"立意，如书中"养气之方""守道之要"可视作"修身"之术；"廉洁之律"可视作"齐家"之方；"伴君长策""安身之术""为政之则""用人之道"可视作"治国"之策；"谋国要略""敌国权谋"则可视为"平天下"之韬略。这样，此书又可以当作"反厚黑学"来读。

需要说明的是，为保证书稿质量，特地邀请了山东大学历史文化学院博士研究生王越、王刚、李东泽、舒显彩等对书中所引史料逐一校核；在出版过程中，出版社的领导对该稿一直予以热忱的关心和指导，程强、徐甲第、路渊源等编辑认真编辑加工，给本书添色不少。在此，一并致以谢忱！成稿匆匆，限于学识，错谬之处，在所难免，尚祈方家指正。

马　新

2021 年 2 月于山东大学

**图书在版编目（CIP）数据**

中国历代政治韬略 / 马新著. —济南：泰山出版
社，2021.10
ISBN 978−7−5519−0660−9

Ⅰ．① 中… Ⅱ．① 马… Ⅲ．① 政治家−生平事
迹−中国−古代 Ⅳ．① K827−2

中国版本图书馆CIP数据核字（2021）第115911号

ZHONGGUO LIDAI ZHENGZHI TAOLÜE

中国历代政治韬略

| | | |
|---|---|---|
| 著　者 | 马　新 | |
| 责任编辑 | 徐甲第 | |
| 装帧设计 | 路渊源 | |

出版发行　泰山出版社

社　　址　济南市泺源大街2号　邮编　250014
电　　话　综 合 部（0531）82023579　82022566
　　　　　　市场营销部（0531）82025510　82020455
网　　址　www.tscbs.com
电子信箱　tscbs@sohu.com
印　　刷　山东华立印务有限公司
开　　本　165 mm×240 mm　16开
印　　张　24.75
字　　数　221千字
版　　次　2021年10月第1版
印　　次　2021年10月第1次印刷
标准书号　ISBN 978−7−5519−0660−9
定　　价　88.00元